Dos grados más no son para tanto

Una historia del negacionismo climático

José María Baldasano

Dos grados más no son para tanto

Una historia del negacionismo climático

CÁTEDRA
HISTORIA/SERIE MENOR

1.ª edición: octubre de 2025

Diseño de cubierta: Germán Úcar

PAPEL DE FIBRA CERTIFICADA

Valentín Beato, 21. 28037 Madrid
Depósito legal: M. 15.234-2025
I.S.B.N.: 978-84-376-4943-6
Printed in Spain

Agradecimientos

En primer lugar, a mi mujer Asunción, que ha soportado con mucho amor y paciencia mi pesadez y empeño en escribirlo.

Este libro no se hubiera escrito si no existiera el ARCA, colectivo multidisciplinar reunido entorno a Miquel Escudero Royo al que agradezco su continuado esfuerzo de dedicación y amistad.

Mi más sincero agradecimiento a Ricardo García Cárcel, por su confianza al haberse atrevido a realizarme el encargo de escribir este libro.

Es obligado reconocer la paciencia y el buen hacer de Raúl García Bravo, Esther Moñita y Elsa Otero y a ediciones Cátedra por confiar en este libro.

Prólogo

José Ramón Calvo Fernández

«Dos grados más no son para tanto». Esta frase, aparentemente sencilla pero profundamente engañosa, sintetiza uno de los argumentos más recurrentes entre quienes niegan o minimizan la gravedad del cambio climático. Se trata de una fórmula tranquilizadora que invita a la pasividad: ¿acaso puede resultar tan grave un incremento de dos grados en la temperatura media global? ¿No es acaso un margen insignificante, una variación apenas perceptible en nuestra vida cotidiana?

Sin embargo, tras esa aparente intrascendencia se esconde una de las estrategias más eficaces del negacionismo climático: transformar una emergencia global en un asunto menor, justificando así la inacción, perpetuando el *statu quo* y, sobre todo, asegurando el flujo de capital que esto les garantiza.

El negacionismo climático es mucho más que una simple corriente de opinión escéptica. Es un fenómeno complejo, con raíces económicas, ideológicas, políticas, sociales y mediáticas. Está impulsado por sectores perfectamente organizados que rechazan o subestiman el consenso científico sobre el calentamiento global y sus consecuencias, por razones que se explican muy bien en este libro, y que trabajan activamente para mantener a la humanidad anclada en la civilización de los combustibles fósiles.

Su objetivo no es solo sembrar dudas, sino, fundamentalmente, influir en la opinión pública y en el debate político, utilizando narrativas, estrategias y actitudes que niegan, minimizan o distorsionan deliberadamente la evidencia científica, cada vez más abrumadora.

A lo largo de la historia reciente, el negacionismo climático ha desplegado un arsenal de tácticas para desinformar y retrasar la acción colectiva. No se trata únicamente de negar los hechos, sino de relativizarlos, de sugerir que «la ciencia no está cerrada», que «faltan datos», que «el clima siempre ha experimentado cambios o variaciones».

Se recurre a falsos expertos, a estudios aislados, a la exageración de la incertidumbre y al uso de falacias lógicas para erosionar la confianza en la comunidad científica.

La estrategia del negacionismo climático guarda una inquietante similitud con la que, décadas atrás, desplegaron las compañías tabacaleras para sembrar dudas sobre los efectos nocivos del tabaco. Ambas industrias, enfrentadas a evidencias científicas que amenazaban sus intereses económicos, financian campañas de desinformación y manipulación mediática para retrasar la regulación y proteger su modelo de negocio.

Las grandes empresas tabaqueras contrataron a científicos y consultoras de relaciones públicas para cuestionar los estudios que vinculaban el consumo de cigarrillos con el cáncer de pulmón y otras patologías asociadas, generando la percepción de que la ciencia no era concluyente y que existía un debate donde, en realidad, había consenso.

Esta táctica se resume en la célebre frase de un documento interno de una tabacalera: «La duda es nuestro producto, ya que es la mejor manera de competir con las evidencias que existen, en la mente del público en general». Esas estrategias históricas de la industria tabaquera encuentran también eco actual en sus campañas para minimizar o negar los riesgos del vapeo, el nuevo modelo de negocio al que han recurrido.

Las grandes compañías del tabaco han impulsado agresivas estrategias de *marketing* para presentar los cigarrillos electrónicos y vapeadores como alternativas «más saludables», para lo cual han recurrido a mensajes de reducción de daño o como paso previo para dejar de fumar, afirmaciones que la evidencia científica actualmente disponible no respalda y que replica el mismo patrón que emplearon para negar las evidencias científicas sobre el tabaco convencional.

Así, el negacionismo de los daños del vapeo es la última versión de una estrategia de engaño que la industria tabaquera perfeccionó durante décadas, y que hoy aplica la industria de combustibles fósiles con el mismo cinismo en el debate climático.

En efecto, esta industria y sus portavoces han replicado este «manual» casi al pie de la letra: han utilizado los mismos consultores, estrategias e incluso el mismo lenguaje para desacreditar la ciencia del clima, financiando *think tanks* que transmiten sus mensajes, promoviendo a falsos expertos y difundiendo teorías conspirativas.

El objetivo, en ambos casos, era el mismo: retrasar la acción política y social, debilitar la percepción de urgencia y proteger, por encima de todo, sus beneficios económicos, aunque ello implique consecuencias devastadoras para la salud pública o, en este caso, para el planeta.

Así, el negacionismo climático no solo hereda las tácticas de las tabacaleras, sino que evidencia, lamentablemente, cómo una desinformación cuidadosamente orquestada puede obstaculizar durante décadas el progreso de políticas fundamentales para el bienestar común.

El negacionismo climático, como demuestra de manera contundente este libro, no surge de opiniones espontáneas. Detrás de él se hallan grandes corporaciones de combustibles fósiles, *think tanks* conservadores —algunos creados expresamente para este fin— y sectores políticos que perciben amenazados sus privilegios y modelos de negocio ante la transición ecológica.

Estas fuerzas han destinado ingentes recursos a campañas de desinformación, a amplificar voces «escépticas» y a manipular el debate público. Su objetivo es nítido: retrasar la adopción de medidas urgentes, justificar la inacción y perpetuar un modelo de desarrollo insostenible.

Las consecuencias de esta estrategia son profundas y duraderas. Al instalar la idea de que «dos grados no son para tanto», se desactiva la alarma social, se pospone la acción política y se condena tanto a las generaciones futuras como a las poblaciones más vulnerables en el presente a soportar los peores impactos del cambio climático.

En este contexto, la indiferencia no es neutralidad: es complicidad con un sistema que antepone el beneficio económico inmediato a la supervivencia colectiva.

Tampoco se trata de negar el valor del escepticismo en la ciencia —todo científico debe ser escéptico antes de comprobar la evidencia—, sino de distinguir entre la duda honesta y la duda fabricada al servicio de intereses particulares.

Porque dos grados de aumento permanente de la temperatura de la Tierra no son una anécdota: son la diferencia entre un futuro habitable y uno marcado por el caos climático, la desigualdad y la pérdida irreversible de ecosistemas.

Este libro del profesor José María Baldasano Recio —uno de los mayores expertos internacionales en la materia— surge de la necesidad de desenmascarar el negacionismo climático. A lo largo de sus páginas, analiza con rigor tanto las narrativas y estrategias empleadas por quienes niegan el cambio climático como las motivaciones que hay detrás de este fenómeno. Además, reivindica la urgencia de actuar de manera colectiva frente a una de las mayores amenazas de nuestro tiempo.

En este documentado estudio, siempre basado en datos contrastados y no en creencias ni opiniones, los lectores encontrarán argumentos que les permitirán sacar sus propias conclusiones sobre la urgencia del problema climático al que nos enfrentamos, y sobre cómo los poderosos intereses económicos que sustentan el negacionismo, perfectamente estructurado, intentan minimizarlo.

Porque, al final, lo que está en juego no son solo cifras en un termómetro, sino el destino de nuestra civilización y un factor que, de momento, no tiene solución. No se trata de discutir números sobre las temperaturas: lo que está en juego es el futuro de nuestra civilización tal como la conocemos y como queremos que la conozcan nuestros descendientes. Y, puesto que vivimos en la Tierra y aún no disponemos de alternativas a ese hábitat, no podemos permitirnos el lujo de ignorar el problema que nosotros mismos hemos causado al calentar el planeta.

Espero que disfruten de este recorrido por la trastienda del negacionismo climático y descubran, junto al autor, cómo se construye la duda, quiénes se benefician de la inacción y, sobre todo, por qué no podemos permitirnos seguir mirando hacia otro lado.

Presentación

El título *Dos grados más no son para tanto. Una historia del negacionismo climático* pretende ser una crítica o una observación sobre cómo algunas entidades y personas niegan o minimizan el impacto del actual cambio climático. Un desglose del mensaje implícito nos evidencia lo siguiente:

1. «Dos grados más no son para tanto»: refleja un argumento común de los negacionistas o retardistas del cambio climático, que creen que un aumento de 2 °C en la temperatura media global del planeta no es algo grave. Suena a fórmula tranquilizadora o a estrategia para justificar la inacción, pues insinúa que un cambio aparentemente tan pequeño es insignificante.
2. «Una historia del negacionismo climático»: quiere denunciar la actitud de quienes conforman este fenómeno económico, ideológico, político, social y mediático que es el negacionismo climático y rechazan o subestiman el consenso científico sobre el calentamiento global y sus consecuencias. Su objetivo determinante es mantener a la humanidad en la civilización de los combustibles fósiles, y por ello se organizan para influir en la opinión y en el debate públicos. Se abordan las narrativas, estrategias o actitudes que niegan, minimizan o distorsionan deliberadamente la evidencia científica sobre el cambio climático.

En conjunto, este título debe interpretarse como una denuncia irónica o crítica, o ambas a la vez, hacia quienes desprecian las advertencias científicas sobre el cambio climático y restan importancia a un incremento de la temperatura que, según las evidencias, a tenor del conjunto de datos y observaciones disponibles, puede tener consecuencias catastróficas (como aumento del nivel del mar, eventos climáticos extremos, pérdida de biodiversidad, etc.).

«Dos grados no son para tanto»: el negacionismo climático disfrazado de indiferencia

«Dos grados no son para tanto»: esta frase, aparentemente inofensiva, resume uno de los grandes desafíos a los que se enfrenta la lucha contra el cambio climático: el negacionismo sutil, cotidiano, que se disfraza de escepticismo razonable pero que es, en realidad, una forma peligrosa de inacción. No es un negacionismo climático abierto que dice que el cambio climático no existe, sino una versión más insidiosa: la que reconoce el fenómeno, pero lo minimiza.

Los científicos del IPCC llevan años advirtiendo de que un aumento de 2 °C en la temperatura media global no es un cambio trivial. Es el umbral que separa un mundo aún habitable de uno marcado por fenómenos meteorológicos extremos, inseguridad alimentaria o emigraciones humanas forzadas. Un planeta «solo» 2 °C más cálido implica más incendios forestales, tormentas más destructivas, colapsos significativos en los sistemas agrícolas y ciudades costeras inundadas. Y eso que superar el umbral de 1,5 °C, según lo estipulado en el Acuerdo de París, nos coloca ya en una situación de riesgo grave, y vamos camino de alcanzarlo más pronto que tarde.

Sin embargo, parte del problema radica en cómo percibimos los números. Para la mayoría de la población, 2 °C más en el ciclo diario puede parecer un cambio apenas perceptible. ¿Qué son 2 °C si cada día la temperatura varía más que eso? Pero el actual cambio climático no hace referencia a una sensación térmica puntual, sino a un promedio global que, aunque pequeño en número, implica transformaciones profundas y duraderas en los sistemas climáticos que sostienen la vida en la Tierra.

Este tipo de negacionismo «suave» es uno de los más difíciles de combatir, porque no niega los datos, pero los desactiva. Rebaja la urgencia, genera apatía y alimenta un discurso que posterga decisiones políticas y económicas cruciales. Si la mayoría de las personas no considera que 2 °C sean motivo de alarma, ¿cómo justificar acciones drásticas, como dejar de usar los combustibles fósiles, como avanzar en la descarbonización y transformar nuestras economías o cambiar los hábitos de consumo?

El negacionismo climático ha sabido evolucionar en las formas y maneras de elaborar y hacer llegar su mensaje, desde las prácticas comunicativas de los años sesenta y setenta del siglo XX hasta las actuales, basadas en el uso exhaustivo de las redes sociales.

La frase «dos grados no son para tanto» no es solo una expresión de escepticismo; es un síntoma de desinformación, de falta de valoración objetiva de la realidad y de conexión emocional con el problema, con su gravedad y con las consecuencias que conlleva. Superarlo precisa más que datos: requiere relatos que conecten, mejorar el nivel de formación de toda la población y en particular una educación climática efectiva, nuevas conductas y prácticas sociales y líderes dispuestos a hablar claro, a tomar decisiones y a actuar sobre lo que está en juego.

Porque sí, dos grados son para tanto. Y mucho más.

Como muestra del obstruccionismo, el retardo y la lentitud política en la toma de decisiones sobre el actual cambio climático debido a la actividad desarrollada por el negacionismo climático, me permito reproducir un artículo que publiqué el 9 de abril de 1995, hace más de treinta años, en el diario *El Periódico* con el título «El clima cuestiona nuestra sociedad»:

> La humanidad se enfrenta por primera vez a un problema ambiental de complejidad global, que afecta a toda la Tierra y, especialmente, a la supervivencia de nuestra actual civilización más que a la del planeta.
>
> Puede decirse que el clima varía de forma natural a todas las escalas de tiempo. Ello es debido a diferentes factores, como son

las variaciones de la órbita de la Tierra, la actividad solar, intensas erupciones volcánicas, etc. Pero a causa del incremento exponencial del número de individuos de la especie humana, del aumento de sus actividades: agrícolas, industriales, urbanas y de transporte, y de la modificación de sus hábitos de comportamiento, la humanidad se puede estar convirtiendo de forma progresiva en un nuevo factor climático.

El mecanismo por el cual el CO_2 (y otros gases con propiedades similares) calienta la atmósfera terrestre se llama efecto invernadero. Este efecto de origen natural, conocido desde finales del siglo pasado gracias al químico sueco S. A. Arrhenius, premio Nobel en 1903, se basa en la propiedad común de ciertos gases, presentes en la atmósfera terrestre, de absorber la radiación infrarroja. Esto es una cosa semejante, pero no idéntica, a lo que hacen los invernaderos.

El resultado es un recalentamiento natural y permanente de las capas bajas atmosféricas. La consecuencia de este efecto invernadero es que la temperatura media del planeta sea actualmente de 15 °C, en lugar de los menos 21 °C que en ausencia de estos gases habría, lo que hace que la Tierra sea más confortable de habitar. No hay duda de que, debido a la actividad humana, se ha incrementado durante los dos últimos siglos el contenido atmosférico de los llamados gases invernadero (CO_2, CH_4, N_2O y CFC).

Se ha estimado el contenido de CO_2, a mediados del siglo pasado, en unas 280 ppm, mientras que ahora es superior a 350 ppm. Aunque el CO_2 sea un componente natural de la atmósfera, no lo es su aumento en un 25% desde el comienzo de la revolución industrial. Este incremento se debe, principalmente: a la combustión de materiales fósiles debido tanto a procesos de urbanización, transporte e industrialización como a la explosión demográfica, así como a procesos de deforestación, de disposición de residuos, etc. La emisión a la atmósfera de los otros gases de invernadero también ha aumentado.

Los estudios científicos indican que desde finales del siglo pasado se ha producido un aumento entre 0,3 y 0,6 °C en la temperatura media del planeta, y a esto puede haber contribuido la acumulación de estos gases en la atmósfera. La simulación mediante modelos numéricos del comportamiento de la atmósfera permite calcular la temperatura media del planeta bajo ciertas hipótesis, y aunque los resultados entre los diversos modelos utilizados no son enteramente coincidentes, los pronósticos del aumento de temperatura media varían de 1,5 hasta 4,5 °C. Señalar que entre el último período glacial y hoy día, la temperatura ha aumentado en unos 7 °C. Por tanto, una variación de 2 a 4 °C debe ser tomada en consideración como algo claramente significativo.

Los efectos del mayor calentamiento global constituyen actualmente materia de debate e incertidumbre. Se piensa en que se elevará el nivel del mar y que puede perturbarse la dinámica de muchos ecosistemas. Aunque el incremento inducido del calentamiento global se analiza en términos de temperaturas medias, su distribución no es uniforme: se espera aumentos más notables en latitudes más próximas a los polos en comparación con el Ecuador, con modificación de los regímenes de lluvia y su incidencia en la disminución de las cosechas.

Científicamente no se puede afirmar claramente que estemos ante un cambio climático inducido por el hombre, pero existe una fuerte corriente de opinión, la cual sostiene que la amenaza potencial que representa el cambio climático es demasiado grave para esperar a tener un mejor conocimiento de lo que está sucediendo. En consecuencia, se impone la aplicación del principio de precaución. Es decir, tomar medidas desde ahora. Este es uno de los objetivos del Convenio del Cambio Climático, firmado en Río de Janeiro (1992), cuya reunión de las partes tiene lugar estos días en la cumbre del Cambio Climático en Berlín, sin grandes acuerdos concretos.

Para reducir la posibilidad de aumentar el efecto invernadero, es necesario limitar las emisiones de los principales gases que lo provocan. Es aquí donde emergen otro tipo de problemas: ¿cuánto hay que reducir?, ¿en cuánto tiempo?, ¿cómo o dónde se puede reducir?, ¿quién debe reducir? Existen profundas diferencias en las metodologías de estimación de las emisiones, así como en las cantidades emitidas por los distintos países, especialmente entre los industrializados y los llamados en vías de desarrollo. Dos ejemplos, con datos de 1990: Estados Unidos tiene una emisión de CO_2 por habitante de 13 toneladas mientras que China apenas llega a las 2; a nivel de ciudades, Denver (Estados Unidos) tiene una tasa de 22 toneladas frente a Ankara (Turquía), de 3,6. Las diferencias son muy fuertes, y por consiguiente la polémica.

La humanidad se enfrenta por primera vez frente a un problema ambiental de complejidad global. Que afecta directamente a todo el planeta y en consecuencia y muy especialmente a la supervivencia de la actual civilización humana más que a la propia supervivencia del planeta.

Pero además la incidencia de las actuaciones para potenciarlo o remediarlo pasa por un conjunto de medidas de muy amplio y distinto alcance, tanto colectiva como individualmente. Desde cuestionarse el modelo de sociedad o la política energética a la decisión individual de poner una bombilla más eficiente en la habitación de una casa.

Es difícil imaginarse una situación futura en la que no crezcan las necesidades del conjunto total de la especie humana. Una parte muy importante de la población, que sigue creciendo, y con ella la demanda energética y en bienes, tiene unas condiciones de vida de simple subsistencia, frente a otra que disfruta de un alto nivel de consumo. Las medidas que se proponen enfrentan a los países industrializados con los países en vías de desarrollo.

La dimensión del problema para la humanidad es de tal magnitud, que implica cuestionarnos muy seriamente nuestros actuales sistemas socioeconómicos, basados esencialmente en criterios de crecimiento sostenido, y ponerse a caminar hacia modelos basados en un desarrollo sostenible.

Lamentablemente, su contenido sigue siendo totalmente actual treinta años después. Solo hay dos datos que sería necesario actualizar, y no precisamente en un sentido positivo:

— «Se ha estimado el contenido de CO_2, a mediados del siglo pasado [se refiere al siglo XIX], en unas 280 ppm, mientras que ahora ya estamos alcanzando las 430 [en lugar de 350] ppm. Aunque el CO_2 sea un componente natural de la atmósfera, no lo es su aumento en más de un 53% [en lugar de 25] desde el comienzo de la revolución industrial».

— «Los estudios científicos indican que desde finales del siglo pasado se ha producido un aumento de 1,55 °C [en lugar de entre 0,3 y 0,6 °C] en la temperatura media del planeta».

La humanidad se enfrenta a un problema de dimensión global. Las actuaciones pasan por cambiar el actual modelo de sociedad, su política energética, globalmente. Pero también la percepción y la decisión individual de cada uno de nosotros. La dimensión del problema es de tal magnitud, que implica cuestionarnos seriamente nuestro actual sistema, basado en criterios de crecimiento sostenido, y caminar decididamente hacia modelos de un desarrollo sostenible real. Es urgente una drástica corrección del rumbo. La emergencia ambiental debe ser una de nuestras principales prioridades porque los efectos del actual cambio climático tienen elevados costes, superiores a los de cambiar de modelo, que ya estamos pagando: provoca enfermedades evitables y muertes prematuras, desertifica y empobrece el planeta, comprometiendo su habitabilidad, y afecta gravemente a la calidad de vida de los ciudadanos.

Es, además, una cuestión de justicia generacional.

Todas estas razones, todos estos datos, fueron determinantes para escribir este libro.

Introducción

En los últimos 275 años, con la Revolución Industrial, a partir del uso de la máquina de vapor en Inglaterra, comenzamos la llamada «era del progreso». Eso supuso una modificación de las fuentes de energía tradicionales utilizadas hasta ese momento, leña y animales, y el uso de forma progresiva de los combustibles fósiles —petróleo, carbón y gas—, unido a un gran crecimiento y desarrollo de la especie humana. En la actualidad, más de 8.000 millones de individuos de la especie humana pueblan el planeta.

Aunque el siglo XXI se caracteriza por el avance y la expansión de la digitalización y de la información a nivel global, seguimos dependiendo en más de un 77% de la energía de los combustibles fósiles, complementados con la nuclear y la emergencia de las renovables. Por eso hay quien considera que en realidad estamos todavía en lo que se ha definido como la «civilización de los combustibles fósiles».

Pero la civilización de los combustibles fósiles ha provocado una grave externalidad ambiental, climática y económica, que es la emisión cada vez mayor de cantidades intensivas de dióxido de carbono (CO_2), además de metano (CH_4) y óxido nitroso (N_2O), conocidos como «gases de efecto invernadero» (GEI), a la atmósfera terrestre, lo que ha alterado su composición. Justamente estos gases son los que regulan el balance energético del planeta, los que permiten que la temperatura media de la atmósfera proporcione unas condiciones de habitabilidad climática que han hecho posible el desarrollo de la especie, algo inviable de ser otras las condiciones climáticas.

Esta emisión de GEI, debido principalmente al uso de los combustibles fósiles, ha provocado lo que hoy día se conoce como el «cambio climático antropogénico», o bien simplemente «cambio climático», también llamado o conocido como «calentamiento global», para así distinguirlo de los cambios climáticos que ha experimentado el planeta Tierra a lo largo de su existencia, de sus más de 4.500 millones de años. Pero ahora estamos hablando solo de lo que le está pasando en los últimos 275 años, un período de tiempo que, desde una perspectiva geológica, es insignificante. Esa es la gran paradoja.

Si actualmente el 75% de las emisiones antropogénicas de CO_2 proviene del uso y quema de los combustibles fósiles, y la forma más efectiva —y absolutamente necesaria— de reducir, de mitigar, el actual cambio climático es detener su extracción y uso, ¿por qué desde la década de los años sesenta no se ha abordado de manera directa la principal causa del problema? La respuesta se encuentra en la enorme presión ejercida por parte de las empresas, corporaciones y actores vinculados a la industria de los combustibles fósiles, que se niegan a abandonar un negocio muy rentable que les ha generado millones de dólares diarios, mediante la negación de la existencia del cambio climático que provocan.

Los promotores del negacionismo climático constituyen un grupo de interés particular. Suelen sostener que poseen información más detallada y precisa que la mayoría sobre el clima terrestre, afirman conocer detalles que los demás parecen ignorar deliberadamente y aseguran haber prestado atención a las opiniones de científicos disidentes, a quienes atribuyen más autoridad, por su independencia de criterio, que al resto de integrantes de la comunidad científica. Argumentan que los intereses prevalentes dentro de dicha comunidad siempre son cuestionables. Y, sistemáticamente, ponen en entredicho la ciencia climática.

Los discursos, las narrativas y las estrategias contrarios a la acción climática del negacionismo climático han estado y están presentes, con especial potencialidad y agresividad, en tácticas de comunicación, de presión política y económica y en planteamientos ideológicos. Han logrado convertir la cuestión del actual cambio climático en un asunto de confrontación política y polarización social.

Los medios de comunicación y las redes sociales simplifican, con frecuencia, el término «negacionismo» para identificar a quienes se oponen a la acción climática o pretenden retrasarla. Sin embargo, la realidad es más compleja. Almiron y Moreno (2022) consideran que el uso únicamente del término «negacionismo» no es adecuado como concepto paraguas por varias razones, ya que actualmente una parte de los discordantes climáticos no niegan la ciencia climática, sino que son contrarios básicamente a la adopción de políticas climáticas, para lo cual esgrimen como principales motivos, primero, que su efecto es limitado, y, segundo, que pueden perjudicar a la/su economía.

No obstante, en este libro se usará predominantemente el término «negacionismo climático» aun teniendo en consideración el amplio conjunto de enfoques y perspectivas que conlleva y el desarrollo conceptual y sobre todo ideológico que ha tenido, de acuerdo con los diferentes intereses y la evolución de sus posicionamientos. Y es que, con independencia de cada planteamiento concreto, es innegable su responsabilidad a la hora de socavar la concienciación pública sobre la importancia de la actual crisis climática y de obstaculizar la adopción de medidas en la absoluta y urgente necesidad de abandonar el uso de los combustibles fósiles.

Podemos pensar que el negacionismo del cambio climático ha quedado superado por la constatación progresiva de sus efectos sobre el clima. Lamentablemente no es así, y los negacionistas climáticos siguen manifestando su oposición mediante el uso de sistemas más elaborados y sofisticados de acuerdo con el actual desarrollo digital. Tenemos la realidad objetiva que explica la ciencia, pero también la realidad fabricada de las *fake news* y los bulos.

En la actualidad, aunque el negacionismo sigue teniendo una presencia importante, también ha evolucionado hacia una variante que es el «retardismo» *(climate delay),* que consiste en no negar la crisis climática pero postergar las acciones que pretenden paliarla. Es un tipo de desinformación negacionista del cambio climático que pretende retrasar la promoción y la adopción de políticas climáticas. El peligro ahora —y desde hace tiempo— lo representan quienes retrasan u obstaculizan la implantación de medidas efectivas contra la emergencia climática: desde empresas hasta gobiernos. En cierta manera, el paso del negacionismo al retardismo consiste en pasar del plano de las ideas al de las acciones con el objetivo claro de retrasar al máximo medidas para poder seguir quemando combustibles fósiles. Rechazan el paso de una civilización de los combustibles a una civilización de la sostenibilidad.

Otra variante del negacionismo es el ecopostureo, conocido como *greenwashing,* que consiste en un engaño, pues no niega la crisis climática pero hace pasar por verdes productos y acciones que no lo son. Eso, en sí mismo, es ya una manera de reconocer que hay un problema y una preocupación social, pero se traduce en no afrontar el problema en su raíz y disimular las medidas y acciones necesarias y permite seguir con el mismo modelo sin abordar su transformación de una forma real.

Una de las principales razones que me indujeron a escribir este libro es la grave evolución que está experimentando la actual crisis climática, que se traduce en un crecimiento exponencial de la frecuencia de fenómenos meteorológicos extremos y en un acercamiento paulatino hacia puntos de inflexión climáticos (los llamados *tipping points,* en inglés), esto es, umbrales que, una vez superados por los elementos del sistema climático de la Tierra, podrían llegar a ser irreversibles, con la consiguiente alteración del actual equilibrio climático. Estos escenarios no son un futurible lejano sino un presente acelerado, y además han venido para quedarse al no haber sabido o querido actuar y responder a tiempo, ya que el CO_2 acumulado tiene un tiempo de permanencia en la atmósfera del orden de un millar de años. El aumento relativo de la temperatura media del planeta ha sobrepasado los 1,55 °C respecto a sus valores preindustriales (WMO, 2025) y va camino de superar lo establecido en el Acuerdo de París de 2015.

Casi un tercio de la población global ya está expuesta a olas de calor, y la superficie terrestre mundial, afectada por sequías extremas (Tripathy *et al.,* 2023), aumentó del 18% en el período 1951-1960 al 47% entre 2013 y 2022, lo que pone en peligro no solo la seguridad hídrica, sino también la producción de alimentos.

Con este panorama, se estima que entre 3.300 y 3.600 millones de personas viven en contextos altamente vulnerables al cambio climático (Fletcher *et al.*, 2024) y que las extinciones de animales y plantas aumentarán de forma preocupante en las próximas décadas. Además, las predicciones apuntan a que, para el año 2030, el cambio climático causará daños directos a los sistemas de salud debido a la desnutrición, al estrés por calor y al aumento de las zoonosis y de las enfermedades transmitidas por alimentos, agua y vectores. El actual cambio climático es una realidad susceptible de empeorar y afectar al bienestar de miles de millones de personas. Por eso resulta crucial establecer un compromiso responsable y global que acelere la acción climática y mitigue las adversidades futuras.

Con esta visión no se pretende ser catastrofista, sino todo lo contrario: intentar leer de la forma más clara y ecuánime posible los datos y evidencias existentes y proceder a un análisis lo más objetivo y equilibrado de las causas y consecuencias que se derivan de ellos. Se pretende ser realista.

Para comprobarlo, basta leer el informe del Foro Económico Mundial (2024) presentado en la reunión anual de Davos, donde se advierte del avance de los desastres naturales, intensificados por el actual cambio climático, y se afirma que es probable que para el año 2050 cause 14,5 millones de muertes adicionales y 12.500 millones de dólares en pérdidas económicas en todo el mundo. Para afrontar y mitigar estos nuevos desafíos climáticos serán necesarios una transformación integral del sistema y esfuerzos de colaboración global entre múltiples grupos de interesados e industrias.

Señala que la presente crisis climática —aunque es presentada como inminente— exacerbará las desigualdades a nivel mundial, en particular las sanitarias, dejando a los más vulnerables en mayor riesgo. Identifica las inundaciones y las sequías como las principales causas de mortalidad relacionada con el clima, y las olas de calor, como la mayor fuente de pérdidas económicas. Subraya que «los avances recientes se perderán a menos que se mejoren las medidas críticas de reducción y mitigación de las emisiones y se adopten medidas globales decisivas para construir sistemas de salud resilientes y adaptables al clima» (WEF, 2024). Destaca la urgente necesidad de estrategias globales de reducción de emisiones y de adaptación de las infraestructuras de atención de la salud, y aboga por esfuerzos colaborativos para transformar los sistemas en respuesta a esta crisis creciente.

Otro informe, titulado *Las amenazas físicas del cambio climático y su impacto social en España* elaborado por PwC para la Fundación Naturgy (2025), aborda la urgente necesidad de visibilizar el impacto directo del cambio climático en el bienestar de la sociedad española, analizando cuáles van a ser los posibles efectos de las amenazas físicas que implica sobre la demografía, la desigualdad, la salud y la economía. Señala que el cambio climático es una realidad que se está manifestando a través de múltiples efectos, tales como el incremento de fenómenos climáticos extremos. En el ámbito económico, se proyecta que únicamente las futuras olas de calor podrían reducir el PIB de España entre un 2% y un 3% para los años 2040 y 2050, respectivamente.

Este libro se centra en un negacionismo y un retardismo organizados en torno a intereses mayoritariamente económicos, derivados de planteamientos políticos-ideológicos, y promovidos e impulsados por las empresas y corporaciones de los combustibles fósiles. No en la respuesta social de la ciudadanía, que vive la negación climática para no aceptar los grandes cambios como reacción psicológica, pues prefiere seguir asentada en una situación de disimulo conveniente.

Es un libro que pretende profundizar en el desarrollo que ha tenido el negacionismo climático, comprender sus mecanismos de actuación y obstrucción y la gravedad de sus métodos; cómo ha ido evolucionando desde la década de 1950, qué narrativas y estrategias ha utilizado y sigue utilizando y qué consecuencias se derivan de su activismo. Poner de manifiesto que la evolución de la sociedad humana en los últimos setenta años podría haber seguido otros derroteros de no haber estado tan condicionada y marcada por la voluntad organizada de determinados agentes económicos y políticos de continuar usando los combustibles fósiles. Que su evolución habría podido ser otra. A este negacionismo climático organizado es al que se ha tratado de aproximar en este volumen.

A la hora de escribir este libro se ha planteado otra cuestión relacionada con la explosión de información que ha generado este tema, especialmente en los últimos años, en sus múltiples vertientes, tanto de promoción del negacionismo como de su análisis y denuncia, la mayoría de ella en inglés. También en España se ha asistido a un aumento creciente de este tipo de noticias, tanto de interés general como de índole académica.

Este libro está organizado en once capítulos. En el capítulo 1 se presentan las bases científicas del actual cambio climático, la historia del desarrollo de la ciencia climática desde su origen a principios del siglo XIX hasta la creación del IPCC y sus correspondientes informes de evaluación. En el capítulo 2 se aborda la relación inicial entre la ciencia climática y las compañías de petróleo, su papel naciente en la década de los cincuenta hasta el «Memorando preparado para el presidente de los Estados Unidos», en el año 1965, que ya enumera «los efectos del dióxido de carbono en el clima». En el capítulo 3 se efectúa un análisis del consumo de los combustibles fósiles y las emisiones de CO_2 y cuál ha sido la contribución específica de las grandes compañías de los combustibles fósiles a dichas emisiones.

En el capítulo 4 se realiza un examen del negacionismo climático, de sus narrativas y estrategias, de sus técnicas de desinformación, de su evolución en el tiempo y de su relación con los medios de comunicación. En el capítulo 5 se procede al estudio del negacionismo promovido por las compañías de petróleo desde las décadas de 1960, 1970 y 1980, de la creación y utilización de *think tanks* y del papel que este tipo de organización ha desempeñado. En el capítulo 6 se efectúa un examen de los mitos y bulos negacionistas y del uso que se hace de las redes sociales, se procede a demostrar su falsedad y se evidencia la huella humana del actual cambio climático, así como la complejidad de dar una respuesta sistemática. En el capítulo 7 se exponen la estrategia y las acciones que las empresas y corporaciones de los combustibles fósiles han utilizado en la esfera política para imponer y mantener un modelo energético basado en su consumo, así como los litigios contra los Estados por la adopción de políticas y regulaciones climáticas. El capítulo 8 analiza los subsidios explícitos que han recibido y siguen recibiendo los combustibles fósiles por y para su uso, pero también se consideran los costes que acarrean los llamados «subsidios implícitos».

A continuación, se aborda la campaña publicitaria de British Petroleum y su uso interesado de la huella de carbono (capítulo 9); se recuerda el falso escándalo conocido con el nombre de *Climagate* para impedir que en la COP15 de Copenhague se renovara el Protocolo de Kioto (capítulo 10), y se analiza si las COP están contribuyendo a implantar y adoptar las políticas climáticas a nivel global y el papel que desempeñan algunos países petroleros como agentes negacionistas sistemáticos (capítulo 11). El texto concluye con unas reflexiones finales. Se ha incluido, además, un glosario que recoge los principales acrónimos que se han utilizado en el libro y que son de uso habitual en esta materia.

Soy plenamente consciente de que este intento de aproximación al negacionismo climático tiene muchas limitaciones, que hay aspectos, perspectivas y temas que se han quedado en el tintero. Pero, sobre todo, ha habido un esfuerzo de honestidad y objetividad desde una perspectiva tanto personal como científica a la hora de abordar esta temática tan compleja y a la vez tan trancendente.

Capítulo primero

Bases científicas del actual cambio climático

La idea de que el dióxido de carbono (CO_2), además del metano (CH_4), del óxido nitroso (N_2O) y de otros gases, sea un «gas de efecto invernadero» —gas que absorbe y emite radiación dentro del rango del infrarrojo, un proceso que constituye la causa fundamental del efecto invernadero natural— fue concebida por primera vez hace ya más de doscientos años. La historia de cómo se reveló esta importante propiedad, cómo se evaluó su papel en el pasado y cómo llegamos a comprender que una mayor concentración de CO_2 en la atmósfera terrestre, a través de la combustión y uso de los combustibles fósiles, afectaría negativamente a nuestro futuro tiene ya más de dos siglos de investigación, descubrimiento, innovación y resolución de problemas. En síntesis, va ligada al aumento del conocimiento de la humanidad sobre el funcionamiento del sistema climático terrestre y su afectación por el ser humano.

¿Qué determina la temperatura de la superficie de la Tierra?

La primera persona en dar voz a la noción de que la atmósfera de la Tierra retiene el calor y calienta la superficie del planeta fue el matemático y físico francés Jean Baptiste Joseph Fourier (1768-1830), quien, a principios del siglo XIX, hizo una pregunta aparentemente simple: «¿Qué es lo que determina la temperatura de la superficie de la Tierra?». Sus cálculos sugirieron que, dado el balance entre la energía entrante del Sol y la energía saliente desde la superficie de la Tierra (en forma de radiación infrarroja terrestre), la temperatura debería ser mucho más fría, muy por debajo del punto de congelación del agua (Fourier, 1822).

Hoy día se conoce perfectamente que la temperatura media de la superficie de la Tierra sería de aproximadamente –18 °C sin la presencia de los gases de efecto invernadero (GEI) en la atmósfera terrestre. La temperatura media de la capa de atmósfera superficial terrestre es de aproximadamente 14 °C. Se dio cuenta hace exactamente doscientos años de que la atmósfera de la Tierra aísla al planeta del frío helado del espacio.

Lo que Fourier no sabía es cómo la atmósfera atrapaba la radiación infrarroja. En 1838, el físico francés Claude Pouillet (1790-1868) especuló que el vapor de agua y el CO_2 podrían explicar el fenómeno, pero en ese momento no había pruebas experimentales de que estos gases absorbieran calor.

Es absolutamente necesario señalar que uno de los principales componentes del actual cambio climático antropogénico, el forzamiento del efecto invernadero natural, fue en realidad descubierto por una mujer: Eunice Foote (1819-1888), quien presentó su investigación con el título *Circunstances affecting the Heat of the Sun's Rays* en la conferencia de la Asociación Americana para el Avance de la Ciencia de 1856 (el término «forzamiento» se utiliza en el sentido que comporta la acción de obligar a un determinado fenómeno o proceso en una dirección determinada). Mediante un sencillo experimento realizado en 1850 en un laboratorio instalado en su propia casa, introdujo diferentes gases —aire, hidrógeno y CO_2— en recipientes cerrados que contenían un termómetro para poder medir la temperatura del interior. A continuación, expuso estos gases a la luz solar y observó los cambios de temperatura. Descubrió así que no todos los gases se calientan de la misma manera. El CO_2 era el que parecía absorber más calor. Hoy sabemos que ello se debe a las dos formas diferentes en que la molécula de CO_2 puede moverse. También observó que la humedad es otro factor crucial para el calentamiento (cuanto más vapor de agua hay en el aire, más calor se absorbe).

En 1859 John Tyndall (1820-1893) decidió probar qué gases de la atmósfera terrestre podían atrapar el calor. Se ignora si conocía el trabajo de Foote, que se había publicado en el año 1857. Desarrolló una elaborada configuración instrumental para medir la cantidad de calor radiante absorbido por diferentes gases. Su trabajo demostró que mientras que el oxígeno, el nitrógeno y el hidrógeno eran transparentes a la radiación infrarroja, el vapor de agua, el CO_2 y el CH_4 la absorbían. Se dio cuenta de que el vapor de agua es el principal gas de efecto invernadero en la atmósfera y que era en gran parte responsable de lo que Fourier había calculado en 1824.

Arrhenius y el actual cambio climático antropogénico

Fue Svante August Arrhenius (1859-1927), que recibió el Premio Nobel de Química en 1903, quien avisó en 1896 —ya a finales del siglo XIX— de que el uso de combustibles fósiles como fuente energética por la humanidad podría producir un aumento de la temperatura del planeta: «On the Influence of Carbonic Acid in the Air upon the Temperature of the Ground» *(Philosophical Magazine and Journal of Science,* 1896). Advirtió de que, si la concentración de CO_2 aumentase en un 50%, el planeta experimentaría un calentamiento de entre 5 y 6 ºC. Sabía que el CO_2 (para él, ácido carbónico) absorbe la radiación infrarroja emitida por la superficie terrestre; también sabía que las locomotoras, los barcos y los telares industriales impulsados por las máquinas de vapor de la Revolución Industrial quemaban carbón, y que quemar carbón produce grandes cantidades de CO_2 y vapor de agua como resultado de la reacción química de oxidación que es la combustión.

Entonces, si el vapor de agua es el gas de efecto invernadero dominante, ¿por qué Arrhenius estaba tan interesado en el CO_2? La Tierra es un planeta acuoso, y Arrhenius, al igual que otros científicos de la época, era consciente de que el vapor de agua entra (evaporación) y sale (precipitación) de la atmósfera y de los océanos en cuestión de días. El tiempo medio del ciclo hidrológico externo completo es de aproximadamente nueve días. Y no menos relevante es que el contenido del vapor de agua en la atmósfera está regulado por la temperatura del aire, no por la cantidad de agua evaporada o emitida.

El CO_2, por el contrario, persiste en la atmósfera durante siglos, en torno a unos mil años. Aumentar o disminuir la concentración del CO_2 alteraría la temperatura de la Tierra, lo que a su vez afectaría a la cantidad de vapor de agua en la atmósfera en función del aumento o disminución de la temperatura del aire. Esto convierte al CO_2 en el termostato de la Tierra. Arrhenius concluyó que cada vez que la concentración de CO_2 en la atmósfera se duplica, la temperatura de la Tierra aumenta entre 2 y 5 °C.

En aquel entonces, final del siglo XIX, no lo consideraron un problema: en primer lugar, porque, dado el consumo de combustibles fósiles de la época, habrían de pasar unos tres mil años hasta que se multiplicara por dos la concentración atmosférica de CO_2; y, en segundo lugar, porque se pensaba que los océanos podían absorber cinco sextos de esas emisiones. En el momento en que apareció la hipótesis en un libro popular, *Worlds in the Making*, publicado en 1908, dieciocho años más tarde, el consumo de los combustibles fósiles ya había aumentado significativamente, por lo que, de acuerdo con ese cambio, se ajustó el tiempo de duplicación hasta fijarlo en unos pocos siglos, pero la cuestión aún se consideraba una curiosidad científica, no era todavía un problema de la humanidad. Una vez más, se adoptó el clásico planteamiento de tratar un problema de dinámica exponencial como lineal.

No obstante, el tema provocó una confrontación científica con Knut Johan Ångström (1857-1910), que probablemente fue el primer científico escéptico sobre el actual cambio climático (era hijo de Anders Jonas Ångström, conocido porque su apellido designa la unidad de longitud usada para expresar el tamaño de los átomos y las longitudes de onda). Estos hallazgos se trataron con mucho escepticismo a principios del siglo XX: las objeciones se centraron en considerar que las afirmaciones pecaban de una simplificación excesiva, en la incapacidad de tener en cuenta los cambios en la nubosidad y en los resultados de las pruebas de laboratorio de Ångström. Este instruyó a un asistente de laboratorio para medir el paso de la radiación infrarroja a través de un tubo lleno de CO_2, y llegaron a la conclusión de que las bandas del espectro de luz en el que se absorbe el CO_2 se saturaban rápidamente, de modo que su absorción no aumentaría. La otra cuestión que se planteó en ese momento atañía al vapor de agua, pero en los espectrógrafos de baja resolución disponibles de acuerdo con los estándares de la época, las bandas de absorción de los dos gases se superponían. Se pensó, por lo tanto, que el aumento del CO_2 se contrarrestaría al no poder absorber la radiación infrarroja en las bandas del espectro, que el vapor de agua, mucho más abundante, bloquearía. El conocimiento que se tenía a principios del siglo XX sobre las bandas de absorción del espectro de los diferentes gases atmosféricos, así como su distribución en la columna vertical de aire, era limitado, por lo que se difundió la opinión de que la adición de CO_2 no tendría ningún efecto significativo en la radiación térmica que sale de la Tierra y, por lo tanto, tampoco afectaría a la temperatura del planeta.

Sin embargo, desde entonces se ha demostrado que la precisión de las mediciones obtenidas por Ångström era deficiente. Además, la saturación en vapor de agua en la atmósfera inferior no es un problema para el efecto invernadero. El vapor de agua en la alta atmósfera tiene concentraciones de varios órdenes de magnitud inferiores a las que se registran en la parte de la atmósfera cercana al suelo. El aire en altitudes superiores está seco; de hecho, la estratosfera apenas tiene vapor de agua; en cambio, el CO_2 está mezclado en la atmósfera. No solo estaban basando su juicio en un resultado experimental incorrecto, sino que estaban cometiendo un error conceptual más grave: pensar que la atmósfera se componía de una única capa vertical. La atmósfera tiene una estructura vertical de capas múltiples, cada una con sus propiedades y dinámicas temporales y espaciales diferentes. Añadir CO_2 refuerza el efecto invernadero independientemente de la saturación en la atmósfera inferior.

Estudios posteriores han demostrado que las bandas de absorción del CO_2 en realidad estaban formadas por distintas frecuencias de absorción, que son causadas por los diferentes estados vibracionales de la molécula de CO_2. En un trabajo publicado en 2024 se demuestra por qué la molécula de CO_2 es tan eficaz para atrapar el calor (Wordsworth *et al.*, 2024), y es que la estructura cuántica de la molécula de CO_2 posee una extraña peculiaridad que explica por qué es un gas de efecto invernadero tan potente.

Tras las observaciones de Ångström se llegó a la conclusión de que Arrhenius estaba equivocado, y a pesar de que este publicó un artículo crítico respecto a esos experimentos, en el que explicaba que en las capas atmosféricas superiores, que son más secas, el papel del vapor de agua tenía una importancia muy limitada, nadie reparó en ello y, en efecto, la hipótesis del incremento de la temperatura de la atmósfera terrestre por el aumento de la concentración de CO_2 potenciando el efecto invernadero natural quedó en el olvido.

Pero la investigación científica continuaba, y en 1899 Thomas Chrowder Chamberlin (1843-1928) desarrolló en detalle la idea de que los cambios en el clima podrían ser el resultado de las variaciones en la concentración del CO_2 en la atmósfera. Articuló una teoría integral del cambio climático basada en la dinámica del ciclo del carbono y las alteraciones a largo plazo en el sistema Tierra-Océano, supuestos que finalmente relacionó con sus hipótesis sobre el origen y la evolución de la Tierra y el sistema solar.

Años treinta del siglo XX

Un hito fue el trabajo de G. Simpson (1878-1965), que publicó en 1928. Fue el primero en reconocer la necesidad de analizar en detalle cómo el vapor de agua absorbía o transmitía la radiación en diferentes partes del espectro electromagnético. También consideró que los vientos transportan energía desde los trópicos calentados por el Sol hacia los polos, no solo en forma de calor retenido en el aire mismo, sino también como energía térmica atrapada en el vapor de agua.

Mientras tanto, M. Milanković (1879-1958) señaló que las variaciones astronómicas provocaban alteraciones cíclicas en la radiación solar que llega a la superficie terrestre, y que ello influía considerablemente en los patrones de los cambios climáticos sobre la Tierra. Algunas teorías astronómicas similares habían sido anticipadas durante el siglo XIX. Desarrolló de forma muy precisa la teoría de que tres grandes ciclos astronómicos —la excentricidad de la órbita terrestre (un período de 100.000 años), la oblicuidad o inclinación axial de la Tierra (un período de 41.000 años) y la precesión del eje de la Tierra (un período de 26.000 años)— podían explicar los cambios climáticos recurrentes (Milanković, 1930). Estos ciclos orbitales interactúan produciendo grandes variaciones —hasta del 20 o 30%— en la cantidad de insolación en una latitud dada. Aunque los ciclos no alteran mucho la insolación planetaria general, pueden causar grandes cambios en el albedo (porcentaje de radiación que cualquier superficie refleja respecto a la radiación que incide sobre ella). Cuando las áreas cubiertas de hielo del hemisferio norte reciben menos insolación, se conserva más hielo de un año a otro; mientras tanto, a medida que las áreas cubiertas de nieve y hielo se expanden, sus superficies blancas reflejan más calor y amplifican el efecto de enfriamiento.

Hoy en día se entiende que esta retroalimentación del albedo es uno de los mecanismos importantes de los cambios climáticos y, en consecuencia, del que nos afecta ahora. Actualmente se considera que estos ciclos orbitales son una de las principales causas de las edades de hielo, aunque otros factores —incluidas las variaciones en el ciclo del carbono— también parecen desempeñar papeles determinantes. Las variaciones orbitales o «ciclos de Milanković» describen los efectos conjuntos que los cambios en los movimientos de la Tierra provocan en el clima a lo largo de miles de años. Queda, pues, claramente de manifiesto que existen razones astronómicas responsables de procesos que provocan cambios climáticos por causas naturales. Recientemente se ha descubierto que la precesión influye sobre todo en el inicio de la desglaciación, mientras que la oblicuidad es más determinante a la hora de alcanzar las condiciones interglaciales máximas y dar comienzo a las eras glaciares (Baker *et al.*, 2025).

E. O. Hulburt (1890-1982) recogió el guante lanzado por Simpson y elaboró un modelo pionero «radiativo-convectivo» de este tipo en el año 1931. Sus cálculos unidimensionales coincidían con la estimación aproximada de Arrhenius de que duplicar o reducir a la mitad la cantidad de CO_2 en la atmósfera aumentaría o disminuiría la temperatura de la superficie de la Tierra varios grados. También refutó el trabajo de Ångström y determinó que, independientemente de los procesos convectivos en la atmósfera, era la retención de radiación infrarroja terrestre al espacio lo que tenía una importancia clave. Sin embargo, casi nadie se dio cuenta de lo que implicaban estos resultados. La mayoría de los científicos seguían poniendo en duda la hipótesis de que añadir o quitar CO_2 de la atmósfera pudiera afectar al clima. Creían que las mediciones de laboratorio realizadas a principios de siglo habían demostrado que el CO_2 y el vapor de agua en la atmósfera ya bloqueaban la radiación infrarroja terrestre tan completamente que añadir más dióxido de carbono no suponía ningún problema.

En 1938 Guy S. Callendar (1898-1964) revivió la teoría del CO_2 del actual cambio climático, que se conoció como «efecto Callendar». Combinó mediciones espectroscópicas recientes de las bandas de absorción del CO_2 recopilando valores y datos disponibles en ese momento de la concentración del CO_2 en la atmósfera desde los tiempos preindustriales, y evidenció así el calentamiento climático documentándolo con registros de las estaciones meteorológicas mundiales existentes recabados desde 1890 hasta 1938, período de tiempo de cuarenta y ocho años de Revolución Industrial, basada esencialmente en la combustión de carbón. Señaló que el incremento del 10% del CO_2 en la atmósfera que había detectado podría estar relacionado con la tendencia al calentamiento observado en el mismo período. Construyó un modelo radiativo unidimensional que explicaba el aumento de temperatura de 0,25 °C observado durante ese período de tiempo y afirmó que una duplicación del CO_2 implicaba un incremento medio de la temperatura global de 2 °C, con valores mayores en latitudes altas (Callendar, 1938).

Era una señal débil, pero a la vez precisa, de lo que estaba sucediendo. Callendar fue el primero que aseguró que el planeta se estaba calentando y que este calentamiento estaba relacionado con las emisiones de CO_2. La mayoría de los científicos de la época prestaron muy poca atención y apenas dieron importancia a los resultados de Callendar, recibidos con escepticismo a pesar de los antecedentes de Arrhenius. La situación geopolítica vivía inmersa en la Segunda Guerra Mundial y los temas de investigación fundamentales y principales de la física estaban centrados en la teoría de la relatividad, en la física cuántica y en el desarrollo de la teoría atómica.

Desde la Segunda Guerra Mundial hasta los años ochenta del siglo XX

El período posterior a la Segunda Guerra Mundial supuso un renovado impulso para mejorar el conocimiento de los procesos atmosféricos dada su implicación clave en términos militares. Las propiedades de la alta atmósfera y el comportamiento de la radiación infrarroja fueron objeto de un examen particular, dado que, si los misiles eran capaces de localizar de algún modo puntos calientes, como los escapes de los aviones, se podrían rastrear y abatir.

Ya en la década de 1950, con la mejora de los instrumentos y de los sistemas de medida, las observaciones revelaron con mayor precisión cómo el vapor de agua y el CO_2 absorbían la radiación infrarroja terrestre, lo que redundó en una mejor comprensión de la importancia de las emisiones de CO_2. No obstante, bastantes científicos de la época no podían asumir que la civilización humana tuviera capacidad para afectar al sistema climático terrestre. En la actualidad esta reticencia está ya superada dado que existe un consenso científico casi unánime gracias a las múltiples observaciones acumuladas (Myers *et al.*, 2021).

G. N. Plass (1920-2004) profundizó, teniendo en cuenta las bandas de absorción en todas las capas de la atmósfera, en su estructura vertical. Ya se empezaba a contar con la capacidad de cálculo de los ordenadores. Sus resultados demostraron de manera convincente que añadir o quitar CO_2 podía afectar gravemente al balance de radiación a través de la atmósfera, capa por capa, alterando la temperatura en un grado o más hasta el nivel del suelo. A partir de ese momento, nadie pudo descartar la importancia del CO_2

en la atmósfera, pese a las clásicas refutaciones. Sin embargo, las predicciones numéricas específicas de Plass (1956) siguieron causando poca impresión a sus colegas, y nuevamente se planteó la cuestión de la absorción del CO_2 por parte del océano como objeción a la sugerencia de que podía permanecer en la atmósfera durante mil años.

La década de 1950 también fue la era de las pruebas nucleares. Una de las consecuencias de las explosiones nucleares era el carbono 14 (^{14}C), un isótopo inestable del carbono que tiene una vida media de 5.730 años, por lo que su uso como técnica de datación permite fechar registros fósiles de entre 500 y 45.000 años (lo que se conoce como «datación por radiocarbono»), y no de millones de años, caso de los combustibles fósiles. En el carbón y el petróleo, todo el ^{14}C se ha desintegrado hace mucho tiempo, de modo que al quemarlos solo se libera ^{12}C no radiativo y ^{13}C, mucho más raro pero estable. Por lo tanto, la quema de combustibles fósiles a gran escala añade más ^{12}C y ^{13}C al aire en relación con el ^{14}C (la abundancia actual relativa es de 1 isótopo de ^{14}C por 1.012 de ^{12}C). El químico H. E. Suess (1909-1993) decidió someter esta teoría a prueba examinando los isótopos de carbono en los árboles. Descubrió que cuanto más joven es la madera, más ^{12}C y ^{13}C había en relación con el ^{14}C, lo que se conoce como «efecto Suess», un término que ha acabado utilizándose para aludir a la disminución de ^{14}C en el CO_2 atmosférico debido al producido por la quema de combustibles fósiles. Es la huella de los combustibles fósiles registrada en la madera reciente de los árboles.

En 1957 R. Revelle (1909-1991) y H. E. Suess publicaron un artículo titulado «CO_2 Exchange between Atmosphere and Ocean and the Question of an Increase of Atmospheric CO_2 during the past decades», donde aclararon el papel de los océanos, calcularon que, con las tasas de emisiones de la época, era posible un aumento de los niveles de CO_2 atmosférico de alrededor del 40% en los próximos siglos e indicaron que:

> la humanidad está llevando a cabo un tipo de experimento geofísico a gran escala que no podría haber ocurrido en el pasado ni podría reproducirse en el futuro. En pocos siglos estamos devol-

viendo a la atmósfera y a los océanos el carbono orgánico concentrado y almacenado en las rocas sedimentarias a lo largo de cientos de millones de años, y no podemos prever las consecuencias.

Fueron de los primeros científicos que realizaron investigaciones significativas sobre el aumento del CO_2 atmosférico y los peligros que esto suponía para el futuro de la humanidad. Demostraron por primera vez que parte del CO_2 procedente del uso de los combustibles fósiles y también el procedente de la fabricación de cemento se acumula en la atmósfera porque los océanos no pueden absorberla en su totalidad. Los aspectos relativos al equilibrio del ciclo del carbono empezaban a ser considerados.

También es necesario mencionar a B. Bolin (1925-2007) y E. Eriksson (1917-2019), dos científicos suecos que realizaron investigaciones fundamentales en la década de 1950 sobre el papel de los océanos en la absorción de CO_2 de la atmósfera. Sus trabajos sentaron las bases para una comprensión moderna del ciclo global del carbono y del papel de los océanos como sumideros de CO_2. Demostraron que los océanos no solo actúan como reservas de CO_2, sino que también desempeñan un papel activo en el intercambio de CO_2 entre la atmósfera y el océano. Sus investigaciones contribuyeron a constatar que los océanos pueden absorber grandes cantidades de CO_2 atmosférico, lo que tiene un efecto amortiguador sobre el aumento de las concentraciones de este gas en la atmósfera. Propusieron modelos iniciales de la absorción del CO_2 por la superficie del océano y su distribución a lo largo de la columna de agua, lo que proporcionó una primera estimación de la capacidad de los océanos para actuar como sumideros de carbono.

Los trabajos de Bolin y Eriksson (1959) fueron pioneros al sugerir que la capacidad de absorción de CO_2 por los océanos podría influir significativamente en el balance global de carbono y, en consecuencia, en el clima global. Esta idea se convirtió en un pilar de los estudios sobre el cambio climático, especialmente en lo referente a cómo los océanos podrían moderar o ampliar el calentamiento global. Al cuantificar la capacidad de absorción de CO_2 por los océanos, contribuyeron a la comprensión de que la concentración de

CO_2 en la atmósfera es un equilibrio dinámico influenciado por la biosfera terrestre. Sus trabajos fueron cruciales para entender el rol de los océanos en la regulación del CO_2 atmosférico. Su investigación proporcionó las bases teóricas que permitieron avanzar en el estudio del ciclo del carbono y su impacto en el cambio climático, destacando la importancia de los océanos como sumideros de carbono y su influencia en el clima global.

Pero fue Charles D. Keeling (1928-2005) quien mejoró las técnicas de medición y en 1958 empezó a registrar de forma sistemática la concentración del CO_2 atmosférico en la isla de Mauna Loa en Hawái (Keeling, 1960), en medio del océano Pacífico, con la idea de establecer una concentración base de referencia e ir comprobando los niveles en los años siguientes. Estas medidas son el referente actual utilizado para conocer el aumento de CO_2 en la atmósfera de la Tierra y han dado lugar a lo que se conoce como la «curva de Keeling». El legado de Keeling incluye un programa de mediciones que sigue funcionando y que en la actualidad se complementa con otras múltiples estaciones de medida terrestres y por satélite que proporcionan un registro fidedigno de la evolución de las concentraciones atmosféricas de CO_2 que pone de manifiesto un aumento anual constante del CO_2, el GEI que más contribuye al cambio climático global.

Sus medidas constituyen la primera estimación cuantitativa de las oscilaciones naturales del CO_2 de la Tierra, ya que detectaron un ciclo anual regular y bien definido correspondiente a los períodos estacionales de crecimiento de las plantas en la captación y emisión de CO_2.

Los métodos de análisis de Keeling para medir el CO_2 atmosférico revelaron claras tendencias naturales y artificiales y proporcionaron por fin registros regulares y la necesidad de su medición en continuo. Con estos datos, se pudo comparar la cantidad de CO_2 que se acumulaba de forma constante en la atmósfera con las estimaciones del que era liberado por el uso de combustibles fósiles. La proporción atmosférica se estimó en 55%, lo que significa que cerca de la mitad de todo el CO_2 liberado por el carbón, el petróleo y el gas natural permanece en la atmósfera, lo que provoca su incremento anual. Esta cifra, comunicada por Keeling y sus colegas de Scripps en 1973, se conoce como «proporción aérea». El resto del CO_2 emitido se disuelve en los océanos, es absorbido por las plantas o se acumula en los suelos. Los datos actuales nos indican que la distribución del CO_2 emitido se reparte en un 46% en la atmósfera, un 25% en los océanos y un 29% en los suelos (Friedlingstein *et al.*, 2024).

Si en 1958 el valor medido fue de 313 ppm (partes por millón), en el año 2024 ha sido de 427 ppm, y sigue subiendo (NOAA, 2025). La diferencia, por tanto, es de 112 ppm, lo que equivale a un aumento del 35,8% en solo sesenta y siete años. Como referencia, baste citar que en los últimos 800.000 años la diferencia entre máximos y mínimos ha sido de solo 100 ppm, con un valor mínimo de 180 ppm y un valor máximo de 290 ppm. Además, debemos considerar también el aumento y la contribución de los otros principales gases de efecto invernadero: el metano (CH_4) y el óxido nitroso (N_2O).

Las investigaciones de Keeling refutaron la creencia generalizada entre la comunidad científica de que los intercambios dentro del ciclo del carbono podían mitigar el aumento de los niveles de CO_2. El incremento anual de los valores de la concentración de CO_2 en la atmósfera, que ha continuado acelerándose a lo largo de los últimos setenta años, puso de manifiesto el cada vez mayor impacto climático debido al uso de combustibles fósiles.

A mediados de la década de 1960, Syukuro Manabe (1931) y sus colaboradores desarrollaron el primer modelo considerado realista. Comprendieron que una cantidad significativa de energía sale de la superficie no solo en forma de radiación, sino también por convección, en el ascenso del aire calentado (Manabe *et al.*, 1964 y 1965). En 1967, en colaboración con R. Wetherald, el resultado fue el primer modelo numérico que simulaba el clima de todo el planeta, conocido como «modelo radiativo-convectivo unidimensional de Manabe-Wetherald», que proporcionó una evidencia razonablemente sólida de que el calentamiento por efecto invernadero realmente podía ocurrir. Pusieron de manifiesto que el movimiento del calor a través de la convección impedía que la temperatura se disparara hasta niveles extremos; sin embargo, si la cantidad de CO_2 se duplicaba, la temperatura aumentaría unos 2 °C. El grupo de Manabe fue uno de los primeros que realizó experimentos de duplicación de CO_2 con GCM (modelos de circulación atmosférica globales tridimensionales) y que acopló con modelos oceánicos (Manabe y Bryan, 1969). Es obligado señalar sus limitaciones debido a la capacidad computacional de la época. Aún había muchos vacíos y carencias que en los últimos sesenta años se han ido subsanando y que en la actualidad se siguen abordando.

S. Manabe y K. Hasselmann recibieron el Premio Nobel de Física en 2021 por su aportación fundamental en la creación de los modelos climáticos, junto con G. Parisi (pionero en el estudio de los sistemas complejos). Manabe es considerado el padre de los modelos climáticos que hoy permiten entender la complejidad del clima y proyectar cómo puede ser su futuro. Hasselmann creó un modelo que relaciona el tiempo y el clima y que permite así responder a la pregunta «¿por qué los modelos climáticos pueden ser fiables a pesar de que el tiempo sea cambiante y caótico?». Su método de «huella climática» permite distinguir entre la variabilidad natural del clima y la perturbación causada por el aumento de los GEI. Sus métodos se han utilizado para demostrar que el aumento de la temperatura en la atmósfera se debe a las emisiones humanas de CO_2. No podemos dejar de mencionar que estos avances científicos fueron posibles gracias al desarrollo progresivo de la capacidad de procesamiento de los ordenadores.

La comparación más importante entre los modelos simples (unidimensionales) y los GCM (tridimensionales) fue realizada para el gobierno de Estados Unidos en 1979 por un panel de la Academia Nacional de Ciencias que expuso sus conclusiones en el Informe Charney, oficialmente titulado *Carbon Dioxide and Climate: A Scientific Assessment* y publicado en 1979 por un comité dirigido por Jule Charney. Este informe fue encargado fundamentalmente con el objetivo de evaluar la validez de los modelos climáticos existentes en ese momento. Surgió en un momento en que la comunidad científica comenzaba a prestar mayor atención al impacto potencial del aumento de las concentraciones de CO_2 en la atmósfera como resultado de la quema de combustibles fósiles. El principal objetivo del comité fue evaluar la capacidad de los modelos climáticos de la época para predecir los efectos del aumento del CO_2 en la atmósfera terrestre sobre el clima y proporcionar una estimación inicial de la sensibilidad climática (el cambio de temperatura global que resultaría de duplicar la concentración de CO_2).

El comité revisó varios modelos climáticos de circulación general (GCM) disponibles en ese momento. Esos modelos eran bastante limitados en comparación con los modelos climáticos actuales. Sin embargo, eran capaces de simular el comportamiento básico de la atmósfera y predecir cambios en la temperatura global como respuesta a variaciones en la concentración de CO_2. Sus principales conclusiones fueron:

— Sensibilidad climática: el informe concluyó que, según los modelos disponibles, la duplicación de la concentración de CO_2 en la atmósfera probablemente resultaría en un aumento de la temperatura media global de entre 1,5 y 4,5 ºC. Esta estimación, conocida como «sensibilidad climática», se ha mantenido como rango de referencia en estudios posteriores.
— Retroalimentaciones climáticas: el informe identificó que el efecto de retroalimentación más importante en los modelos era el causado por el vapor de agua. El aumento de la temperatura incrementaría la capacidad de la atmósfera para retener vapor de agua, que es un gas de efecto invernadero, amplificando así el calentamiento.
— Validez de los modelos: aunque los modelos climáticos de la época tenían limitaciones significativas (resolución espacial baja, simplificaciones en la física de los procesos atmosféricos, etc.), el comité consideró que sus predicciones eran razonablemente fiables y proporcionaban una primera aproximación útil para entender el impacto del CO_2 en el clima.
— Incertidumbres: el informe reconoció varias fuentes de incertidumbre, incluyendo la respuesta de las nubes y el océano, que no estaban bien representadas en los modelos de la época. Estas incertidumbres no invalidaban las conclusiones del informe, pero subrayaban la necesidad de mejorar los modelos y obtener más datos observacionales.

El Informe Charney (1979) es considerado uno de los documentos más influyentes en la historia de la ciencia del clima. Fue una de las primeras evaluaciones que estableció un consenso científico sobre la relación entre el CO_2 y el actual cambio climático. Sus conclusiones sobre la sensibilidad climática han sido respaldadas por las investigaciones posteriores, y su requerimiento a mejorar los modelos climáticos sentó las bases para décadas de desarrollo en la modelización del clima. Fue un hito importante en la comprensión científica del cambio climático. A pesar de las limitaciones de la época, sus conclusiones sobre la sensibilidad climática y la validez de los modelos climáticos han perdurado y siguen siendo relevantes todavía. El informe subrayó la necesidad de una acción inmediata para abordar las emisiones de CO_2 y alertó a la comunidad global sobre los riesgos del cambio climático, iniciando así un proceso que ha llevado a la creciente preocupación y acción sobre este tema en las décadas siguientes.

Los modelos simples concordaban bastante bien entre sí y también con los resultados de los modelos radiativos-convectivos unidimensionales simples que mostraban un aumento de temperatura solo un 20% menor. Eso contribuyó a considerar aún más fiables las predicciones de que el doble de CO_2 acarrearía un calentamiento significativo. Como se constató en una revisión de 1984, los diversos modelos radiativos-convectivos y de balance energético seguían mostrando una concordancia notable entre sí: duplicar el CO_2 cambiaría la temperatura en un rango de aproximadamente 1,3 a 3,2 °C, lo que concordaba con los cálculos de los modelos de circulación general.

El informe indicó una conclusión positiva respecto a los modelos simples de radiación. Si bien seguirían proporcionando una guía útil para temas especializados, en el futuro su principal tarea sería sentar las bases para los modelos de circulación general. Desde la década de 1990 hasta el presente, una tendencia hacia modelos acoplados cada vez más completos de todo el sistema climático ha dominado esta área de trabajo.

Los modelos climáticos (que son representaciones numéricas basadas en los flujos y procesos atmosféricos) son una de las herramientas fundamentales de la ciencia climática moderna. Los modelos conceptuales y analógicos dominaron hasta la llegada de las computadoras digitales. Desde la década de 1960, los GCM dominan la modelización climática, aunque los modelos más simples siguen siendo importantes tanto por sí mismos como para verificar los submodelos incluidos en los GCM. Después del año 1975, las simulaciones climáticas combinaron cada vez más los GCM atmosféricos con los modelos oceánicos, dando lugar a los AOGCM (por las siglas en inglés de *Atmosphere-Ocean General Circulation Model).* Desde 1990 se han ido incorporando otros procesos climáticamente significativos (aerosoles, nubes, etc.), que han derivado tanto en los ESM *(Earth System Modeling)* como en los IAM *(Integrated Assessment Models),* que simulan los aspectos sociales, políticos y económicos de la influencia humana en el clima.

En la actualidad se están realizando importantes esfuerzos para mejorar los modelos del sistema terrestre y los modelos biogeoquímicos-oceánicos acoplados. El incremento en la potencia de los ordenadores permitió el desarrollo de modelos más completos, que incorporan más variables y representan los procesos atmosféricos y oceánicos con mayor detalle. La aparición de supercomputadores facilitó la inclusión de fenómenos complejos, como las interacciones entre océano, atmósfera, hielo y vegetación, y permitió simulaciones con mayor resolución espacial y escala temporal.

El desarrollo de los «superordenadores» ha sido un motor clave en la evolución de los modelos climáticos porque ha hecho posible conocer, simular y predecir el comportamiento del clima de la Tierra con una precisión sin precedentes. La iniciativa *Destination Earth,* en desarrollo en el BSC (Barcelona Supercomputing Center), tiene el objetivo de implementar gemelos digitales del sistema climático terrestre de gran precisión para dar respuesta y adaptarse a los retos medioambientales que plantea el actual cambio climático y los fenómenos meteorológicos extremos que provoca (https://destination-earth.eu/).

Durante las décadas de 1970 y 1980 se siguieron produciendo otros avances importantes, por ejemplo la identificación de otros GEI, las contribuciones al CO_2 atmosférico de otras actividades humanas, como la deforestación y la fabricación de cemento, una mejor comprensión del cambio de temperatura por la contaminación atmosférica provocada por las emisiones de azufre y aerosoles y su importancia en el enfriamiento del hemisferio norte posterior a los años cuarenta del siglo XX. Se comprendió que tanto las plantas como los océanos tenían límites con respecto a la cantidad de CO_2 que podían absorber en un tiempo determinado. La base de conocimientos ha ido aumentando año tras año.

En el otro lado del Muro de Berlín, durante la Guerra Fría, también se desarrollaron trabajos sobre la importancia del aumento de la concentración de CO_2 en la atmósfera terrestre y su influencia en el equilibrio radiativo de la Tierra. Mijaíl I. Budiko (1920-2001), climatólogo soviético, desarrolló estudios sobre el clima global y calculó la temperatura de la Tierra considerando un modelo físico simple de equilibrio entre la radiación solar entrante absorbida por la Tierra y la radiación infrarroja terrestre enviada al espacio en forma de energía térmica. Publicó en 1956 un libro titulado *Balance térmico de la superficie de la Tierra,* que transformó la climatología, pues dejó de ser una ciencia física cualitativa y pasó a convertirse en cuantitativa. Budiko expuso sus previsiones acerca de lo que podía pasar —y está pasando— con respecto al aumento de la temperatura superficial terrestre y la pérdida de hielo marino en el Polo Norte. Además, documentó la retroalimentación positiva entre el calentamiento y la fusión del hielo y la nieve a través de cambios en el albedo de la Tierra (Budiko, 1958).

Conviene recordar que la ciencia climática está basada principalmente en la observación, de modo que necesita modelos para contrastar teorías y hacer proyecciones climáticas, tanto de lo que ha pasado como de lo que puede pasar.

Ciclos climáticos pasados y eras de hielo

La perforación de núcleos en los casquetes glaciares de Groenlandia y la Antártida se había convertido ya en una rama importante de la investigación sobre el clima del pasado. El hielo contiene diminutas burbujas de aire que quedan atrapadas en el momento de formarse, de modo que, una vez que se desarrolló un método fiable para aislar y analizar ese aire, fue posible conocer la composición de la atmósfera del pasado a través de las eras glaciales y los períodos interglaciales. Se descubrió que en la última era glacial los niveles de CO_2 eran mucho más bajos, con mínimos de 180 ppm y máximos de 290 ppm. A mediados de los años ochenta del siglo XX, el núcleo de Vostock en la Antártida había sido perforado a una profundidad de 2 km, lo que representa 150.000 años de historia climática, o sea, un ciclo interglacial-glacial-interglacial completo. Las fluctuaciones del CO_2 muestran una relación notablemente consistente con la temperatura.

Los datos de los núcleos de hielo también empezaban a demostrar otro aspecto del papel de los GEI: las retroalimentaciones. Incluso si los episodios de calentamiento se iniciasen por cambios orbitales, el calentamiento en sí mismo provocaría la liberación de GEI de fuentes como los océanos y el derretimiento de los suelos helados (permafrost). Estos GEI adicionales actuarían entonces como potentes amplificadores del calentamiento inicial. También podría ocurrir lo contrario: una reducción de los GEI facilitaría un descenso de la temperatura que desembocaría en una era glacial. Pero dado que los niveles de CO_2 eran ahora sustancialmente más altos que en cualquier otro período del último millón de años, tanto en las épocas glaciales como interglaciales, quedaba muy claro que el forzamiento humano del efecto invernadero era un asunto que debía tomarse muy en serio.

Desde los años ochenta del siglo XX. El IPCC

Cuando el 23 de junio de 1988 el climatólogo James E. Hansen (1941), director de 1981 a 2013 del Goddard Institute for Space Studies (GISS) de la NASA, declaró ante el Senado de Estados Unidos que el aumento del CO_2 atmosférico provocado por el ser humano debido al uso de combustibles fósiles estaba alterando el clima, sentó las bases de la popularización de una idea que había tardado décadas en consolidarse. Su declaración ayudó a difundir la cuestión del calentamiento global y la defensa de medidas para limitar los impactos del cambio climático. El mundo empezaba a asimilar que el planeta podría estar sufriendo un cambio climático.

La Central de Inteligencia Americana (CIA) también elaboró ya en 1974 sus propios informes y pidió que se incrementara la investigación al respecto dada su influencia geopolítica. La revista *Time* traía como portada el 19 octubre de 1987: «The Heat is on. How the Earth's Climate is Changing». A su vez, Margaret Thatcher, química de profesión y primera ministra del Reino Unido desde 1979 hasta 1990, conocía el efecto invernadero del CO_2 y encontró así la posibilidad de encauzar su proyecto nuclear. Le encargó a Sir Crispin Tickell, embajador del Reino Unido en las Naciones Unidas, una asesoría sobre la relación entre cambio climático, política y economía (Caparrós, 2010).

Estamos en el momento en que el cambio climático deja de ser esencialmente una cuestión únicamente científica y se convierte también en un asunto de índole política y social.

Como respuesta, en 1988 las Naciones Unidas crearon el Grupo Intergubernamental de Expertos sobre el Cambio Climático, conocido como IPCC (del inglés Intergovernmental Panel on Climate Change), como una organización internacional de carácter estrictamente científico y dependiente conjuntamente de la Organización Meteorológica Mundial (OMM/WMO) y del Programa de las Naciones Unidas para el Medio Ambiente (PNUMA/UNEP). Posteriormente su configuración fue ratificada por la Asamblea General de las Naciones Unidas.

Su constitución responde a diferentes causas. La primera es que se asume la magnitud del problema global que representa para la humanidad el actual cambio climático antropogénico. La segunda es la explosión exponencial de información al respecto, lo que requiere un trabajo riguroso de revisión, análisis y síntesis: ya no son un número limitado de artículos científicos los que abordan esta cuestión. Y la tercera, y tal vez la más importante, es que la causa de este cambio climático necesita información contrastada y fidedigna, dado que implica y exige una respuesta política de gobernanza planetaria, que actualmente está representada por la Convención Marco de las Naciones Unidas sobre el Cambio Climático (CMNUCC/UNFCCC, por sus siglas en inglés), aprobada en 1992 durante la Conferencia de las Naciones Unidas sobre el Desarrollo Sostenible, conocida también como «Cumbre de Río» o «Cumbre de la Tierra», celebrada en Río de Janeiro (Brasil) y ratificada el 21 de marzo de 1994. Los 197 países que la ratificaron se erigen en «partes» de la Convención.

El IPCC no lleva a cabo una investigación propia ni tampoco un trabajo de monitorización y seguimiento de los fenómenos relacionados con el clima, que es competencia de la OMM (WMO en inglés) en el marco de las Naciones Unidas. Su misión es proveer de evaluaciones científicas integrales y de información científica, técnica y socioeconómica permanentemente actualizada sobre el clima de la Tierra y el riesgo de cambio climático, sus causas, sus potenciales consecuencias medioambientales y socioeconómicas y las posibles estrategias y opciones para mitigar sus efectos y adaptarse a sus repercusiones. Asimismo, debe clarificar y responder sobre cuestiones relevantes a la implementación del UNFCCC.

En el caso del Acuerdo de París (2015), posterior al Protocolo de Kioto (1997), que es un pacto político y diplomático sobre la cuestión climática en el marco de desarrollo del UNFCCC y que tiene como principal objetivo «mantener la temperatura media mundial "muy por debajo" de 2 °C respecto a los niveles preindustriales, aunque los países se comprometen a llevar a cabo "todos los esfuerzos necesarios" para que no rebase los 1,5 °C y evitar así "los impactos más catastróficos del cambio climático"», al IPCC se le encargó determinar cuáles eran los niveles preindustriales de la temperatura media del planeta, tema que obtuvo respuesta en el informe específico del año 2018, titulado *Calentamiento global de 1,5* °C. El IPCC definió que los niveles preindustriales de referencia venían determinados por las condiciones de temperatura del período de cincuenta años comprendido entre 1850 y 1900.

El IPCC se estructura en tres grupos de trabajo *(working groups)* y un grupo de operaciones *(task force)*, con las siguientes áreas de competencia:

— Grupo de Trabajo I: evalúa aspectos científicos del sistema climático y del cambio climático.

— Grupo de Trabajo II: analiza la vulnerabilidad de los sistemas socioeconómicos y naturales al cambio climático, sus consecuencias y las opciones de adaptación.
— Grupo de Trabajo III: considera las opciones para limitar las emisiones de gases de efecto invernadero, así como otras políticas de mitigación del cambio climático.
— Grupo de Operaciones: se centra en los inventarios de los gases de efecto invernadero, en elaborar guías metodológicas y en evaluar los inventarios nacionales.

Ha publicado seis informes de evaluación sobre el estado actual del conocimiento sobre el clima y el cambio climático: *FAR* (1990), *SAR* (1995), *TAR* (2001), *AR4* (2007), *AR5* (2013/2014) y *AR6* (2021/2023). Estos informes son el resultado de la colaboración voluntaria de miles de científicos de todo el mundo y constituyen referencias claves sobre el actual cambio climático tanto para los políticos como para la población en general. El IPCC constituye la autoridad científica internacionalmente aceptada sobre cambio climático, y sus informes gozan del acuerdo de los expertos científicos de la ciencia del clima y del consenso de cada uno de los gobiernos participantes. Sus evaluaciones deben ser comprensivas, objetivas, transparentes y políticamente neutras. Su trabajo fue reconocido con la concesión del Premio Nobel de la Paz de 2007, que compartió con Al Gore.

El IPCC es considerado el organismo científico mundial de mayor autoridad en materia de clima. A continuación se presentan las conclusiones clave sobre la participación humana en el actual cambio climático de los seis informes del IPCC.

Primer Informe de Evaluación (FAR, 1990): estableció las bases para la comprensión científica del cambio climático. Aunque los datos eran limitados, el informe reconoció que las actividades humanas, particularmente la quema de combustibles fósiles y la deforestación, estaban aumentando las concentraciones de GEI en la atmósfera. Sin embargo, la atribución directa del cambio climático a la actividad humana no se realizó con total certeza, aunque se sugirió que era probable que estuviera contribuyendo al calentamiento observado. Sentó las bases científicas para la firma de la CMNUCC en 1992.

Segundo Informe de Evaluación (SAR, 1995): este informe fue más explícito en cuanto a la influencia humana en el clima. Concluyó que «la evidencia sugiere una influencia humana discernible en el clima global». Este fue un paso importante hacia el reconocimiento global de la responsabilidad humana en el actual cambio climático sobre la base de un mayor conocimiento de la evolución de las concentraciones de GEI y de la mejora de los modelos climáticos.

Tercer Informe de Evaluación (TAR, 2001): en este caso la evaluación fue ya más sólida, y se afirmó con mayor certeza que «hay nueva y más fuerte evidencia de que la mayor parte del calentamiento observado en los últimos cincuenta años es atribuible a actividades humanas». Este informe destacó que las emisiones de CO_2 y otros GEI provenientes del uso de combustibles fósiles y de otros procesos industriales eran los principales impulsores del calentamiento global.

Cuarto Informe de Evaluación (AR4, 2007): se concluyó que «el calentamiento del sistema climático es inequívoco, y es muy probable que el calentamiento detectado desde mediados del siglo XX sea atribuible al aumento observado en las concentraciones de gases de efecto invernadero antropogénicos». La expresión «muy probable» indica una confianza del 90% o más en esta conclusión. Este informe también destacó los efectos ya observables del cambio climático y las proyecciones de impactos futuros en diferentes escenarios de emisiones.

Quinto Informe de Evaluación (AR5, 2014): contribuyó a consolidar aún más las conclusiones anteriores al afirmar que «es extremadamente probable que más de la mitad del aumento observado en la temperatura media global de la superficie desde 1951 sea causado por las emisiones antropogénicas de gases de efecto invernadero y otros forzamientos antropogénicos». La certeza sobre la influencia humana en este proceso se consideró esta vez «extremadamente probable», lo que significa una probabilidad del 95-100%. Además, señaló que los impactos del cambio climático ya estaban ocurriendo en todos los continentes y océanos.

Sexto Informe de Evaluación (AR6, 2021-2023): es el último informe, y en él se subraya que «es inequívoco que la influencia humana ha calentado la atmósfera, el océano y la tierra». El informe destaca que las actividades humanas han causado un aumento en la temperatura global de aproximadamente 1,1 °C (tomando como referencia base el período 1850-1900) desde la era preindustrial (desde el año 1750), y que las olas de calor, las precipitaciones intensas, las sequías y los ciclones tropicales se han vuelto más frecuentes e intensos como resultado del actual cambio climático inducido por el hombre. También hace hincapié en que, para limitar el calentamiento global a 1,5 °C, se necesitan reducciones drásticas y rápidas en las emisiones de los GEI.

La conclusión general es clara y meridiana. A lo largo de los seis informes del IPCC, desde finales de los años ochenta del siglo XX hasta el año 2023, se ha revelado un aumento progresivo y verificado de la certeza de la influencia humana en el cambio climático. Desde el primer informe en 1990, en el que la participación humana en el calentamiento global era solo una hipótesis, hasta el sexto y último de 2023, en el que se afirma inequívocamente que es la principal causa del cambio climático, la evidencia científica se ha vuelto cada vez más clara y contundente. Los informes del IPCC han desempeñado un papel crucial en la sensibilización global sobre la necesidad urgente de mitigar las emisiones de GEI para evitar los impactos negativos que el cambio climático lleva asociados para la humanidad y el planeta.

El IPCC trabaja para responder a preguntas tales como: ¿cuánto calentamiento se está produciendo y cuánto se producirá? ¿Cómo influirán las diferentes concentraciones atmosféricas de CO_2 y otros GEI en las temperaturas globales? ¿Qué áreas de nuestro entorno se verán más afectadas por el cambio climático? ¿Cómo influirá el actual cambio climático en los patrones meteorológicos globales? La base científica ya está resuelta; los expertos trabajan ahora en la ampliación de los límites de lo que sabemos. Los posibles futuros para la humanidad, el medio ambiente y el clima global se han vuelto más claros con cada nuevo informe.

Otros gases de efecto invernadero: el metano y el óxido nitroso

Durante muchos años, y todavía en la actualidad, el CO_2 ha sido el foco principal de los estudios científicos y las políticas climáticas. Sin embargo, hay otros gases que no solo contribuyen de forma significativa al forzamiento del efecto invernadero natural, como el metano (CH_4) y el óxido nitroso (N_2O), sino que además tienen un potencial de calentamiento global (GWP, por sus siglas en inglés) significativamente mayor que el CO_2, aunque estén presentes con una menor concentración en la atmósfera. La consideración de estos GEI en la evaluación del actual cambio climático ha sido crucial para un análisis más completo y efectivo de los impactos antropogénicos en el clima.

Tyndall ya señaló en 1859 que el CH_4 también actuaba como GEI. En la segunda mitad del siglo xx, los científicos catalogaron diversas fuentes de emisión de CH_4. Se valoró que las emisiones procedentes de fuentes biológicas superaban en importancia a las derivadas de fuentes minerales. Especialmente importantes eran los humedales, en los que, en condiciones anaerobias (es decir, en ausencia de oxígeno), las bacterias producen CH_4 («el gas de los pantanos»), y entre ellos se incluyen también los campos de arroz, así como las emisiones provocadas por la fermentación entérica de los rumiantes. Sin embargo, estos estudios no dieron motivos para pensar que tales emisiones tuvieran una importancia significativa en el actual cambio climático.

Si el CH_4 atraía poca atención, menos aún se prestaba a otras sustancias químicas presentes en la atmósfera. Se las consideraba curiosidades que apenas merecían interés científico. Hasta los años setenta del siglo xx a la atmósfera «se la consideraba químicamente inerte, y por una buena razón: la mayoría de las sustancias químicas que se sabía que estaban presentes cerca de la superficie eran esencialmente inertes». El aire parecía ser simplemente un fluido «que transportaba la contaminación lejos de las ciudades, las fábricas y los incendios».

Wang *et al.* (1976) analizaron dos sustancias químicas en las que casi nadie había pensado: el CH_4 y el N_2O. Si el nivel de ambos en la atmósfera se duplicaba, la temperatura aumentaría en 1 °C.

Pero fue a partir de la década de 1970 cuando se comenzó a entender que el CH_4 podría contribuir también al efecto invernadero. Uno de los hitos fue el trabajo de Houghton y Woodwell (1974), que identificaron el impacto potencial del CH_4 en el calentamiento global. Estudios posteriores, como los de Ramanathan *et al.* (1985), cuantificaron el GWP de estos otros GEI al subrayar su capacidad para atrapar calor en la atmósfera, mucho mayor que la del CO_2 a corto plazo dado que tiene una vida en la atmósfera relativamente corta, de alrededor de diez o doce años, ya que se oxida de forma relativamente rápida en la atmósfera. El CH_4 es el segundo gas que más contribuye al calentamiento global después del CO_2, pues su capacidad de atrapar calor en la atmósfera es del orden de veintiocho veces mayor que la del CO_2 en un horizonte de cien años.

La concentración media de CH_4 en el año 2024 fue de 1.941 ppb, lo que significa un incremento respecto al año 1750 del 266% (WMO, 2024; NOAA, 2025). Expresado en las mismas unidades que el CO_2, representa 1,9 ppm, de manera que su concentración en la atmósfera, sin dejar de ser relevante, es mucho menor que la del CO_2.

Hasta finales de los años ochenta el CH_4 no se contempló formalmente en los informes del IPCC. En el informe de evaluación que inauguró la serie del IPCC (1990), se destacó por primera vez el papel significativo del CH_4 en el forzamiento radiativo, y se estimó que representaba un 15% del efecto invernadero antropogénico. Desde la década de 2000, se ha incrementado el interés por mitigar las emisiones de CH_4 debido a su potencial de calentamiento a corto plazo.

Respecto al N_2O, su reconocimiento como un GEI significativo tuvo lugar cuando Crutzen y Ehhalt (1977) destacaron su papel en la destrucción del ozono y su contribución al efecto invernadero. En 1985, un informe de la OMM destacó al N_2O como uno de los gases que estaba contribuyendo al aumento del efecto invernadero. Pero su estudio intensivo no comenzó hasta la década de 1980, cuando se reconoció que sus emisiones estaban aumentando significativamente debido a la agricultura intensiva, y, más en particular, al uso de fertilizantes nitrogenados (Crutzen, 1981). El N_2O tiene una vida media en la atmósfera de aproximadamente 114 años, lo que le otorga un efecto duradero en el clima global. Su capacidad de atrapar calor en la atmósfera es de en torno a 273 veces mayor que la del CO_2 en un horizonte de cien años. Solo en el segundo informe de evaluación del IPCC (1995) el N_2O fue incluido como uno de los GEI más importantes.

La concentración media de N_2O en 2023 fue de 338 ppb, lo que supone un incremento de su presencia respecto al año 1750 del 125% (WMO, 2024; NOAA, 2025). Expresado en las mismas unidades que el CO_2, representa 0,34 ppm, y al igual que el CH_4, su concentración en la atmósfera, siendo también importante, es mucho menor que la del CO_2. Tiene un tiempo de prevalencia medio del orden de 120 años, ya que está involucrado en el ciclo de nitrógeno.

En 1975 Ramanathan informó de que los CFC (los clorofluorocarburos) absorben la radiación infrarroja de forma prodigiosa: una sola molécula podría ser diez mil veces más eficaz en su capacidad de retener calor que una molécula de CO_2. Un cálculo sugería que los CFC, en las concentraciones que alcanzarían en el año 2000 si continuaba su expansión industrial, por sí solos podrían aumentar la temperatura global en 1 °C.

Para ampliar información sobre la ciencia del clima y del cambio climático se puede consultar https://history.aip.org/climate/index.htm, que constituye una historia en hipertexto de cómo los científicos llegaron a comprender el problema del actual cambio climático; y también https://climatebrad.medium.com/climate-hearings-af27a3886a43, que incluye una cronología detallada.

Capítulo 2

Las compañías de petróleo y la ciencia climática en los años 1960

Las medidas de CO_2 de Keeling en Caltech y la Air Pollution Foundation en 1954

Compañías petroleras y del sector del automóvil patrocinaron la investigación de Keeling a través de una organización llamada Southern California Air Pollution Foundation (APF), creada en 1953 para abordar la contaminación del aire por smog en la ciudad de Los Ángeles. American Motors, Chrysler, Ford y General Motors se encontraban entre las dieciocho compañías que donaron dinero a esta fundación. Fue el primer ejemplo conocido de investigación en ciencia climática financiada por la industria de los combustibles fósiles.

La APF incluyó discretamente un proyecto que conduciría a uno de los descubrimientos científicos más importantes del siglo XX: *Estudio de los isótopos de carbono*. En los Archivos de Caltech (Instituto Tecnológico de California) y en los Archivos Nacionales de Estados Unidos, junto con los escritos de Charles David Keeling, depositados en la Universidad de California, San Diego, y periódicos locales de Los Ángeles de la década de 1950, están los documentos que establecen el patrocinio de la Air Pollution Foundation, en diciembre de 1954, al trabajo de Keeling en Caltech con una asignación de 13.814 dólares (aproximadamente 158.000 dólares en dinero de hoy) para financiar investigaciones con el objetivo de medir la concentración de CO_2 en la atmósfera. Y en diciembre de 1955 se aprobó la prolongación de un año de este patrocinio, de modo que cuando el proyecto finalizó en octubre de 1956, Keeling contaba ya con datos suficientes para señalar la importancia del impacto atmosférico debido a la quema de combustibles fósiles (Keeling, 1960): «los factores que controlan la concentración y la composición isotópica del CO_2 en la atmósfera terrestre se han estudiado con el fin de predecir el efecto de las plantas terrestres, del agua superficial del océano y de la quema de carbón y petróleo sobre el CO_2 atmosférico».

Esta investigación daría lugar a los posteriores hallazgos sobre el CO_2 atmosférico global y a lo que hoy en día se conoce como «curva de Keeling».

Un memorando interno del Servicio de Salud Pública de Estados Unidos de 1959 también identifica al Instituto Americano del Petróleo (API: American Petroleum Institute) y a la Western Oil & Gas Association (la asociación comercial petrolera más antigua de Estados Unidos, que ahora se hace llamar Western States Petroleum Association) como los mayores contribuyentes de los fondos de la Air Pollution Foundation. Su junta directiva incluía a representantes de alto nivel de la Southern California Gas Company, la Southern California Edison Co., Chrysler, General Motors y Union Oil (ahora Chevron). Desde mediados de 1955 también evaluaron proyectos de investigación como «comité asesor técnico», del que formaban parte también un alto funcionario del API, así como científicos de la Richfield Oil Corporation (hoy día BP) y Chrysler.

Estos documentos de la Air Pollution Foundation permiten fechar el primer patrocinio de la ciencia climática por parte de la industria de los combustibles fósiles en el año 1954, aproximadamente un cuarto de siglo antes del programa de investigación interna de Exxon de finales de los años 1970. Proporcionan una evidencia significativa de que la industria de los combustibles fósiles ha estado intrínsecamente conectada con la ciencia climática desde sus inicios, no solo como impulsora del efecto invernadero responsable del actual cambio climático, sino también por su contribución a los descubrimientos científicos que transformarían nuestra comprensión del vínculo de la humanidad con la Tierra y su clima.

La documentación entre Caltech y la Air Pollution Foundation muestra que el posible impacto climático de las emisiones de CO_2 provocadas por los combustibles fósiles se comunicó a la fundación en noviembre de 1954. La propuesta, enviada a la fundación por el director de investigación de Keeling, Samuel Epstein, hacía hincapié en que la combustión de carbón y petróleo tendría «posibles consecuencias de un cambio en la concentración del CO_2 en la atmósfera con respecto al clima... y puede llegar a ser, en última instancia, de considerable importancia para la civilización».

La respuesta por parte de la APF fue una referencia pública sobre el CO_2 como «gas inocuo». Es posible que también fuera la primera vez que se informaba directamente a la industria petrolera sobre el cambio climático inducido por el CO_2, cinco años antes de que el físico Edward Teller advirtiera en 1959 al API sobre las consecuencias negativas del uso de los combustibles fósiles.

A su vez, el geoquímico Harrison Brown y sus colegas del Instituto Tecnológico de California presentaron una propuesta de investigación también al API con el título: «La determinación de las variaciones de la composición isotópica del carbono en la naturaleza y sus causas». Propusieron el uso de nuevos espectrómetros de masas para investigar la relación entre el carbono 12 y el carbono 13 ($^{12}C/^{13}C$) en los sistemas terrestres, marinos y minerales con el fin de comprender el ciclo geológico y biológico del carbono. El equipo ya había realizado trabajos preliminares en los anillos de los árboles de diversas edades. Los resultados indicaron que los combustibles fósiles habían provocado un aumento de un 5% de las concentraciones atmosféricas de CO_2. La estimación de Brown fue bastante precisa: de 1854 a 1954 las concentraciones globales de CO_2 habían aumentado un 10% (de aproximadamente 285 a 313 ppm), del cual cerca de un 4% se debía a los combustibles fósiles, y el resto, a la deforestación y otros cambios en el uso de los suelos.

> Tal vez el efecto más interesante que hemos observado hasta ahora en relación con el carbono en los árboles es un aumento marcado y bastante constante de la relación $^{12}C/^{13}C$ con el tiempo. Desde 1840 la relación ha aumentado claramente. Este efecto se puede explicar sobre la base de un cambio en la concentración de CO_2 en la atmósfera como resultado de la industrialización y la consiguiente quema de grandes cantidades de carbón y petróleo.

A pesar de que en 1954 fueran advertidos sobre los posibles impactos climáticos debidos a la emisión de CO_2, treinta y cinco años después numerosos miembros y patrocinadores de la Air Pollution Foundation (entre ellos API, la Automobile Manufacturers Association, Chevron y BP) participaron en una campaña multimillonaria cuyo objetivo era atacar las políticas climáticas destinadas a abordar el calentamiento global y promover un rechazo a la ciencia climática que ellos mismos habían ayudado a financiar.

Desde la década de 1950 hasta hoy, la industria del petróleo y el gas ha utilizado el manual que se implementó por primera vez a través de la APF, financiando investigaciones aparentemente «independientes» a través de grupos comunitarios de terceros para luchar contra la legislación sobre la contaminación del aire y la acción climática. Estos esfuerzos han conseguido paralizar repetidamente las regulaciones sobre aire limpio y clima. [Más información al respecto se puede encontrar en *History Lessons: Polluter Influence* (DeSmog, 2025)].

Todo esto pasaba en el sur de California, en la zona de Los Ángeles, donde también estaban ocurriendo cosas con respecto al transporte público. En 1910, según *Los Angeles Times,* había 1.800 kilómetros de vías de tranvía. En 1947 se hacen públicos los proyectos para la construcción de un cruce de autopistas a cuatro niveles. Después de la Segunda Guerra Mundial los tranvías estaban casi desmantelados, y en 1961 no quedaba ninguno. Los Ángeles ya era el reino de los coches, los atascos y la contaminación por smog fotoquímico, un modelo de movilidad basado en los coches particulares que consumen combustibles fósiles y que se impuso por las compañías de petróleo y de automóviles. Actualmente, y pese a que ha habido una mejora de los transportes públicos en Los Ángeles, aún conservan una imagen negativa.

Edward Teller en la conmemoración del centenario de la industria petrolera de Estados Unidos en 1959

En el simposio «Energy and Man», organizado por el API y que tuvo lugar en la Universidad de Columbia en Nueva York en noviembre del año 1959, el científico Edward Teller —que participó en el Proyecto Manhattan y al que se considera el padre de la bomba de hidrógeno— fue el invitado de honor para conmemorar el centenario de la industria petrolera de Estados Unidos (Franta, 2018). En su discurso comunicó a los ejecutivos de la industria y otros reunidos:

> Señoras y señores, tengo que hablarles sobre la energía del futuro. Empezaré por explicarles por qué creo que es necesario complementar los recursos energéticos del pasado. En primer lugar, estos recursos energéticos se agotarán a medida que utilicemos cada vez más combustibles fósiles. Pero me gustaría mencionar otra razón por la que probablemente tengamos que buscar suministros adicionales de combustible. Y se trata, curiosamente, de la cuestión de la contaminación de la atmósfera [...]. Cuando se quema combustible convencional, se genera dióxido de carbono [...]. El dióxido de carbono es invisible, es transparente, no se puede oler, no es peligroso para la salud, así que ¿por qué preocuparse por ello?
>
> El dióxido de carbono tiene una propiedad extraña. Transmite luz visible, pero absorbe la radiación infrarroja que emite la Tierra. Su presencia en la atmósfera provoca un efecto invernadero [...]. Se ha calculado que un aumento de temperatura correspondiente a un incremento del 10% del dióxido de carbono sería suficiente para derretir el casquete glaciar y sumergir Nueva York. Todas las ciudades costeras quedarían anegadas, y como un porcentaje considerable de seres humanos vive en regiones costeras, creo que esta contaminación química es más grave de lo que la mayoría de la gente tiende a creer.

Después de su discurso, se le pidió a Teller que «resumiera brevemente el peligro que supone el aumento del contenido de CO_2 en la atmósfera». Respondió de esta manera:

> En la actualidad, el dióxido de carbono en la atmósfera ha aumentado un 2% por encima de lo normal. Para 1970, será tal vez el 4%; para 1980, el 8%, y para 1990, el 16% [unas 360 ppm, según los cálculos de Teller] si continuamos con nuestro aumento exponencial en el uso de combustibles puramente convencionales. Para entonces la radiación que sale de la Tierra tendrá un serio impedimento adicional. Nuestro planeta se calentará un poco. Es difícil decir si serán dos grados, solo uno o cinco.
>
> Pero cuando la temperatura suba unos pocos grados en todo el planeta, existe la posibilidad de que los casquetes polares comiencen a derretirse y el nivel de los océanos comience a subir. Bueno, no sé si cubrirán el Empire State Building o no, pero cualquiera puede calcularlo consultando un mapa y fijándose en que los casquetes polares sobre Groenlandia y sobre la Antártida tienen quizás mil quinientos metros de espesor.

La respuesta de Teller fue totalmente profética. Hoy en día el CO_2 ha superado las 427 ppm (NOAA, 2025) —y sigue aumentando—, las temperaturas medias mundiales ya han aumentado 1,55 °C y los casquetes polares se están derritiendo a un ritmo alarmante (WMO, 2025).

Robert Dunlop fue una de las trescientas personas presentes en el simposio. Como presidente de Sun Oil Company, conocía bien el negocio, y en 1967 fue presidente de la junta directiva del API. Desde esa posición, dio su testimonio ante un comité del Congreso sobre el tema «El automóvil del mañana: ¿eléctrico o de gasolina?» en el que afirmó: «En la industria petrolera estamos convencidos de que cuando sea viable producir en masa y comercializar automóviles eléctricos, estos no disfrutarán de ninguna ventaja significativa desde el punto de vista de la contaminación del aire. Las emisiones de los motores de combustión interna habrán sido controladas mucho antes». La forma de controlarlas ha sido el escándalo del *Dieselgate*.

La lista de contaminantes a los que se refirió incluía monóxido de carbono, óxido nitroso y otras emisiones de hidrocarburos, pero no CO_2.

Poco después, el API encargó un estudio al Instituto de Investigación de Stanford. El informe que obtuvo en 1968 fue contundente: «Es casi seguro que se producirán cambios significativos de temperatura para el año 2000, y estos podrían provocar alteraciones climáticas [...] no parece haber duda de que el daño potencial a nuestro medio ambiente podría ser grave [...]».

La industria del petróleo y del automóvil, como mínimo la estadounidense, tenía a finales de la década de los años cincuenta del siglo XX información de primera mano de las consecuencias de mantener un modelo energético basado en el uso de los combustibles fósiles.

Simposio en 1963 en Nueva York sobre las «Implicaciones del aumento del contenido de dióxido de carbono en la atmósfera»

La Conservation Foundation organizó el 12 de marzo de 1963, en el Instituto Rockefeller de Manhattan, en Nueva York, una restringida conferencia de seis expertos para debatir las implicaciones del aumento del nivel de CO_2 causado por el uso de combustibles fósiles. La Conservation Foundation, una organización filantrópica, en su «resumen de ingresos» de ese año incluye a tres grandes compañías petroleras que contribuyeron con cantidades pequeñas: 2.500 dólares de Standard Oil de Nueva Jersey (ExxonMobil), 1.000 dólares de Standard Oil de California (Chevron) y 1.000 dólares de Richfield Oil Corporation (BP) —en dólares de la época—, además de la Fundación Rockefeller (John, 2024).

El informe generado tras la reunión sería de vital importancia para dar a conocer en Estados Unidos lo que ya estaba pasando, especialmente en el área gubernamental. En mayo de 1964 los registros demuestran que al menos una de las setecientas copias del informe llegó a la División de Contaminación del Aire del Departamento de Salud, Educación y Bienestar de Estados Unidos (HEW), que era la responsable de los asuntos relacionados con la contaminación del aire a nivel nacional antes de la creación de la Agencia de Protección Ambiental (EPA) en 1970.

El HEW elaboró ese mismo mes un borrador de informe en el que se esbozaban los «Objetivos nacionales para la investigación científica atmosférica» y que contenía una sección que resumía los efectos de la contaminación del aire en «el tiempo y el clima». Se indicaba que la cantidad de CO_2 en la atmósfera estaba aumentando «como consecuencia de las actividades humanas», y se hacía hincapié en que dicho incremento estaba elevando la temperatura de la atmósfera terrestre y provocaría una «circulación de aire más violenta y, por lo tanto, tormentas más destructivas». Aseguraba que el uso de combustibles fósiles por parte de todos los países industrializados se traducía en una aportación anual de alrededor de 1,6 ppm de CO_2 a la atmósfera (en 2023 fueron 2,8 ppm/año). Anticipándose a las advertencias de los científicos y de los actuales activistas del clima, el borrador continúa diciendo: «Si esta situación se mantiene, amenaza en un futuro no muy lejano con aumentar la temperatura superficial media de la Tierra hasta en 7 °C». «Un cambio de la mitad de esta magnitud sería más que suficiente para provocar grandes alteraciones en el clima de la Tierra», según el resumen de HEW, que copia textualmente partes del informe de la Conservation Foundation. El informe final tiene fecha de 16 de octubre de 1964.

Esta es la prueba de que en mayo de 1964 los miembros del departamento del gobierno federal de Estados Unidos responsable de la contaminación del aire estaban al corriente de los últimos conocimientos de la ciencia del cambio climático sobre los efectos de la emisión de CO_2 y que estos ya indicaban claramente las consecuencias futuras.

Memorando para el presidente de los Estados Unidos en 1965

Un memorando preparado para el presidente de Estados Unidos Lyndon B. Johnson (PSAC, 1965) recoge «los efectos del dióxido de carbono en el clima» entre los problemas ambientales más urgentes considerados en ese momento. Este documento señala el momento exacto —al menos del que haya constancia— en que el cambio climático inducido por el CO_2 recibió la atención de los niveles más altos del gobierno estadounidense. Se suma así a un cada vez más numeroso grupo de pruebas que evidencian que los responsables de la toma de decisiones de la década de 1960 estaban preocupados por el posible cambio climático causado por el uso de los combustibles fósiles. Mucho antes de lo que mayoritariamente se ha considerado.

El memorando enumera temas relacionados con la contaminación ambiental que el Comité Asesor Científico del Presidente (PSAC) estaba considerando como parte del programa de reforma destinado a abordar los problemas más urgentes de la nación. El informe incluía una sección específica sobre el CO_2 atmosférico y el cambio climático escrita por los destacados científicos del clima Roger Revelle, Wallace Broecker, Charles Keeling, Harmon Craig y J. Smagorinsky. En su texto se puede leer la siguiente declaración:

> Se está añadiendo CO_2 a la atmósfera de la Tierra mediante la quema de carbón, petróleo y gas a un ritmo de 6.000 millones de toneladas al año. Para el año 2000 habrá aproximadamente un 25% más de CO_2 en nuestra atmósfera que en la actualidad. Esto modificará el equilibrio térmico de la atmósfera hasta tal punto que podrían producirse cambios muy acusados en el clima, no controlables mediante esfuerzos locales o incluso nacionales.

Los 6.000 millones de toneladas al año, es decir, 6 Gt de CO_2 anuales, en estos momentos se han convertido en 37 Gt de CO_2 en 2023 (GBC, 2024); y con respecto a la concentración de CO_2, la evolución es de 320 ppm en 1965, 370 en 2000 y 427 en 2024 (NOAA, 2025). Estas son las magnitudes del problema actual al no haberlo abordado hace más de sesenta años.

Al revisar el documento hoy día, uno no puede evitar sorprenderse de lo bien que estos científicos entendieron los mecanismos del actual cambio climático hace sesenta años. El informe señaló que, en un futuro próximo, los modelos climáticos podrían proyectar razonablemente los futuros cambios de la temperatura superficial global. En 1975, uno de sus autores, Broecker, hizo exactamente eso en un artículo titulado «Cambio climático: ¿estamos al borde de un calentamiento global pronunciado?».

Los detractores del actual cambio climático repiten a menudo el mito de que, como el CO_2 es invisible y solo un gas traza, no puede causar un cambio climático significativo. Ese informe demuestra que los científicos entendían mejor el efecto invernadero hace sesenta años que estos detractores de la teoría actual. El informe documentó las distintas evidencias que demuestran que el actual aumento de la concentración de CO_2 en la atmósfera terrestre es causado en su totalidad por el hombre, y concluyó: «Podemos aseverar con bastante seguridad que, en la actualidad, los combustibles fósiles son la única fuente de CO_2 que se añade al sistema océano-atmósfera-biosfera».

El informe señala un rango estimado de aumento de la temperatura «entre 0,6 °C y 4 °C», con incrementos que se espera que sean más acusados en diferentes lugares geográficos, por ejemplo, en las regiones polares de la Tierra. Hasta ese momento, en palabras de los autores, la humanidad había estado «llevando a cabo inconscientemente un vasto experimento geofísico». Además del incremento de la temperatura, analizaba una variedad de «otros posibles efectos de la progresiva concentración del CO_2 atmosférico», entre ellos el derretimiento del manto glaciar antártico, la subida del nivel del mar, acompañada del calentamiento y la acidificación de sus aguas, y un aumento en la fotosíntesis de las plantas.

El presidente Johnson fue advertido en 1965 no solo de los peligros asociados al calentamiento global causado por los humanos, sino también de que eventualmente tendríamos que considerar la geoingeniería del clima para compensar ese calentamiento y los riesgos que estamos provocando al realizar inadvertidamente un experimento peligroso con el clima de la Tierra.

La respuesta del presidente Johnson (1965) a este informe hizo referencia a la causa del problema, pero no a las consecuencias que se derivaban de él.

Los miembros del Grupo de Trabajo sobre Contaminación Ambiental indicaron que la administración podría encontrar «una oposición sustancial de la industria, tanto abierta como encubierta», y que grupos como la Asociación Nacional de Fabricantes (NAM), la Asociación de Químicos Manufactureros, la Cámara de Comercio de Estados Unidos y la Asociación de Fabricantes de Automóviles «se negarán a aceptar ninguna medida que suponga un refuerzo de los controles federales, aunque apoyarán la investigación y los programas limitados de subvenciones estatales».

En 1965 esta «oposición probable» de grupos de interés ya estaba trabajando, tratando de influir y limitar los esfuerzos para combatir la contaminación del aire, un intento que tendría una importancia e impacto crecientes en las décadas siguientes. Estos documentos de la administración Johnson transmiten una urgencia y una seriedad de enfoque que contrastan marcadamente con la postura pública posterior adoptada por las grandes compañías petroleras en respuesta a la ciencia del cambio climático inducido por los combustibles fósiles, una postura caracterizada abrumadoramente por la negación y el engaño. Con las temperaturas globales actuales 1,55 °C más altas que en los tiempos preindustriales y que se traducen en un aumento de la inestabilidad climática (inundaciones, sequías, incendios forestales, eventos de calor y frío extremos), estos documentos de la década de los sesenta, elaborados antes de las extensas campañas negacionistas, resultan poderosamente significativos. Demuestran, además, que se podría haber acometido una acción efectiva y oportuna contra el cambio climático mientras sus impactos eran todavía muy limitados.

Este memorando proporciona una clara evidencia de que el problema del cambio climático causado por el uso de los combustibles fósiles preocupó a los líderes estadounidenses casi un cuarto de siglo antes de que las compañías de petróleo y gas lanzaran campañas de negación de la ciencia climática. También ilustra un enfoque basado en la ciencia, en contraste con la politización del cambio climático que ha tenido lugar en años posteriores y que sigue vigente en la actualidad. Estos documentos prueban que a mitad de los años sesenta del siglo XX, es decir, hace más de dos generaciones, había una comprensión histórica, y con un consenso emergente y amplio entre los científicos, sobre la gravedad de potenciar el efecto invernadero por la emisión de CO_2. Los medios periodísticos subrayaban que no se trataba de «una especulación ociosa ni de ciencia ficción», sino que se basaba en advertencias emitidas por «científicos razonables dentro y fuera del gobierno».

Durante todo ese período los periódicos de Estados Unidos —tanto de divulgación científica como de información general, como *The Washington Post* o *The New York Times*— no dejaron de publicar artículos sobre las consecuencias del uso de los combustibles fósiles, que podrían estar provocando ya un calentamiento de la Tierra y ocasionar un cambio climático (Johnson, 2016).

Los actuales desafíos legales contra las grandes petroleras utilizan el argumento de que las compañías conocían el impacto climático de los combustibles fósiles, mintieron al respecto y continuaron produciéndolos y promoviendo su uso. Los representantes de la industria alegan en su defensa que estaban actuando de acuerdo con las incertidumbres de la ciencia de la época. Sin embargo, estos documentos muestran claramente que la ciencia climática, a mitad de los años sesenta del siglo XX, tenía un conocimiento bien asentado de la causa y de las consecuencias climáticas de seguir emitiendo GEI, especialmente CO_2.

Capítulo 3

Las emisiones de GEI y las grandes compañías de combustibles fósiles

El consumo de combustibles fósiles y la emisión de GEI

Para conocer y estimar en su justa medida las consecuencias del negacionismo climático, es necesario conocer el alcance pasado y actual de la revolución energética basada en los combustibles fósiles, esto es, el paso de la madera al carbón primero, luego al petróleo y más tarde al gas natural. El año 1750 marca el comienzo de la Revolución Industrial, aunque su pleno impacto no se produjo hasta después de 1840, con los ferrocarriles y los barcos de vapor, y de 1859, con el primer pozo de petróleo «moderno» en los Estados Unidos, su desarrollo posterior y su elevada velocidad de adopción. Más todavía, después de la Segunda Guerra Mundial, cuando se asistió a un aumento exponencial de una amplia gama de rápidas transformaciones socioeconómicas y ambientales como consecuencia del enorme desarrollo energético, tecnológico y económico de la actividad humana, lo que se ha llamado *The Great Acceleration,* desde mediados del siglo XX, y que continúa en este primer cuarto del siglo XXI (Mcneill y Engelke, 2016).

Pero este enorme desarrollo basado en los combustibles fósiles ha comportado obligatoriamente la emisión de CO_2 y de otros GEI, la consecuencia principal y más grave de lo que su uso significa. Y también la contaminación atmosférica, que está vinculada a cerca de ocho millones de muertes prematuras cada año en todo el mundo (WMO, 2024).

La transición energética hacia los combustibles fósiles trajo cambios sustanciales que constituyen los fundamentos de la actual civilización. La invención, desarrollo y progresiva adaptación de la máquina de vapor dio lugar a los motores de combustión interna y a turbinas de vapor y gas, pero también supuso el uso de combustibles fósiles para la producción de electricidad. Además, comportó asimismo el refinado del petróleo para obtener una amplia gama de materiales no combustibles, los plásticos entre otros, y el uso del carbón, el petróleo y el gas natural como materias primas en nuevas síntesis químicas. El petróleo es la principal fuente de energía para el transporte, y el carbón y el gas natural lo han sido —y los son— para la electricidad. Uno de sus resultados ha sido el aumento sustancial del consumo de energía primaria en valor absoluto y per cápita.

Otro resultado (en combinación con otros factores) ha sido el aumento exponencial de la población. A principios del siglo XIX la población humana mundial era de mil millones de personas; al comienzo del siglo XX, de dos mil, y en noviembre de 2022 se llegó a los ocho mil millones. Y seguimos creciendo.

Consumo mundial de energía primaria y de combustibles fósiles desde 1800

El consumo mundial de energía primaria ha crecido de forma exponencial desde la Revolución Industrial (OWiD, 2024). En el año 1800 era de 5.653 TWh (T de «tera», que equivale a 10^{12}, es decir, un millón de millones) y estaba basado en más de un 98% en la madera. Cien años después, en 1900, ya se había doblado a 12.131 TWh, repartido entre un 50% de madera y un 48% de carbón, con un uso muy limitado de petróleo y gas. Cien años más tarde, en 2000, el consumo de energía primaria se había multiplicado por un factor de 10 y alcanzaba los 122.868 TWh, con la siguiente distribución de fuentes: 10% madera, 22% carbón, 35% petróleo, 20% gas, 6% energía nuclear de fisión y 6% energía hidroeléctrica (la eólica es testimonial). En 2023 el consumo de energía primaria ha seguido creciendo y se ha disparado hasta los 183.230 TWh, de los cuales las llamadas «energías renovables» representan menos del 8%.

El consumo energético mundial ha ido aumentando casi todos los años; en el siglo XIX lo hizo de forma lineal para crecer luego exponencialmente desde la Primera Guerra Mundial. Las excepciones se deben a las llamadas «crisis energéticas» de las décadas de 1970 y 1980, a la crisis financiera de 2009 y a la pandemia de COVID-19 en 2020, que en realidad representan anomalías en la serie. La tasa de crecimiento del consumo de energía primaria se ha situado en un factor entre 1,5-2,5 cada cincuenta años, excepto en la segunda parte del siglo XX, cuando fue superior a 4.

Las proyecciones de futuro indican que el consumo de energía seguirá aumentando. Las causas son diversas. En muchos países del mundo la demanda de energía está creciendo debido tanto al incremento de su población como al aumento del nivel de vida y el consumo. Pero hay una nueva causa, basada en los desarrollos tecnológicos, y es altamente demandante, son los «centros de datos» que alimentan los procesos informáticos de la llamada «inteligencia artificial». El aumento del consumo de energía dificulta el desafío de una transición de nuestros sistemas energéticos que suponga dejar los combustibles fósiles.

El consumo de energía procedente de los combustibles fósiles ha aumentado significativamente de un 49% al principio del siglo XX a más de un 70-80% desde el año 1950. La disponibilidad de energía derivada de los combustibles fósiles ha transformado el curso de la humanidad en los últimos dos siglos. Los combustibles fósiles (carbón, petróleo, gas) han desempeñado, y lo siguen haciendo, un papel clave y dominante en los sistemas energéticos mundiales actuales.

Ello se ha debido tanto a sus propiedades energéticas y su capacidad para ser transportados como a la defensa encarnizada de su uso que han hecho las compañías y Estados petroleros para incrementar su consumo. Todo ello gracias a su participación activa en las negociaciones internacionales y en la promoción del negacionismo climático. Desde 1995, y después de veintinueve Conferencias de las Partes (COP) de la Convención Marco de las Naciones Unidas sobre el Cambio Climático (CMNUCC/UNFCCC), solo en la COP26 de Glasgow se acordó «reducir gradualmente el carbón y las subvenciones ineficientes a los combustibles fósiles» y en la COP28 en Dubái se propuso «acelerar la transición hacia la eliminación de los combustibles fósiles en los sistemas energéticos de manera justa, ordenada y equitativa». Que en la COP29 de Bakú no se haya recordado se debe a la dura oposición continuada de Arabia Saudí como país petrolero líder (Depledge *et al.*, 2023).

Asimismo, la posición de los países petroleros ha sido determinante para no cerrar el Tratado Mundial contra la Contaminación por Plástico, ya que los países productores de combustibles fósiles no quieren que conste ninguna referencia a limitar la producción. Arabia Saudí desarrolló en ambos casos el papel público más activo —COP y Tratado—, aunque contó con el apoyo de grupos como la Organización de Países Exportadores de Petróleo (OPEP), que insisten en que el objetivo es luchar contra las emisiones y no contra ninguna fuente de energía, uno de los mantras del sector de los combustibles fósiles. La disputa sobre las limitaciones a la producción de plástico tiene muchas similitudes con lo que ocurre con las acciones para abordar el actual cambio climático antrópico. Los pactos internacionales que intentan contener el problema del calentamiento global —en su momento el Protocolo de Kioto y ahora el Acuerdo de París de 2015— se centran en limitar las emisiones de los GEI, lo que implica dejar de usar los combustibles fósiles, principales responsables de estas.

Emisiones globales de CO_2 por los combustibles fósiles

Las emisiones de CO_2 son el principal impulsor del actual cambio climático; representan el 66% del forzamiento radiativo, por delante del metano, que supone un 16%; del óxido nitroso, con un 6%, y finalmente de los CFC, con un 12% (WMO, 2024). El forzamiento radiativo, esto es, la cantidad de energía que estamos reteniendo y en consecuencia acumulando, en 1979 tenía ya un valor de 1,8 W/m^2, pero es que en 2023 fue de 3,5 W/m^2, en correlación con el incremento de las emisiones de los GEI y, en consecuencia, con el aumento de sus concentraciones en la atmósfera terrestre.

Para evitar agravar los impactos derivados de este cambio climático, es absolutamente necesario reducir urgente y rápidamente estas emisiones. Sin embargo, la forma en que se comparte esta responsabilidad entre regiones, países e individuos ha sido un punto de conflicto y discordia interminable en los debates internacionales. La disputa radica a veces en las diferentes maneras de comparar y considerar las emisiones: emisiones anuales por país, emisiones por persona, contribuciones históricas y si se ajustan a los bienes y servicios comercializados y consumidos. Según la métrica utilizada se pueden contar historias muy distintas.

Antes de la Revolución Industrial, las emisiones humanas de CO_2 eran mínimas. Su crecimiento fue relativamente lento hasta mediados del siglo XX. En 1900 el mundo emitió 2.000 millones de toneladas de CO_2, pero es que en 1950 ya eran 6.000. En 1990 la cifra superaba los 20.000 millones de toneladas. Las emisiones han seguido creciendo exponencialmente; ahora se emiten más de 35.000 millones de toneladas cada año (en 2023 fueron 37.800 millones de toneladas, el equivalente a 37,8 Gt de CO_2). Si a estas emisiones se les añaden las procedentes de los procesos industriales y el metano fósil, la cifra en 2023 alcanza los 40 Gt de CO_2 (EI, 2024).

La magnitud de estos números nos obliga a usar múltiplos del sistema internacional de unidades, en este caso Gt de CO_2 (G de «giga», que equivale a 10^9, es decir, mil millones). El crecimiento de las emisiones se ha desacelerado ligeramente en los últimos años respecto a la segunda mitad del siglo XX, pero entre 2000 y 2023 ha seguido creciendo a una tasa media del 1,9%, y todavía no ha alcanzado su punto máximo.

En 1751, según datos del Global Carbon Project (Friedlingstein *et al.*, 2024), las emisiones acumuladas de CO_2 eran apenas de 0,011 Gt. Es la fecha del inicio de la Revolución Industrial, y todas las emisiones llegaban desde Gran Bretaña. Medio siglo más tarde, en 1800, la cifra era ya de 0,79 Gt. Cuando se inició el siglo XX, el total acumulado era de 45 Gt, y de 103 Gt en 1920 (el total casi se triplicó). En el período que va de 1914 a 1945, años que comprenden las dos guerras mundiales, las emisiones de CO_2 siguieron creciendo hasta alcanzar en 1950 la cifra de 231 Gt; en 1990, de 830 Gt, y en 2010, de 1.330 Gt. En 2023 ya habíamos emitido y acumulado del orden de 1.800 Gt de CO_2.

Otra perspectiva diferente contempla cuánto CO_2 se puede seguir emitiendo hasta alcanzar un incremento de la temperatura media de la superficie terrestre según los umbrales definidos en el Acuerdo de París. Las últimas estimaciones sitúan que el presupuesto de carbono restante con una probabilidad del 50% de limitar el calentamiento global a 1,5 °C y 2 °C por encima del nivel de 1850-1900 se ha reducido respectivamente a 235 Gt de CO_2 y 1.110 Gt de CO_2 a principios de 2025, lo que equivale a alrededor de seis y veintisiete años, suponiendo los niveles de emisiones de 2024 (Friedlingstein *et al.*, 2024). De ahí la relevancia crítica de los años 2030 y 2050 como fechas clave para tomar medidas contundentes contra el actual cambio climático.

El CO_2 procedente de los combustibles fósiles constituye, con diferencia, la mayor fuente de emisiones de GEI relacionadas con la energía, pues su contribución es aproximadamente de más del 85% del total.

Una vez emitido, el CO_2 se distribuye entre la atmósfera, los océanos y el suelo terrestre, donde desempeña un papel fundamental en el sistema climático global. Cuantificar cómo se reparte este gas entre estos reservorios es esencial para comprender mejor el ciclo del carbono y sus implicaciones en el cambio climático. La atmósfera es el principal receptor inmediato de las emisiones de CO_2, con el 46%. Los océanos constituyen el segundo mayor reservorio de CO_2: absorben alrededor del 25% de las emisiones. El tercer gran reservorio de carbono son los ecosistemas terrestres, incluidos bosques y suelos agrícolas, que almacenan cerca del 29% de las emisiones de CO_2 (GCB, 2024).

Para valorar la cantidad de CO_2 emitida, y con el objeto de tener un referente de lo que esto significa, pensemos que únicamente el acumulado de CO_2 en la atmósfera terrestre en los últimos 275 años, desde la Revolución Industrial, equivaldría a haber añadido una capa de CO_2 sobre la esfera terrestre de un espesor de 87 cm (actualización del desarrollado en colaboración con el profesor Ramón Tamames, 2016).

Para apreciar lo que representa el calor retenido por la emisión de CO_2 y otros GEI, digamos que la extraordinaria cantidad de calor absorbido por los océanos desde la atmósfera equivale a 560 veces el consumo de energía primaria mundial del año 2023 (Levitus *et al.*, 2012). Este dato, por sí solo, ilustra la necesidad urgente de limitar las emisiones de GEI.

Emisiones de CO_2 por regiones mundiales

Una pregunta a la que es importante responder es: ¿qué países o regiones han contribuido más a la acumulación en el tiempo de las emisiones de CO_2? Hasta bien entrado el siglo XX, las emisiones globales estaban dominadas por Europa y Estados Unidos, más del 90%; incluso en 1950, eran responsables de más del 85% de las emisiones anuales. La emisión acumulada explica por qué son responsables de una gran parte de las emisiones que han contribuido al cambio climático actual. Pero en las últimas décadas la situación ha cambiado significativamente. En la segunda mitad del siglo XX se produce un aumento notable de las emisiones en el resto del mundo, en particular en Asia y, sobre todo, en China, debido al uso de carbón. Estados Unidos y Europa representan actualmente menos de un tercio de las emisiones totales.

Las emisiones que se indican a continuación se refieren al lugar donde se originan (es decir, el CO_2 basado en el sitio de generación de la emisión, también llamado «CO_2 debido a la producción»), no al lugar en que se consumen esos bienes y servicios cuya producción las ha ocasionado. Este enfoque diferencial tiene que ver con los esquemas derivados de la globalización, que distinguen los países de producción de los de consumo de los bienes y servicios, es decir, las emisiones de producción y de consumo ajustadas al comercio de cada país.

Asia es actualmente, con diferencia, el mayor emisor, ya que genera alrededor de la mitad de las emisiones mundiales. Sin embargo, y dada la dimensión de su población, las emisiones per cápita en Asia son ligeramente inferiores a la media mundial. China es, con un margen significativo, el mayor emisor de Asia y del mundo: genera más de una cuarta parte de las emisiones mundiales de CO_2. América del Norte, dominada por Estados Unidos, es el segundo mayor emisor regional, seguida por la India y la Unión Europea. África y Sudamérica son emisores pequeños: representa cada uno entre el 3 y el 4% de las emisiones globales. Ambas generan emisiones similares en tamaño a las de la aviación y el transporte marítimo internacionales juntos.

Emisiones de los principales productores de carbono

InfluenceMap (2024) ha investigado la contribución de los grandes productores de combustibles fósiles y cementeras a nivel mundial, tanto públicos como privados, a la emisión de GEI. Han utilizado la base de datos CarbonMajors (2024, 2025) para generar un informe anual, que contempla a las 180 empresas o corporaciones consideradas las mayores productoras mundiales de petróleo, gas, carbón y cemento del mundo, para cuantificar su contribución a las emisiones globales de carbono. El listado incluye 104 empresas propiedad de inversores, 70 empresas estatales y 6 Estados nacionales, que a su vez se dividen en 87 entidades productoras de petróleo, 86 de gas, 103 de carbón y 8 de cemento. Estas empresas son conocidas como las «grandes empresas del carbono».

El primer informe lo publicó en 2014 Richard Heede, del Climate Accountability Institute (CAI) (Heede, 2014). Es la primera base de datos que incorpora registros de emisiones generadas por empresas a escala global. Ofrece un enfoque integral que permite cuantificar las emisiones de GEI de las empresas del sector de los combustibles fósiles y el cemento y documenta y demuestra la brecha creciente entre la urgencia de la realidad climática y el continuo aumento intencionado de la producción de dichos combustibles.

Las emisiones de CO_2 correspondientes al año 2023 generadas por las empresas o corporaciones consideradas *carbon majors* (2024) representaron 30,3 Gt de un total de 37,5, lo que supone un 81%, y se repartieron: carbón, 12,5 Gt de CO_2; petróleo, 10,2; gas natural, 6,3, y cemento, 1,3.

La atribución de estas emisiones a empresas individuales, muchas de las cuales son de propiedad pública, enfatiza aún más el papel dominante de las corporaciones estatales. Se puede asegurar que estas fueron las mayores emisoras en 2023, con 67 entidades estatales responsables de 22,3 Gt de CO_{2equiv}, más del doble de los 10,2 Gt de CO_{2equiv} que son atribuibles a 99 entidades propiedad de inversores.

Emisiones históricas desde 1854 hasta 2023

El conjunto de datos empleados incorpora la contabilidad de las emisiones de CO_2 emitidas a la atmósfera desde 1854 hasta 2023; son las llamadas «emisiones históricas», que permiten rastrear la responsabilidad en la contribución al calentamiento global desde la Revolución Industrial. No solo consideran el CO_2 emitido de forma directa, sino también el resultante de los procesos de extracción y fabricación, así como la emisión indirecta, es decir, la generada por los productos que se comercializan.

Se constata que 1.388 Gt de CO_{2equiv} de las emisiones históricas acumuladas desde 1854 hasta 2023 se deben únicamente a 180 productores industriales vinculados al sector de los combustibles fósiles y al cemento, lo que equivale al 67,5% de las emisiones globales de CO_2 desde el año 1750, es decir, desde el comienzo de la Revolución Industrial. Más de un tercio de estas emisiones históricas y globales de CO_2 se pueden atribuir a solo 26 empresas.

El *ranking* lo encabeza el carbón usado en China (14,0%), seguido por las emisiones generadas en la antigua Unión Soviética (6,8%)

y por Saudi Aramco (3,6%), e inmediatamente después hay que mencionar a Chevron, ExxonMobil, Gazprom, National Iranian Oil Co, BP, Shell y Coal India.

Las grandes compañías con más responsabilidad histórica

Este enfoque permite tener una visión de la responsabilidad climática histórica al utilizar las cifras de producción y operación señaladas por la propia industria de combustibles fósiles para calcular la verdadera dimensión de su papel en la actual crisis climática desde el comienzo de la Revolución Industrial.

Las entidades se clasifican en tres categorías: empresas privadas, corporaciones estatales y Estados-nación. En el período comprendido entre 1854 y y 2022, las compañías privadas acumulan el 31% de todas las emisiones generadas por las 122 entidades estudiadas (440 Gt de CO_{2e}); Chevron, ExxonMobil y BP son los tres mayores contribuyentes en este caso. Las corporaciones estatales acumulan otro 33% de las emisiones históricas (465 Gt de CO_{2e}), y entre ellas destacan Saudi Aramco (Arabia Saudí), Gazprom (Rusia) y la Compañía Nacional de Petróleo de Irán como las principales responsables. Los Estados-nación representan el 36% restante, y en este caso son China y la antigua Unión Soviética los mayores contribuyentes por la producción de carbón (516 Gt de CO_2e).

Las cinco mayores corporaciones petroleras en manos de inversores privados (Chevron, ExxonMobil, BP, Shell y ConocoPhillips) son responsables del 11,1% de las emisiones históricas de CO_2 (196 Gt de CO_2), al que hay que sumar el 10,9% (194 Gt de CO_2) acumulado por las cinco principales corporaciones estatales (Saudi Aramco, Gazprom, la Compañía Nacional de Petróleo de Irán, Coal India y Pemex).

La única compañía española que aparece en esta clasificación es Repsol, en el puesto 54 de las 122 entidades tanto públicas como privadas. Sus emisiones de CO_2 equivalen al 0,21% de las emisiones globales. El informe atribuye a Repsol unas emisiones acumuladas de 4.677 millones de toneladas de CO_2 entre 1964 y 2023 (Carbon

Majors, 2025). No obstante, desde el año 2010, se habrían reducido casi en un 23%.

Muchas de las empresas privadas consideradas se encuentran entre las más opositoras a la regulación climática a nivel mundial, como constata la base de datos LobbyMap (2024), y se han mostrado muy activas en orientar y promocionar el negacionismo climático desde el principio, caso de ExxonMobil, Chevron y BP. No obstante, las corporaciones estatales son incluso más contrarias a la regulación climática a nivel mundial, y actúan con menos transparencia que las empresas privadas. Saudi Aramco (Arabia Saudí) y Gazprom (Rusia) son representativas de estas corporaciones estatales, y su oposición a la política climática es clara y activa. Su participación en políticas climáticas revela una conexión manifiesta entre estas entidades, grandes emisoras de CO_2, y algunas de las posiciones más opuestas a nivel mundial a la regulación climática. Estas compañías obtienen miles de millones de dólares en beneficios mientras niegan el problema y retrasan y obstruyen la política climática y se gastan millones en campañas para publicitarse como parte de una solución sostenible al mismo tiempo que continúan invirtiendo para extraer más combustibles fósiles.

Emisiones de CO_2 desde el Acuerdo de París, diciembre de 2015

La mayor parte de las emisiones mundiales de CO_2 acumuladas desde el Acuerdo de París, en el período 2016-2022, puede atribuirse a un reducido grupo de grandes compañías petroleras tanto privadas como estatales que no moderan su producción y, en consecuencia, la generación de GEI que liberan a la atmósfera. Concretamente, el 88% de las emisiones mundiales de CO_2 procedentes de los combustibles fósiles y el cemento desde 2016 hasta 2022 puede vincularse a tan solo 117 corporaciones y entidades estatales, y solo 57 son responsables del 80%. Asimismo, el 75% de las emisiones generadas proceden de corporaciones y entidades estatales, mientras que el 25% restante es atribuible a empresas de propiedad privada.

Un dato digno de mención es que la mayoría de las compañías de combustibles fósiles registraron una mayor producción en los siete años posteriores al Acuerdo de París que en los siete años anteriores a esa fecha. Concretamente, el 65% de las empresas estatales y el 55% de las compañías en manos de inversores privados muestran una producción mayor en el período 2016-2022 que entre 2009 y 2015. Un dato que revela que este grupo de compañías no solo no está desacelerando su producción, sino que la está aumentando desde el Acuerdo de París, prueba clara de que nunca se han planteado de manera seria abandonar el negocio rentable que representan los combustibles fósiles.

Esta postura se refleja muy bien en las claras y transparentes palabras del presidente de Azerbaiyán —país todavía más dependiente del petróleo y el gas que Emiratos Árabes Unidos (COP28), ya que representan la mitad del PIB nacional y más del 90% de sus exportaciones—, pronunciadas en la inauguración de la última Conferencia de las Partes (COP29):

> No se nos debe juzgar por nuestros recursos naturales, que son un regalo de Dios [...]. El petróleo y el gas, el viento, el sol, el oro, la plata, el cobre... todos son recursos naturales. Los países no deben ser culpados por poner recursos naturales a disposición del mercado porque este los necesita [...].

El *ranking* lo encabeza la compañía Saudi Aramco (con el 4,8% de las emisiones en este período de siete años), seguida de la rusa Grazprom (3,3% del total) y Coal India (3%). La cuarta posición es para la National Iranian Oil (2,8%), a la que siguen la compañía petrolera propiedad del gobierno ruso Rosneft (2,1%) y la China National Petroleum Corporation, o CNPC (1,7%). Y, finalmente, completan la lista la Abu Dhabi National Oil Co (1,7%), ExxonMobil (1,4%), Iraq National Oil Con (1,4%) y Shell (1,2%).

Asimismo, se aprecia que desde el año 2015 el suministro de carbón ha pasado de ser propiedad de inversores privados a estar en manos de entidades de titularidad estatal. Las emisiones de producción de carbón generadas por empresas privadas se redujeron un 27,9%

de 2015 a 2022. Sin embargo, las atribuibles a los Estados o a las empresas de titularidad pública crecieron entre 2015 y 2022, con aumentos del 19% y el 29%, respectivamente.

Las proyecciones actuales indican que el 16% de las emisiones de CO_2 desde el inicio de la Revolución Industrial en 1751 se produjeron en los ocho años posteriores a la adopción del Acuerdo de París de 2015 (Friedlingstein *et al.*, 2024). Si la tendencia en el uso de combustibles fósiles continúa durante los próximos veintiocho años, como lo ha hecho en los últimos veintiocho, la subida de las temperaturas medias mundiales rondaría los 4 °C para finales de este siglo XXI.

Emisiones de CH_4

El metano (CH_4) es otro gas traza fundamental en la composición de la atmósfera de la Tierra y que también contribuye al efecto invernadero. Su concentración en la atmósfera se ha más que duplicado en los últimos 270 años, debido esencialmente a las actividades humanas: de las 729,2 ppb (partes por billón, es decir, 0,73 ppm) de la época preindustrial se ha pasado a 1.934 ppb en 2024, lo cual representa un aumento relativo desde 1750 del 265% (WMO, 2024). Su potencial de calentamiento global (GWP) supera en más de veintiocho veces al del CO_2 en un período de cien años (IPPC, 2021). Otra de sus características es que se trata de un GEI de vida corta, pues su tiempo de permanencia en la atmósfera es de solo doce años.

Dado que el CH_4 es un contribuyente importante y creciente del actual cambio climático, es necesario saber cómo se emite, cuánto se emite, quién lo emite y cómo contribuye al calentamiento global. La realidad es que su emisión y, en consecuencia, su concentración siguen aumentando, lo que convierte al CH_4 en el segundo GEI de influencia humana más importante en términos de forzamiento climático, después del CO_2. Considerando el período comprendido entre 1750 y 2023, la contribución de las emisiones de CO_2 al forzamiento radiativo ha sido de 2,4 W/m^2, mientras que la del CH_4 ha representado únicamente un 0,54%

(Forster *et al.,* 2024), prácticamente una quinta parte; los 0,56 W/ m^2 restantes hasta un total de 3,5 W/m^2 se deben a los otros GEI: N_2O y CFC.

¿Qué fuentes naturales o actividades humanas emiten metano?

El CH_4 es un GEI que se genera tanto en procesos naturales como por actividades humanas. La principal fuente de emisión natural son los humedales. Las actividades humanas que contribuyen a las emisiones de CH_4 son las vinculadas al sector energético —basado en los combustibles fósiles—, pues las operaciones de perforación, producción, transporte a través de gasoductos y otras manipulaciones liberan grandes cantidades de CH_4 a la atmósfera. A veces también se libera intencionadamente desde las instalaciones de petróleo y gas por razones de seguridad. El sector agrícola-ganadero es el otro gran emisor de CH_4, en particular por la actividad ganadera y el cultivo de ciertos alimentos, como el arroz. Los residuos urbanos son la tercera fuente más común de CH_4 antropogénico, ya que las bacterias anaeróbicas —las que trabajan en ausencia de oxígeno— descomponen la materia orgánica fermentable en los vertederos produciendo CH_4. Este aumento ha sido impulsado principalmente por el hombre y se ha localizado predominantemente en el hemisferio norte (Canadell *et al.,* 2021).

La distribución de emisiones naturales frente a las humanas es del 40% frente al 60%. Las fuentes emisoras provocadas por la actividad humana se reparten como sigue: un 33% generado por el uso de combustibles fósiles; un 31%, por el sistema ganadero; un 9%, por el cultivo de arroz; un 18%, por la incorrecta gestión de los residuos urbanos, y, finalmente, un 9%, por la mala combustión de biomasa (FAO, 2023).

Según los datos de la IEA (2024) del año 2023 referentes a las emisiones naturales de CH_4, los humedales emitieron 194 millones de toneladas, y otras fuentes, 39, lo que suma 233 millones de toneladas; respecto a las emisiones atribuibles a la actividad humana, el sector agroganadero fue responsable de 142 millones de toneladas; el sector de la energía (carbón, petróleo y gas), de 128; la gestión de los residuos, de 71, y la quema de biomasa, de 10, lo que arroja una cifra de 351 millones de toneladas. Ambas fuentes representan un total de 584 millones de toneladas en el año 2023.

No obstante, estas cifras deben tomarse con precaución, pues hay diversas estimaciones que registran diferencias entre ellas, no en lo referente a las distintas fuentes emisoras, sino a su reparto numérico. En cualquier caso, convergen en el orden de magnitud de las fuentes.

La cantidad de metano en la atmósfera ha aumentado rápidamente durante la última década. Parte de este cambio puede explicarse por las emisiones provenientes de la explotación de gas y petróleo de esquisto, responsable de la mayor parte del aumento de la producción de gas natural a nivel mundial durante la última década. El CH_4 en el gas de esquisto, que se obtiene mediante la fracturación hidráulica *(fracking)* (USGS, 2019), está empobrecido en el isotopo ^{13}C en relación con el gas natural convencional. La revisión de los análisis anteriores con el fin de contemplar esta diferencia permite concluir que la producción de gas de esquisto en América del Norte puede haber contribuido a más de la mitad del aumento total de las emisiones a nivel mundial durante la última década (Howarth, 2019).

Según un nuevo estudio, la industria del petróleo y el gas de Estados Unidos sería responsable de emitir tres veces más CH_4 de lo que se estimaba (Sherwin *et al.*, 2024). Se llevaron a cabo reconocimientos aéreos con sensores para registrar las emisiones de CH_4 de los yacimientos de petróleo y gas, oleoductos e instalaciones de procesamiento en seis regiones productoras de combustibles fósiles de Estados Unidos. Este resultado se suma a un cada vez más nutrido conjunto de pruebas que indican que las emisiones de CH_4 son más altas de lo que se creía anteriormente.

El crecimiento sostenido y exponencial de las emisiones globales de CH_4 debido a sus diferentes fuentes desde 1750 hasta la actualidad (Hoesly *et al.*, 2018) muestra claramente el incremento relativo de las emisiones generadas por la industria agroganadera, potenciado por el aumento de la población mundial, y la notable emergencia de las provocadas por el sector energético y de residuos a partir de la Segunda Guerra Mundial, en el período llamado *The Great Acceleration.*

Disminuir estas emisiones ha sido el objetivo de recientes iniciativas elaboradas en diferentes reuniones COP de la CMNUCC, como el Compromiso Global de Metano (GMP, 2023), firmado por más de 150 países que acordaron reducir la liberación de metano en la atmósfera en un 30% para 2030.

La cantidad de CH_4 emitida por el uso de combustibles fósiles y la generada por el sector ganadero tienen la misma magnitud. Hay una conclusión evidente: la reducción del uso de los combustibles fósiles disminuye la emisión de CH_4 en la misma proporción que la generada por el sector agroganadero, lo cual no significa que no haya que actuar también contra estas. Pero de ahí a echar toda la culpa de las emisiones de CH_4 a las vacas hay una gran diferencia. Sin olvidarse del sector residuos, que cada vez va adquiriendo más importancia debido al aumento del consumo y de la población del planeta.

Dada la capacidad del CH_4 para potenciar el efecto invernadero, la reducción de sus emisiones es importante y necesaria, y además tendría un impacto inmediato habida cuenta de que se trata de un GEI de vida corta: doce años. A ello hay que añadir que también mejoraría la calidad del aire, ya que el CH_4 contribuye a la formación de ozono troposférico —el conocido y llamado «ozono malo»—, que también es un GEI y un contaminante atmosférico en la superficie terrestre.

El mito de que el metano de las vacas está matando el planeta

Es bien conocido que las vacas producen CH_4, igual que los otros rumiantes, y todo el mundo sabe que es cierto. Y de ahí se extrae la conclusión de que las vacas son un gran problema para el actual cambio climático. Obviamente, criar animales para alimentar a las personas tiene un impacto significativo en el actual cambio climático y en el medio ambiente. La población mundial de cabezas de ganado vacuno ha pasado de 944 a 1.550 millones desde 1961 hasta 2022 (OWiD, 2024). Pero la cuestión no es tan sencilla. Entre otros factores, una elevada proporción de rumiantes salvajes —en torno a un 85%— se han transformado en animales domesticados (Ritchie, 2021).

Las vacas se han convertido en uno de los malos de la película del actual cambio climático, pero su lugar en el debate sobre el calentamiento global es injusto según el experto Frank Mitloehner (2020). Desde el eructo de las vacas hasta el pastoreo de las ovejas, cuando se trata del calentamiento global, hoy en día el dedo culpable apunta también invariablemente a la industria ganadera. El sistema agroganadero está provocando un aumento de las emisiones de GEI, y si realmente queremos abordar el cambio climático, entonces debemos eliminar la carne roja y la leche de vaca de nuestra dieta.

Es un argumento que ha cobrado mucha fuerza, con un número cada vez mayor de personas que adoptan dietas veganas en respuesta a repetidos informes que alertan de que el ganado tiene una enorme responsabilidad en los problemas ambientales del mundo. Pero si bien la ganadería no está exenta de culpa en el debate sobre el calentamiento global, parece que su impacto no es tan significativo como algunos sugieren y divulgan.

En consecuencia, podemos hacernos esta pregunta: ¿desde cuándo el metano emitido por las vacas se ha convertido en un problema climático?

El problema se debe en parte a los métodos utilizados para calcular el impacto del ganado y que derivan del informe publicado en 2006 por la FAO (Organización de las Naciones Unidas para la Agricultura y la Alimentación) con el curioso y particular título de *Livestock's Long Shadow* [La larga sombra del ganado], un enunciado que da que pensar (FAO, 2006). En él se afirma que el ganado es responsable del 18% de las emisiones de GEI. La cifra salió del cálculo de las emisiones a lo largo de toda la «cadena de suministro» o, si lo prefieren, de toda la «cadena de valor», desde el uso del suelo hasta el procesamiento y la refrigeración en los supermercados; es decir, considerando el análisis de todo su ciclo de vida (ACV).

Este enfoque ha sido reconocido por la propia FAO. Posteriormente, en 2013, publicó un nuevo informe en el que rebajaba la cifra a un 14,5%, y que se actualizó en el año 2017. El último informe (FAO, 2023), publicado con el título *Pathways towards lower emissions* [Caminos hacia menores emisiones], muy diferente del primero, sigue ofreciendo una evaluación global de las emisiones de GEI y de las opciones para mitigar los efectos de los sistemas agroalimentarios-ganaderos, utilizando un mejorado modelo de evaluación ambiental global del ganado (GLEAM 3), aunque mantiene un esquema de ACV en su metodología de cálculo. Los nuevos resultados revelan que los sistemas agroalimentarios-ganaderos, que incluyen el ganado vacuno, búfalos, ovejas, cabras, cerdos y pollos, son responsables de 6,2 Gt de emisiones de CO_{2equiv}. Esto representa alrededor del 12% de todas las emisiones antropogénicas de GEI en el año 2015. El informe muestra que estas estimaciones son consistentes con datos y literatura publicados por la FAO a nivel global. La intensidad de emisiones, o la huella de carbono de la producción ganadera, varía considerablemente entre países, especies y sistemas de producción debido a diferencias en razas, prácticas de manejo, calidad del alimento y condiciones ambientales. Los últimos datos del año 2022 indican que la emisión de CO_2 es ya actualmente de 36,4 Gt, frente a 9 Gt de CH_4 (Forster *et al.*, 2024), lo que supone una relación de cuatro a favor del CO_2.

Esta situación de cuestionamiento y debate en el cálculo de las emisiones de GEI es un tema recurrente y responsable de errores y equivocaciones a la hora de manejar dichas cifras y de comparar correctamente los resultados de diferentes fuentes debido a los distintos métodos y criterios seguidos en su estimación y consideración.

Pero hay otra pregunta también significativa: *¿realmente el metano emitido por las vacas es un problema climático tan grave?*

Es cierto que el CH_4 es un importante gas de efecto invernadero (GEI), pero su impacto en el cambio climático se ha exagerado, muy probablemente por intereses económicos e ideológicos y por errores de cálculo. El carbono circula por el suelo, el océano, la atmósfera y el interior de la Tierra en un importante ciclo biogeoquímico. El ciclo global del carbono tiene dos categorías bien diferenciadas en función de su escala en el tiempo: 1) el ciclo geológico, que opera en escalas de tiempo grandes (millones de años), y el 2) el ciclo biológico/físico, que opera en escalas de tiempo más cortas (de días a miles de años). Es una distinción significativa a la que no se le ha prestado excesiva atención cuando se habla del CH_4 de las vacas.

Todo esto nos lleva a formular una nueva pregunta: ¿por qué el CH_4 de los rumiantes —entre ellos las vacas— calienta el clima de manera diferente que el CH_4 y el CO_2 derivado de los combustibles fósiles?

La producción de CH_4 por los rumiantes se deriva del proceso digestivo natural de estos animales, que lo emiten por medio de eructos, no por flatulencia. Lo que se conoce como «fermentación entérica» en su proceso digestivo genera CH_4 como subproducto, ya que es una fermentación en ausencia de oxígeno. Digieren los alimentos en dos etapas: primero consumen plantas herbáceas y luego realizan la rumia, que consiste en la regurgitación del material ingerido. Los bovinos, caprinos, ovinos, búfalos, camellos y ciervos se consideran animales rumiantes, es decir: vacas, toros, cabras, ovejas, venados, jirafas, etc. De ello se infiere fácilmente que no son únicamente las vacas las que emiten CH_4, sino todas las especies rumiantes.

Debido a su estructura como molécula, el CH_4 retiene más radiación infrarroja terrestre en la atmósfera que una molécula de CO_2, del orden de veintiocho veces más que el dióxido de carbono en un período de cien años, utilizado como referente temporal de comparación después de su emisión a la atmósfera (*AR6,* IPCC, 2021), pero de ochenta y cuatro veces para un horizonte temporal de veinte años. No obstante, el IPCC ha ido ajustando estas estimaciones en sus sucesivos informes de evaluación, aunque el período de cien años es el tiempo de referencia comúnmente asumido. Pero para valorar adecuadamente la importancia de ambos gases, debemos tener en consideración que su tiempo medio de permanencia en la atmósfera es muy diferente: de doce años para el CH_4 frente a aproximadamente mil años para el CO_2.

El CH_4 emitido a la atmósfera también se destruye con relativa rapidez. Después de doce años, el CH_4 se ha oxidado a CO_2 por la acción del radical hidroxilo y entra en un subciclo biogénico del carbono en el que es absorbido otra vez por las plantas y consumido de nuevo por el ganado, o bien absorbido por los océanos. Los eructos de las vacas y ovejas son parte de un flujo cíclico de tipo biogénico. Esto significa que su impacto en el calentamiento global debe evaluarse y medirse de manera diferente que el del CH_4 y CO_2 de origen fósil.

Es curioso que cuando se calcula la huella de carbono que se produce en la obtención de biocombustibles se considere que el CO_2 emitido en su combustión se absorbe en gran parte a través de los cultivos, en un ciclo que tiene semejanzas con el ciclo biogénico. Sin embargo, en el caso del CH_4 de las vacas, este ciclo se pone en tela de juicio o sencillamente no se tiene en consideración.

Para limitar el aumento de la temperatura del planeta es necesario disminuir las emisiones de GEI del sector agroganadero, mejorar su gestión. Este sector no puede ignorar las emisiones de CH_4 o de otros GEI que resultan de su actividad y debe emprender acciones para limitar su contribución al cambio climático.

No obstante, es fundamental destacar que el carbono de los combustibles fósiles es diferente del carbono que emite el ganado porque no forma parte del mismo ciclo temporal. Los combustibles fósiles son carbono antiguo almacenado en un sumidero procedente del período carbonífero; cuando se libera durante la combustión de los combustibles fósiles, el CH_4 y CO_2 emitidos son en realidad carbono que se reintroduce en su ciclo. Las plantas y los océanos absorben parte de este carbono reintroducido, pero el resto se acumula en la atmósfera; de ahí las concentraciones crecientes desde el comienzo de la Revolución Industrial.

Dada la gran diferencia que existe entre las emisiones de CH_4 de origen biogénico y las emisiones de CO_2 y CH_4 de origen geológico-químico derivadas de los combustibles fósiles, dirigir todas las acusaciones al sector agroganadero por las emisiones de CH_4 supone no solo descargar la culpa en quien produce un impacto diferente en el tiempo, sino desviar la atención del verdadero problema. Que no es otro que el enorme desarrollo que ha tenido la humanidad en los últimos doscientos cincuenta años, basado en la obtención de energía a partir mayoritariamente de los combustibles fósiles. Por eso es tan urgente dejar cuanto antes de usar combustibles fósiles.

¿Por qué tantos titulares sobre el metano de las vacas?

Existe un profundo vacío o silencio de las corporaciones de combustibles fósiles sobre el metano de las vacas. Pero es habitual encontrarse con titulares y publicaciones de entidades de todo tipo responsabilizando al CH_4, en particular al emitido por las vacas, del actual cambio climático; valga este ejemplo: «Las emisiones de metano de los gigantes de la carne y los lácteos rivalizan con las de las grandes petroleras: los recortes pueden frenar drásticamente el calentamiento global en esta década».

Pero como indica Eurof Uppington (Euronews, 2024): «de todas las soluciones climáticas que existen, tal vez deberíamos concentrarnos en las emisiones que provienen de los combustibles fósiles y dejar a las vacas al margen», ya que «cada vez que culpan a las vacas por el cambio climático, los ejecutivos petroleros se ríen». Se trata de una gran operación, saldada con éxito, para desviar la atención de la causa principal de la actual situación climática: una sociedad humana basada en el uso de los combustibles fósiles.

El metano del permafrost, el gran olvidado

Pero hay otro CH_4 que debería preocuparnos también seriamente, y es el que está almacenado en enormes depósitos en el fondo de los océanos y en el permafrost, la capa de suelo congelado en las regiones muy frías del planeta, especialmente en la zona ártica. A medida que la atmósfera se calienta, especialmente en la zona del Ártico —lo que se conoce como la «amplificación ártica», con un incremento de su temperatura tres veces superior a la media del planeta—, y conforme aumenta la temperatura de los océanos, el permafrost se va fundiendo, por lo que se empieza a temer una posible liberación a la atmósfera de cantidades de CH_4 retenido en el subsuelo que forzarían todavía más el efecto invernadero, alimentando más la dinámica del actual cambio climático. Es lo que se conoce como «efecto inducido de retroalimentación positiva». Con los datos actuales no se sabe cuándo ni a qué velocidad podría producirse esa liberación. Pero el CH_4 congelado del Ártico resulta ser solo la punta del iceberg. Tampoco podemos olvidar la cantidad de CH_4 atrapado en el lado opuesto del planeta, bajo las inmensas capas de hielo de la Antártida.

El calentamiento global provoca en el sistema climático terrestre todo un conjunto de ciclos de retroalimentación, positivos en su mayoría, es decir, que potencian y aceleran el proceso ya iniciado. Y ello se debe esencialmente al CO_2 emitido por el uso de los combustibles fósiles, pero también al CH_4 que estos generan y a las otras fuentes ya mencionadas.

Capítulo 4

El negacionismo climático

Definición del negacionismo climático y la importancia del tema en el contexto actual

Para adentrarnos en este tema, conviene antes responder a una serie de preguntas claves, tales como: ¿qué es el negacionismo climático? o ¿en qué consiste el negacionismo climático? El negacionismo climático consiste en negar que el clima de la Tierra esté sufriendo en la actualidad un cambio provocado por la actividad de la especie humana, y especialmente por el uso de los combustibles fósiles. La expresión «negacionismo climático» se refiere a personas, o grupos de interés, tanto empresariales como políticos e ideológicos, que adoptan una postura de oposición a la actual crisis climática y todo lo relacionado con ella en un intento de influir en la sociedad mediante la desinformación, la distorsión y la negación de los datos, de las evidencias y de la ciencia climática con el objetivo principal de bloquear las medidas necesarias para contrarrestar su evolución y de esa forma poder seguir manteniendo el modelo económico-energético basado en el uso de los combustibles fósiles.

La evidencia científica sobre el actual cambio climático ha alcanzado una claridad y consenso concluyentes dada la suma de evidencias que se acumulan cada día al respecto. El IPCC ha presentado estudios exhaustivos desde el año 1990 que vinculan claramente el calentamiento global con las actividades humanas y, de forma inequívoca, con la quema y uso de los combustibles fósiles y la deforestación. Sin embargo, a pesar de la gravedad de estos informes y otros muchos con conclusiones semejantes, el negacionismo climático persiste y se ha acabado convirtiendo en un obstáculo determinante para la implementación de políticas globales efectivas que tratan de mitigar los efectos del actual cambio climático. Este fenómeno no solo ignora o cuestiona la realidad de la crisis climática, sino que también amenaza con retrasar la acción colectiva necesaria para evitar sus consecuencias catastróficas, especialmente para la humanidad.

El negacionismo climático, en su forma más básica, más primitiva, consiste en la negación o el rechazo de la existencia, las causas o los impactos del actual cambio climático. Se manifiesta de muy diversas maneras: algunos niegan rotundamente que el clima esté cambiando; otros lo aceptan pero rechazan la idea de que las actividades humanas lo provoquen, mientras que un tercer grupo minimiza sus efectos y afirma que no serán tan severos y graves como apuntan los indicadores climáticos. Pero, sobre todo y especialmente, su postura se centra en el obstruccionismo político y social.

Por este motivo, como muy bien indican Almiron y Moreno (2022), los investigadores, especialmente los anglosajones, han sido productivos a la hora de asignar las etiquetas que definen las diferentes posturas sobre el negacionismo climático. En general se denomina «negacionistas» al conjunto de actores que tratan de poner en duda el consenso climático y atacan la ciencia climática (Dunlap y McCright, 2011), pero lo cierto es que a lo largo del tiempo los posicionamientos han ido variando y adaptándose con diferentes enfoques y perspectivas:

— escepticismo *(skeptics):* lo representan aquellos que dudan de la ciencia climática y se atribuyen un posicionamiento pseudocientífico (Dunlap, 2013; Lahsen, 2013);
— contramovimiento *(countermovement):* término que designa a aquellos actores que trabajan en armonía, pero sin la nece-

saria coordinación, para socavar la ciencia y las políticas climáticas (Dunlap y McCright, 2015; McKie, 2017);

— contrarianismo *(contrarians):* define a quienes se oponen a la acción climática (Boykoff, 2016; McCright, 2007).

— retardismo *(delayers):* lo ejercen aquellos cuyos discursos ponen en duda las medidas para frenar el cambio climático y que promueven la inacción (Lamb *et al.*, 2020).

— obstruccionismo *(obstructionism):* describe a quienes de algún modo boicotean u obstruyen la acción política para reducir emisiones y la contaminación en general (CSSN, 2021; McKie, 2021).

Este fenómeno, lejos de ser una simple equivocación o malentendido, es una corriente de intereses creados y de opinión muy bien organizada, con beneficios económicos y políticos que lo alimentan. Lo protagonizan especialmente los sectores industriales con un fuerte vínculo con los combustibles fósiles que han financiado de forma continuada e interesada campañas mediáticas, centros de estudios, laboratorios de ideas *(think tanks)* y trabajos pseudocientíficos para sembrar serias dudas sobre la ciencia climática y el existente consenso científico y de esta forma desviar la atención de las urgentes reformas necesarias para reducir las emisiones de CO_2 y de los otros GEI. Para ello recurren a la desestimación, la desinformación o la duda injustificada que contradice la aceptación científica sobre el cambio climático.

Muchos de los que niegan, descartan o dudan injustificadamente del consenso científico sobre el calentamiento global antropogénico se autodenominan «escépticos del cambio climático» cuando en realidad no muestran escepticismo sino simplemente un negacionismo interesado. La negación del actual cambio climático también está implícita cuando los individuos o los grupos sociales aceptan los resultados de la ciencia climática pero no llegan a asumirla de forma explícita o al menos esta no se traduce en acciones, y además urgentes.

Las razones que explican este posicionamiento son varias, pero la principal ha sido que se ha gestado todo un movimiento orientado a socavar la confianza de las personas, pero especialmente de los políticos y gobiernos, en la ciencia climática, organizado principalmente por intereses industriales, políticos e ideológicos y respaldado por medios de comunicación conservadores y blogueros escépticos centrados en sembrar la incertidumbre sobre el actual calentamiento global (Dunlap y McCright, 2011; CSSN, 2021).

Uno de sus métodos de acción consiste en generar mitos y bulos *(fake news)* tendentes a suscitar dudas, dilemas, indecisión, escepticismo o inseguridad con el claro objetivo de no implantar los cambios obligados y necesarios en el modelo socioeconómico-energético que el uso de los combustibles fósiles conlleva. El negacionismo climático ha alimentado —y se ha aprovechado de ellos— los fenómenos referentes a la «posverdad», que la RAE define como: «distorsión deliberada de una realidad, que manipula creencias y emociones con el fin de influir en la opinión pública y en actitudes sociales».

Uno de los argumentos más utilizados por los negacionistas climáticos es que la variabilidad climática es un fenómeno natural, que el planeta ha pasado por fases de calentamiento y enfriamiento a lo largo de su historia. Aunque esto es totalmente cierto, lo que olvidan —más o menos voluntariamente— es la velocidad y magnitud sin precedentes del calentamiento actual. La actividad humana ha acelerado este proceso en muy poco tiempo, menos de trescientos años. Desde la Revolución Industrial, la concentración de CO_2 en la atmósfera ha aumentado significativamente, pasando de 280 partes por millón (ppm) en el siglo XIX a más de 427 ppm en la actualidad (NOAA, 2025). Este aumento coincide directamente con el consumo masivo de combustibles fósiles. Es el período que hoy denominamos «civilización de los combustibles fósiles».

Todo este movimiento negacionista respecto al actual cambio climático no salió de la nada. Ha sido iniciado, promovido y potenciado especialmente por la industria de los combustibles fósiles (carbón, petróleo y gas natural), pero seguido por otros colectivos industriales, caso de los fabricantes de automóviles, debido a la necesidad de combustible para mover el coche. Desde los años sesenta del siglo XX, hace más de dos generaciones, ya estaban advertidos y conocían los efectos que tendría centrarse en una economía basada en la quema de los combustibles fósiles, es decir, en la emisión a la atmósfera de CO_2.

El impacto de este negacionismo va mucho más allá de los debates académicos o científicos. Las campañas de desinformación han sido estratégicamente diseñadas para manipular a la opinión pública y generar confusión con el claro objetivo de anular, bloquear o retrasar la implementación de políticas públicas necesarias para la transición hacia una economía sostenible y descarbonizada. En particular en Estados Unidos, pero también en Europa (Brulle *et al.*, 2024), durante décadas se ha observado cómo políticos influyentes, apoyados por corporaciones energéticas, han utilizado tácticas de negación para bloquear regulaciones ambientales. El caso de Repsol en España es paradigmático al respecto.

Otra manifestación del negacionismo climático es el uso selectivo de datos para desacreditar las evidencias derivadas de los estudios científicos. Es común que los negacionistas tomen eventos climáticos aislados, como olas de frío, para argumentar que el calentamiento global no está ocurriendo. Este enfoque ignora premeditadamente la gravedad de la situación, de las tendencias globales que muestran un claro aumento de las temperaturas y de los eventos meteorológicos extremos, así como de otros muchos indicadores climáticos.

El negacionismo climático también juega con una falsa dicotomía entre crecimiento económico y protección ambiental. Los detractores de las políticas climáticas argumentan que la regulación ambiental podría tener efectos negativos en la economía, especialmente en sectores como los de la energía, el transporte y la agricultura. Se trata de un argumento recurrente. No obstante, esta visión es interesada, cortoplacista y errónea. Si bien es cierto que la transición hacia una economía más verde implica costes iniciales, los beneficios a largo plazo son innegables y están cuantificados. Invertir en energías renovables, promover la eficiencia energética y la movilidad sostenible y adoptar tecnologías limpias no solo contribuyen a mitigar y adaptarse al cambio climático, sino que también generan empleo y dinamizan sectores económicos emergentes. Un informe del Banco Mundial (2017) estimó que la transición hacia una economía baja en carbono podría generar hasta sesenta y cinco millones de nuevos empleos en todo el mundo para 2030 si se implementan las políticas adecuadas.

A nivel global, el negacionismo climático tiene claras consecuencias adversas, ya que debilita la cooperación y la gobernanza internacionales necesarias para combatir el cambio climático. A pesar de los acuerdos internacionales, como la Convención Marco de las Naciones Unidas sobre el Cambio Climático (CMNUCC/UNFCCC), aprobada en 1992, en vigor desde el 21 de marzo de 1994 y desarrollada mediante el Protocolo de Kioto de 1997 y el Acuerdo de París de 2015, muchos países y sus respectivos gobiernos siguen sin cumplir con sus compromisos de reducción de emisiones bien por presiones internas que provienen de sectores escépticos o negacionistas, bien porque sus economías dependen fundamentalmente de los combustibles fósiles. Esto genera un círculo vicioso en el que la falta de acción en un país desincentiva a otros a tomar medidas más contundentes, perpetuando la inacción global frente a la crisis climática.

Para entender el negacionismo climático, conviene saber que es inútil intentar debatir o discutir y que es incluso recomendable no darle otro foro. Sus defensores tienen la capacidad de inventarse argumentos que lleva una eternidad derribar, ya que ellos solo están limitados por su imaginación e intereses, mientras que el conocimiento objetivo y contrastado se debe basar en el rigor de las evidencias y en el uso ético de los datos existentes. No les interesan la verdad, los datos objetivos ni el debate informativo, sino solo imponer su visión del mundo, y dirán cualquier cosa para intentar conseguirlo.

El negacionismo climático es uno de los mayores desafíos a los que se enfrenta la humanidad en la lucha contra el actual cambio climático antrópico. No solo distorsiona la realidad, niega las evidencias y degrada la ciencia, sino que retrasa la acción política y perpetúa un modelo económico insostenible. Solo mediante un esfuerzo colectivo, informado y basado en las evidencias podremos afrontar esta crisis existencial y garantizar un futuro habitable.

La importancia de abordar el negacionismo climático hoy día no puede ni debe subestimarse. El retraso en la implantación de acciones efectivas debido a estas posturas incrementa el riesgo de llegar a puntos de no retorno en la alteración del sistema climático *(tipping points),* cuando los daños causados ya serán irreversibles.

Hacer frente al negacionismo climático es, por tanto, una tarea crucial no solo para garantizar un planeta habitable, sino para construir un futuro sostenible y justo.

Los orígenes del negacionismo climático y sus movimientos a partir de la década de 1970

Aunque la cuestión del cambio climático ha adquirido relieve en las últimas décadas, los primeros indicios de la relación entre actividades humanas y calentamiento global comenzaron a discutirse a mediados del siglo xx. Sin embargo, el surgimiento del negacionismo climático como un movimiento organizado hunde sus raíces en la década de 1970, cuando los intereses de las industrias de los combustibles fósiles y de los sectores conservadores empezaron a movilizarse para cuestionar la ciencia climática emergente.

A mediados del siglo xx, los científicos ya habían advertido sobre los peligros del aumento de los niveles de concentración de CO_2 en la atmósfera. A medida que los datos acumulaban evidencias, quedó claro que el uso y la quema de combustibles fósiles estaban provocando un calentamiento significativo del planeta. Sin embargo, en lugar de actuar con rapidez para mitigar sus efectos, ciertos sectores comenzaron a organizarse para cuestionar la validez de estas advertencias.

El negacionismo climático en sus primeras etapas surgió también como una respuesta a las implicaciones económicas y políticas que conlleva la regulación ambiental. Durante la década de 1970 comenzaron a surgir las primeras iniciativas gubernamentales e internacionales destinadas a regular la contaminación y las emisiones de GEI. El informe *Los límites del crecimiento* del Club de Roma, publicado en 1972, fue uno de los primeros estudios que advertían sobre la insostenibilidad del crecimiento económico basado en la explotación de los recursos naturales (Meadows *et al.,* 1972). Este informe causó gran inquietud entre las industrias extractivas, especialmente en el sector energético, que vio en la regulación ambiental una amenaza directa a sus modelos de negocio.

En 1979, la primera Conferencia Mundial sobre el Clima identificó al cambio climático como un problema global urgente, y ya entonces se apeló a los gobiernos para que hicieran frente a este reto. Desde entonces se han celebrado un gran número de conferencias internacionales para tratar el tema. En 1988 hubo ya un llamamiento para desarrollar una convención marco con el fin de proteger la atmósfera.

En este contexto, se comenzaron a formar alianzas estratégicas entre corporaciones y *think tanks* conservadores, uno de cuyos objetivos era desacreditar los informes científicos que vinculaban el cambio climático con el uso de los combustibles fósiles.

En 1979 la compañía petrolera Exxon (hoy ExxonMobil) había financiado investigaciones internas que confirmaban que el consumo de combustibles fósiles podría tener efectos devastadores sobre el clima. No obstante, en lugar de utilizar estos hallazgos para promover una transición hacia fuentes de energía más limpias, optaron por ocultar sus investigaciones y, a través de la financiación de grupos de presión, promovieron la incertidumbre sobre la ciencia climática. El planeta tenía en ese momento una población y una dimensión económica muy diferentes de las actuales.

Además de los intereses económicos, el negacionismo climático en los años setenta también se vio alimentado por la creciente ideología neoliberal, que se oponía a la intervención gubernamental y a las regulaciones ambientales. El auge del neoliberalismo, encabezado por figuras políticas como Ronald Reagan en Estados Unidos y Margaret Thatcher en el Reino Unido, promovía la idea de que el libre mercado debía regularse lo menos posible. En el ámbito económico se identifica a Milton Friedman y al austriaco Friedrich von Hayek como sus principales exponentes. Las regulaciones ambientales, que exigían cambios sustanciales en los patrones de producción y consumo, eran vistas como un ataque a la libertad económica y a los intereses corporativos. Implicaban modificar la relación entre los mercados y los gobiernos e impedir que el fundamentalismo de mercado definiese a la sociedad. Esta visión, que priorizaba el crecimiento económico sobre las consideraciones ambientales, entre otras, fue aprovechada por las corporaciones para bloquear las iniciativas reguladoras que comenzaban a surgir en la época.

El negacionismo, además, ha contado con un respaldo mediático fundamental desde sus primeros movimientos. A partir de la década de 1970, las corporaciones comenzaron a invertir en campañas publicitarias y a financiar estudios que minimizaban las consecuencias de un cambio climático. Recurrieron a una estrategia cuyo patrón era similar al utilizado por la industria del tabaco en los años sesenta y setenta del siglo xx, cuando cuestionaron los vínculos entre su consumo y el cáncer para influir en la percepción pública sobre los riesgos de fumar, como documentaron Oreskes y Conway en su libro *Merchants of Doubt* (2010). Las industrias del petróleo y del gas utilizaron estrategias similares para crear una «falsa equivalencia» en el debate climático y promover una actitud de equidistancia. Es decir, se presentaba el cambio climático como un tema controvertido en el que ambas posturas —la científica y la negacionista— debían ser consideradas igualmente válidas. Esto generó una gran confusión entre el público y diluyó el consenso científico que se estaba consiguiendo en ese momento (Boykoff y Boykoff, 2004).

A pesar de estos esfuerzos, la ciencia del clima continuó avanzando y siguieron acumulándose las evidencias que alertaban sobre los peligros inminentes derivados del cambio climático que ya había comenzado a detectarse. No se trataba de un futurible, sino del presente. No obstante, los primeros movimientos del negacionismo climático sentaron las bases para las décadas siguientes, en las que el escepticismo organizado y la financiación de la desinformación continuaron activos y retrasando la acción global. Esta resistencia temprana, nacida de los intereses corporativos y las ideologías políticas de los años setenta, ha tenido y sigue teniendo un impacto en la percepción pública del tema y en las políticas climáticas.

El negacionismo climático comenzó a consolidarse en la década de 1980, principalmente impulsado por la industria de los combustibles fósiles. A medida que se acumulaba la evidencia científica sobre el calentamiento global, muchas corporaciones petroleras y de carbón, en lugar de reconocerla y adaptarse, optaron por financiar investigaciones que sembraran dudas sobre el consenso científico y lanzaron campañas de desinformación para cuestionar los modelos climáticos, los datos y las conclusiones que señalaban a la quema de combustibles fósiles como el principal causante del calentamiento global.

Su argumentación se ha sustentado en varias estrategias discursivas que han ido evolucionando con el tiempo. Una de las tácticas más comunes es la creación de falsos debates. A pesar del consenso que impera en la comunidad científica acerca de que el actual cambio climático es real, las organizaciones negacionistas han enfatizado la idea de que existe controversia al respecto. Esto ha permitido que el tema sea percibido como una cuestión de opinión más que de una evidencia científica sólida. En consecuencia, los medios de comunicación, en su intento por ofrecer una «cobertura equilibrada», han dado espacio a voces escépticas, amplificando así la percepción de la duda.

Otra táctica ha sido la distorsión de los datos. Los negacionistas suelen usar datos descontextualizados o mal interpretados para sugerir que el cambio climático es un fenómeno natural o cíclico, sin relación con la actual actividad humana. Este tipo de argumentación apela a audiencias que no están familiarizadas con la complejidad del sistema climático terrestre, que funciona como una complicada maquinaria en la que todo está conectado, o a los períodos de tiempo necesarios para observar tendencias concluyentes.

Además, se ha empleado la estrategia de desacreditar a los científicos y activistas climáticos. Activistas como Al Gore o Greta Thunberg han sido objeto de ataques personales con el objetivo de desviar la atención del problema y tildar el activismo climático de extremista o alarmista. Estas campañas tratan de erosionar la confianza en quienes abogan por políticas climáticas ambiciosas, dada la emergencia existente, presentándolos como ideológicamente sesgados o económicamente interesados.

También ha requerido y encontrado en ciertos sectores políticos un aliado natural, especialmente en países como Estados Unidos y Australia, donde la política está profundamente influenciada por los intereses de las industrias extractivas. En la década de 1990, durante las negociaciones del Protocolo de Kioto, la administración de George W. Bush adoptó un enfoque hostil hacia las regulaciones climáticas, en gran medida como resultado de la presión de grupos negacionistas y de la industria del petróleo. Esta resistencia fue clave para debilitar dicho acuerdo y posponer acciones efectivas. Estados Unidos nunca ratificó el Protocolo de Kioto. El presidente Obama ratificó el Acuerdo de París, pero el presidente Trump, negacionista activo, se retiró nada más tomar posesión en 2017. El presidente Biden volvió a integrar a Estados Unidos en el acuerdo, pero Trump de nuevo lo ha hecho: se ha vuelto a retirar en su segundo mandato esgrimiendo el eslogan *drill, baby, drill,* que incita a perforar y perforar, como si no hubiera un mañana, en busca de petróleo y gas.

En lugar de adoptar medidas urgentes para reducir las emisiones de GEI y poder mitigar el cambio climático, muchos países, especialmente los dirigidos por gobiernos conservadores, influenciados por grupos negacionistas, caso del Partido Popular en España, han retrasado la implementación de políticas climáticas. Este estancamiento político ha provocado un aumento de la temperatura global media de más de 1,55 °C en el año 2024 (WMO, 2025) desde los niveles preindustriales, lo que acerca peligrosamente al planeta a los umbrales críticos de 1,5 °C y 2 °C definidos científicamente y adoptados en el Acuerdo de París.

A nivel social, el negacionismo ha contribuido a polarizar la controversia y el debate sobre el cambio climático, transformando lo que debería ser un consenso basado en la ciencia en un tema que divide a la población. Esta polarización ha afectado a la percepción pública, y de hecho hay sectores de la población que creen que la crisis climática es un mito o una exageración. Esto, a su vez, ralentiza la adopción de comportamientos sostenibles y socava la urgencia de exigir políticas más estrictas a los gobiernos.

El negacionismo climático y sus técnicas de desinformación

Uno de los métodos a los que ha recurrido el negacionismo climático es el empleo de diferentes tácticas para crear la apariencia de un debate legítimo cuando en realidad no lo es. Argumentos aparentes o falsos son utilizados para apoyar puntos de vista contrarios a la evidencia disponible o existente. Su efectividad es considerable si se busca desviar la atención del debate real utilizando afirmaciones emocionalmente atractivas, pero que en última instancia son falsas, o están simplemente sacadas de contexto, con el fin de generar dudas o una opinión contraria.

Hoofnagle sugirió en el año 2007 que los negacionistas emplean esencialmente cinco tácticas generales para sembrar confusión con respecto al actual cambio climático y poder de esta forma continuar usando los combustibles fósiles. Estas son:

1. la teoría conspirativa,
2. la selectividad *(cherry picking)*,
3. los falsos expertos,
4. las expectativas imposibles,
5. las falacias generales de la lógica.

Posteriormente, Cook (2025), investigador en el Climate Change Communication Research Hub de la Universidad de Monash (Australia), las agrupó bajo el acrónimo FLICC *(Fake experts, Logical fallacies, Impossible expectations, Cherry picking* y *Conspiracy theories)*.

A continuación se analizan y se indica su relación con otras técnicas del mismo tipo que se fueron añadiendo más tarde (Andrés, 2023).

La técnica de la teoría conspirativa consiste en proponer la existencia de un plan secreto y malicioso cuyo fin es ocultar la verdad. Uno de sus objetivos es cuestionar el papel que desempeñan las Naciones Unidas, cuya razón de ser, en opinión de determinados grupos libertarios, es implantar el socialismo a nivel mundial. Una teoría conspirativa es la que explica un suceso o situación como resultado de una conspiración por parte de grupos poderosos y siniestros, a menudo con motivación política, y rechaza cualquier otra explicación mucho más probable. Suele tener una connotación negativa porque se considera que la teoría conspirativa se basa en prejuicios, convicciones emocionales o pruebas insuficientes. Típicamente, las teorías conspiranoicas no están respaldadas por evidencias que resistan su comprobación, aunque eso no impide que proliferen y tiendan a persistir durante mucho tiempo, incluso sin pruebas contundentes que las respalden. El pensamiento conspiranoico, que incluye un elevado grado de suspicacia, implica un profundo escepticismo hacia la explicación oficial.

La técnica de la selectividad es un acto de manipulación mediante el cual, de todos los datos disponibles sobre una cuestión, se escogen solo aquellos que interesan, ignorando los que no. En español, la expresión *cherry picking* es más explícita: se denomina «falacia de la prueba incompleta» o «de omisión de pruebas». Aunque están relacionadas y sus resultados son similares, realmente se trata de cosas diferentes: en el *cherry picking* se escoge activamente y simplemente se omite todo lo demás deliberadamente. En cambio, la «escoba de Ockham» se usa para esconder bajo la alfombra activamente solo uno o unos pocos hechos que no conviene que se tengan en cuenta en la argumentación porque la desmontarían o dificultarían. De esta técnica se desprenden otras, como apoyarse en la experiencia personal, en ejemplos aislados o en casos particulares, y llegar a una conclusión ignorando pruebas relevantes (inducción perezosa), en vez de contar con el respaldo de evidencias convincentes y universales.

La técnica de los falsos expertos consiste en presentar a ciertas personas o instituciones como fuentes de información fiable. De esta técnica también se derivan otras, como citar a un elevado número de supuestos expertos para argumentar que no existe unanimidad científica sobre un asunto en concreto, magnificar la importancia de varios negacionistas para sembrar dudas sobre el consenso científico existente y presentar ciencia y pseudociencia como un litigio entre dos partes para dar la falsa impresión de que el debate aún no está resuelto. Se ha utilizado profusamente en los medios de comunicación. El uso de falsos expertos a menudo se complementa con la denigración de especialistas e investigadores acreditados, con acusaciones e insinuaciones que intentan desmerecer su trabajo y poner en duda sus motivaciones (véase el caso del *Climagate)*.

La técnica de las expectativas imposibles consiste en exigir, especialmente a la ciencia, certezas no realistas. Se basa en pedir milagros al conocimiento de la ciencia, tergiversando y obviando su metodología de trabajo. De esta técnica se desprenden asimismo otras, como demandar evidencias más fiables una vez recibidas las pruebas solicitadas, dar una interpretación forzada o desfigurada de una situación o de la opinión de un oponente con el fin de dificultar su comprensión o tergiversar o exagerar la posición de un oponente para que resulte más fácil de atacar (hombre de paja). Un ejemplo común de expectativas imposibles es el argumento que sostiene que, si «los científicos ni siquiera pueden predecir el tiempo de la próxima semana, ¿cómo van a saber cuál va a ser el clima del próximo siglo?». Este argumento contiene en realidad múltiples errores, como la expectativa imposible, consistente en pedir perfección a las predicciones meteorológicas, y la falsa equivalencia, ya que los dos tipos de predicciones son conceptualmente diferentes.

La técnica de las falacias lógicas consiste en utilizar argumentos cuya conclusión no se deduce de las premisas que lo sustentan. Una falacia es un razonamiento que, a pesar de parecerse a un argumento válido, no lo es. Las falacias lógicas debilitan un argumento al utilizar creencias o ideas erróneas, premisas inválidas o ilógicas y/o engaños. De esta técnica, a su vez, también se desprenden otras, como el famoso *ad hominen,* argumento que va dirigido contra la persona y no contra sus tesis. Pretende desacreditar a una persona o grupo en lugar de rebatir sus argumentos o asumir que, si dos cosas se parecen en algunos aspectos, también son similares en otros. Otras técnicas parecidas son emplear un lenguaje deliberadamente ambiguo con el fin de conducir a una conclusión engañosa, ignorar información relevante para que un argumento incorrecto parezca lógico y presentar dos opciones como las únicas posibles cuando, de hecho, existen otras alternativas.

A continuación se incluye una guía (tomada de Andrés, 2023) sobre treinta y una técnicas de desinformación utilizadas por los negacionistas climáticos, que ilustran perfectamente su análisis y su alcance, con su respectiva definición y ejemplo:

Técnica	Definición	Ejemplo
Ad hominem	Atacar a una persona o grupo en lugar de abordar sus argumentos.	«No se puede confiar en la ciencia del clima porque los científicos del clima están sesgados».
Ambigüedad	Usar lenguaje ambiguo para conducir a una conclusión engañosa.	«Las lecturas del termómetro contienen incertidumbre, lo que significa que no sabemos si está ocurriendo el calentamiento global».
Anécdota	Recurrir a la experiencia personal o a ejemplos aislados en lugar de utilizar argumentos sólidos o pruebas convincentes.	«El clima es frío hoy, ¿qué ha pasado con el calentamiento global?».
Pez globo	Centrarse en un aspecto intrascendente de la investigación científica, sacándolo de contexto para distraer o poner en duda las principales conclusiones de la investigación.	«El gráfico del palo de hockey no es válido porque contiene errores estadísticos».
Expertos falsos a granel	Citar a un gran número de supuestos expertos para argumentar que no existe un consenso científico sobre un tema.	«No hay consenso de expertos porque 31.487 estadounidenses titulados en ciencias firmaron un documento que aseguraba que los humanos no están alterando el clima».
Selectividad	Seleccionar cuidadosamente los datos que parecen confirmar una posición mientras se ignoran otros que la contradicen.	«El calentamiento global se detuvo en 1998».
Contradictorio	Creer simultáneamente en ideas que son mutuamente contradictorias.	«El registro de temperatura es fabricado por científicos... el registro de temperatura muestra enfriamiento».
Teoría de la conspiración	Proponer que existe un plan secreto para implementar un esquema nefasto, como ocultar una verdad.	«Los correos electrónicos del *Climagate* prueban que los científicos del clima se han involucrado en una conspiración para engañar al público».
Falso debate	Presentar la ciencia y la pseudociencia al mismo nivel para dar la falsa impresión de un debate científico en curso.	«Los negadores del clima deberían tener la misma cobertura que los científicos del clima para conseguir una presentación de puntos de vista más equilibrada».

Técnica	Definición	Ejemplo
Expertos falsos	Presentar a una persona o institución no calificada como fuente de información creíble.	«Un físico jubilado argumenta en contra del consenso climático y afirma que el cambio climático actual es solo un fenómeno natural».
Analogía falsa	Suponer que, debido a que dos cosas se asemejan en algunos aspectos, son similares en otros ámbitos.	«Los escépticos del clima son como Galileo, que anuló el consenso científico sobre el geocentrismo».
Elección falsa	Presentar dos elementos como únicas opciones cuando existen otras posibilidades.	«El CO_2 va a la zaga de la temperatura en el registro del núcleo de hielo, lo que demuestra que la temperatura impulsa al CO_2, y no al revés».
Equivalencia falsa (manzanas frente a naranjas)	Afirmar incorrectamente que dos cosas son equivalentes a pesar de que existen diferencias notables entre ellas.	«¿Por qué tanto alboroto por el COVID cuando miles mueren de gripe cada año?».
Inmune a la evidencia	Reinterpretar cualquier evidencia que contradiga una teoría de la conspiración como originaria de la conspiración.	«Esas investigaciones que descubrieron que los científicos del clima no están conspirando formaban parte de la conspiración».
Expectativas imposibles	Exigirle a la ciencia «milagros» o estándares de certeza poco realistas.	«Si los científicos ni siquiera pueden predecir el tiempo que hará la próxima semana, ¿cómo van a predecir el clima en cien años?».
Falacias lógicas	Argumentos cuya conclusión no se sigue lógicamente de las premisas.	«El clima ha cambiado naturalmente en el pasado, de modo que lo que sucede ahora debe ser natural».
Minoría magnificada	Ampliar la importancia de un puñado de científicos disidentes para poner en duda un consenso científico abrumador.	«Claro, hay un 97% de consenso, pero el profesor Smith no está de acuerdo con esa posición».
Tergiversación	Representar erróneamente una situación o la posición de un oponente de tal manera que distorsione la comprensión.	«Sustituyeron "calentamiento global" por "cambio climático" porque aquel dejó de producirse».
Mover postes de portería	Exigir mayores niveles de prueba después de recibir la evidencia solicitada.	«Los niveles del mar pueden estar subiendo, pero no de forma acelerada».

Técnica	Definición	Ejemplo
Intención nefasta	Asumir que las motivaciones de cualquier presunta conspiración son nefastas.	«Los científicos del clima promueven el engaño climático porque lo hacen por dinero».
Sospecha dominante	Tener un grado nihilista de escepticismo hacia el relato oficial, impidiendo creer en cualquier cosa que no encaje en la teoría de la conspiración.	«Muéstrame una línea de evidencia para el cambio climático... ¡oh, esa evidencia es falsa!».
Simplificación	Simplificar una situación de tal manera que distorsione la comprensión, lo que conduce a conclusiones erróneas.	«El CO_2 es alimento para las plantas, por lo que la quema de combustibles fósiles será buena para ellas».
Víctima perseguida	Percibirse y presentarse como víctima de una persecución organizada.	«Los científicos del clima están tratando de quitarnos nuestra libertad».
Cita fuera de contexto	Sacar las palabras de una persona de contexto para tergiversar su posición.	«El truco de Mike... para ocultar el declive».
Reinterpretando la aleatoriedad	Creer que nada ocurre por accidente, por lo que los hechos aleatorios se reinterpretan como causados por una conspiración.	«¿Explotó el satélite de la NASA? ¡Deben de estar tratando de ocultar datos inconvenientes!».
Cortina de humo	Desviar deliberadamente la atención a un aspecto irrelevante para evitar centrarla en un punto más importante.	«El CO_2 es un gas traza, por lo que su efecto de calentamiento es mínimo».
Causa única	Asumir una sola causa cuando puede haber múltiples motivos.	«El clima ha cambiado naturalmente en el pasado, por lo que lo que sucede ahora debe ser natural».
Pendiente resbaladiza	Sugerir que iniciar una acción menor conducirá inevitablemente a consecuencias mayores.	«Si implementamos incluso una política climática modesta, nos deslizaremos por una pendiente resbaladiza hacia el socialismo y perderemos nuestra libertad».
Inducción perezosa	Ignorar evidencia relevante al llegar a una conclusión.	«No hay evidencia empírica de que los humanos estén causando el calentamiento global».

Técnica	Definición	Ejemplo
Algo debe de estar mal	Sostener que «algo debe de estar mal» y que el relato oficial se basa en el engaño incluso cuando partes específicas de una teoría de la conspiración se vuelven insostenibles.	«Ok, está bien, el 97% de los científicos del clima están de acuerdo en que los humanos están causando el calentamiento global, pero eso es solo porque están siguiendo la línea del partido».
Hombre de paja	Tergiversar o exagerar la posición de un oponente para que sea más fácil atacar.	«En la década de 1970, los científicos del clima predijeron una edad de hielo».

Posicionamiento anticientífico. Otro aspecto significativo que también caracteriza al negacionismo climático es su actitud anticientífica, que no se limita a cuestionar elementos concretos sino que también rechaza el funcionamiento del sistema científico y pone en duda la integridad de los científicos, que son considerados especialmente oportunistas que buscan únicamente obtener protagonismo y financiación pública. El *Climagate* de 2009 puede ser considerado el suceso más representativo al respecto. Ninguna de estas posturas anticientíficas constituye un fenómeno nuevo.

En los años noventa, científicos e intelectuales como Gerhard Holton o Carl Sagan advirtieron de los peligros de la propagación de actitudes anticientíficas. Gerhard Holton, catedrático de Física y de Historia de la Ciencia de la Universidad de Harvard (Estados Unidos), que es una figura pionera y fundamental en el análisis sobre la influencia de la ciencia en el modelado de la cultura de la sociedad y, en una interacción continua, sobre la influencia de la matriz cultural de cada período histórico en la práctica científica y la creación de teorías y modelos, en su libro *Ciencia y anticiencia* (1993) sostiene que la irracionalidad está unida a valores contrarios a la razón científica y es alimentada por el populismo y la propaganda.

Por su parte, Carl Sagan establece, en su libro *El mundo y sus demonios: la ciencia como una luz en la oscuridad* (1995), que las actitudes conspiranoicas, anticientíficas o pseudocientíficas van ocupando en la sociedad el lugar tradicional de la religión. Enumera un conjunto de herramientas para reconocer ideas engañosas o fraudulentas, tales como la confirmación independiente, la cuantificación y la navaja de Ockham, y señala los errores más comunes de la falsa argumentación (por ejemplo la falacia lógica, valorar argumentos por autoridad, la estadística de números pequeños, el argumento especial, *ad hominem* o ataque al individuo y no a su postura).

Todas estas técnicas son ampliamente utilizadas por el negacionismo climático, que suele defenderse alegando que representa el sano escepticismo y la actitud crítica que debe predominar en la ciencia. Sin embargo, esta postura no se esgrime para generar la duda razonable porque en realidad no es más que una maniobra de despiste, distracción y confusión.

La anticiencia sobre el cambio climático también se apoya en la impugnación de hipótesis científicas o de hechos bien establecidos por la ciencia climática. No se limita a negar un aspecto concreto o una explicación específica de ciertos fenómenos naturales, sino que rechaza la teoría completa o incluso avances científicos fundamentados y contrastados.

La American Association for the Advancement of Science (AAAS) envió dos cartas, firmadas por los presidentes de diecisiete organizaciones científicas de Estados Unidos, con el objetivo de dejar clara su postura frente al movimiento de anticiencia climática.

En la primera carta, firmada el 21 de octubre de 2009 y enviada al Congreso de los Estados Unidos (AAAS, 2009), la comunidad científica estadounidense se manifiesta claramente:

> Mientras ustedes consideran la legislación sobre el cambio climático, nosotros, como líderes de organizaciones científicas, les escribimos para expresar la opinión científica consensuada.
>
> Las observaciones realizadas en todo el mundo dejan claro que el cambio climático está ocurriendo, y una investigación científica rigurosa demuestra que los gases de efecto invernadero emitidos por las actividades humanas son su principal impulsor. Estas conclusiones se basan en múltiples líneas de evidencia independientes, y las afirmaciones contrarias son incompatibles con una evaluación objetiva del vasto cuerpo de ciencia revisada por pares...

La segunda carta, firmada el 1 de junio de 2011, hace referencia al tratamiento sobre el cambio climático en las aulas de enseñanza secundaria de Estados Unidos (AAAS, 2011). Tiene que ver con la controversia que se suscitó en dicho año y la repercusión que alcanzó en los medios de comunicación *(The Guardian,* 2011; OCR, 2011a; OCR, 2011b). El consejo del distrito escolar unificado de Los Alamitos (Los Ángeles, California) fue noticia al votar unánimemente que la nueva asignatura de ciencias ambientales —que afectaba a 15.000 estudiantes de escuelas públicas— debía incluir «múltiples perspectivas» sobre la ciencia del calentamiento global. Preocupada de que los profesores «liberales» pudieran distorsionar las lecciones sobre el calentamiento global, la junta de educación votó 4-0 para exigir a los profesores una presentación anual sobre cómo impartían la asignatura. En definitiva, se les exigía mantener una posición equidistante en su enseñanza frente a este dogma que denominaban «fantasma» del calentamiento global y al gasto de cantidades ingentes de recursos para combatirlo:

> Les escribimos para expresar nuestra preocupación por que la clase AP de Ciencias Ambientales cumpla con la política de «temas controvertidos» recientemente revisada. Aunque existe un debate sobre las opciones políticas, el cambio climático no es un tema científicamente controvertido. Además de innumerables artículos y evaluaciones científicas revisadas por pares de la Academia Nacional de Ciencias de los Estados Unidos y el Panel Intergubernamental sobre Cambio Climático, los líderes de dieciocho sociedades científicas de primer nivel escribieron la carta adjunta a los miembros del Congreso sobre el estado de la ciencia climática.

Hacia el año 2010, cuando se trataba de enseñar el cambio climático en las escuelas de Estados Unidos, los padres políticamente conservadores mostraron su preocupación por lo que se enseñaba a los alumnos. Los autodenominados «escépticos del clima» afirmaban que solo deseaban proteger a los estudiantes impresionables de la manipulación ideológica. Cuestionaban sistemáticamente el consenso de la comunidad científica acerca de que las emisiones derivadas de la quema de combustibles fósiles han elevado la temperatura media global y se oponían a las lecciones científicas derivadas de estos hallazgos a menos que incluyeran contraargumentos de los críticos del consenso sobre el calentamiento provocado por el hombre.

Hubo procesos similares en las juntas escolares de otros estados, en particular en Colorado, Texas, Kansas y Dakota del Sur. En los estados donde la extracción de petróleo es un gran negocio, la lucha ha sido más intensa y ha ejercido mayor presión sobre las escuelas locales. Los legisladores estatales de Luisiana, Oklahoma, Dakota del Sur, Tennessee, Texas y Utah han presentado proyectos de ley para evitar que se enseñe «propaganda» en las aulas de ciencias y para exigir la inclusión de «alternativas teóricas» al cambio climático causado por el hombre.

Una encuesta realizada en 2012 por la Asociación Nacional de Profesores de Ciencias (NSTA, por sus siglas en inglés) reveló que el 82% de los profesores de ciencias de escuelas primarias y secundarias se han encontrado con el escepticismo climático de los estudiantes, y el 54% ha experimentado reacciones hostiles de los padres después de discutir el calentamiento global en clase. Alrededor del 36% asegura que intenta exponer «ambos lados» de la cuestión. Esto pone claramente de manifiesto que no es un hecho aislado, sino un comportamiento organizado para influir en la formación de los estudiantes (*The Guardian*, 2010; Allen, 2011; McGirk, 2012; Plutzer, 2016).

La negación de la ciencia del clima también ha sido empleada ampliamente como argumento político, especialmente en Estados Unidos y Reino Unido, mientras que en el resto de Europa y Latinoamérica el mensaje anticientífico ha calado menos (Painter, 2011), algo que comenzó a cambiar en algunos países, caso de Brasil y España, a finales de la primera década de este siglo XXI.

Del viejo al nuevo negacionismo

Los negacionistas del cambio climático han adoptado una nueva postura de refutación de los impactos, las soluciones y los defensores del cambio climático. Las tácticas de los negacionistas han cambiado en los últimos años. Han pasado de la vieja negación a la nueva negación (CCDH, 2024), sustentada en la siguiente secuencia de categorías:

1. El calentamiento global no está ocurriendo:
    1.1. El hielo no se está derritiendo ni la cobertura de nieve está desapareciendo.
    1.2. Nos estamos dirigiendo hacia una era de hielo o un período de enfriamiento global.
    1.3. El clima es demasiado frío para que el calentamiento global sea cierto.
    1.4. El clima no se ha calentado ni ha cambiado en las últimas décadas.
    1.5. El aumento del nivel del mar es exagerado o no se está acelerando.
    1.6. El clima extremo no está aumentando, ha sucedido antes o no está vinculado al cambio climático.
2. Los gases de efecto invernadero generados por el hombre no están causando el calentamiento global:
    2.1. El calentamiento global es en realidad un fenómeno de ciclos naturales o variaciones.
    2.2. No hay evidencia del efecto invernadero.
3. Los impactos del calentamiento global son beneficiosos o inofensivos:
    3.1. La sensibilidad del clima es baja o las retroalimentaciones negativas están reduciendo el calentamiento.
    3.2. Las plantas, los animales o los arrecifes se están beneficiando de los impactos climáticos o no se ven afectados.
    3.3. El CO_2 es beneficioso o no es un contaminante dañino.
4. Las soluciones climáticas no funcionarán:
    4.1. Las políticas climáticas que intentan mitigar el calentamiento o adaptarse a él son perjudiciales.
    4.2. Las políticas climáticas son ineficaces o defectuosas.
    4.3. La tecnología de energía limpia o los biocombustibles no funcionarán.
    4.4. Las personas necesitan energía de fuentes como los combustibles fósiles.

5. La ciencia del clima y el movimiento climático no son fiables:
   5.1. La ciencia del clima es poco fiable, incierta o errónea.
   5.2. El movimiento climático es poco fiable, alarmista o corrupto.

El análisis de las afirmaciones negacionistas del cambio climático indica que ha habido un cambio claro en sus tácticas en los últimos años. Las afirmaciones de las dos primeras categorías han disminuido, mientras que las de las tres últimas han aumentado. La nueva negación constituye el 70% de las afirmaciones negacionistas en 2023, frente al 35% en 2018. Los análisis sugieren que los negacionistas climáticos han cambiado de táctica porque el desarrollo y avance del calentamiento global y del cambio climático son cada día que pasa más evidentes (WMO, 2025).

El retardismo climático

A los negacionistas del cambio climático se les hace cada vez más difícil fingir que este no está sucediendo, por lo que han modificado su estrategia. El retardismo climático, o *climate delay,* es un ajuste de su estrategia basado en un tipo de desinformación que pretende continuar retrasando la implantación y promoción de políticas climáticas. Es un término relativamente reciente, con pocos años de recorrido, pero que pone de manifiesto la adaptación del negacionismo climático a las circunstancias. El negacionismo y el escepticismo se fundamentan en la negación o el cuestionamiento de la ciencia del cambio climático, y el retardismo, en la crítica a las medidas de respuesta a este (ECODES, 2024).

En su discurso destacan las afirmaciones de que no es urgente implantar medidas para abordar la crisis climática, que no es necesario preocuparse porque una futura tecnología «milagrosa» podrá combatirla o que realmente no hay suficientes pruebas que justifiquen un conjunto de acciones perentorios con el correspondiente desvío de los recursos económicos para contrarrestarla. Niega la necesidad de una acción indispensable. En un informe del Center for

Countering Digital Hate (CCDH, 2024) a los retardistas se los denomina directamente «los nuevos negacionistas» *(new denials),* aunque otros se refieren a ellos como *climate delayers.*

En realidad son todos aquellos individuos o corporaciones que, si bien reconocen la existencia del cambio climático, no lo consideran una cuestión urgente que requiera acciones inmediatas. Se caracterizan por abordar la implantación de medidas contra la crisis climática de una forma más lenta, a veces retrasada hasta el infinito, bien sea por motivos económicos, técnicos, políticos o tecnológicos. Su objetivo sigue siendo obstaculizar los planes dirigidos a mitigar el cambio climático, es decir, a reducir las emisiones de GEI, que implica dejar de usar los combustibles fósiles.

Su discurso consiste en aceptar —aunque con dudas o limitaciones— que se está produciendo un cambio climático provocado por los seres humanos pero asegurar que «hay tiempo de sobra» para hacerle frente o sostener que en realidad la comunidad científica y los medios de comunicación «exageran» su gravedad y alcance. La argumentación retardista se centra especialmente en sus consecuencias, la más recurrente de las cuales es, por supuesto, la económica, lo que los lleva a cuestionar y retrasar intencionadamente la transformación hacia una sociedad descarbonizada recurriendo a mensajes y afirmaciones muy sutiles, bien elaborados y difíciles de discernir que calan en la gente y permean el pensamiento social.

El retardismo es más complejo que el negacionismo; en realidad, es una evolución de este. Su estrategia de desinformación es más enrevesada, aunque sigue teniendo el mismo objetivo que el negacionismo climático: retrasar las políticas necesarias para hacer frente a la actual crisis climática. Implica reconocer la crisis climática, pero no los cambios que esta acarrea, y pone en duda las medidas que es necesario adoptar y pide que su implantación se retrase principalmente por intereses económicos para seguir igual.

Un claro ejemplo de retardismo climático en España lo ilustra el posicionamiento de Repsol. Durante su intervención en un panel del Foro Económico Mundial de Davos (Suiza), su consejero delegado, Josu Jon Imaz, consideró que la manera de abordar la descarbonización desde Europa estaba basada en «una aproximación ideológica» con respecto a la transición ecológica e insistió en la necesidad de «replantearse» la política en materia energética *(Cinco Días,* 2024). Dos años antes, en el II Foro Económico Español Madrid, señaló que sería «un grave error» prohibir el motor de combustión *(El Español,* 2022).

A su vez, el presidente de Repsol, Antonio Brufau, puso en duda la fuerte apuesta de la Unión Europea por abordar el reto de la transición hacia una economía descarbonizada en el 2050. Repsol pide a la UE reconsiderar el papel del gas y el petróleo y sentencia sin ambages: «dejemos elegir al ciudadano, que es quien tiene que pagar la factura» *(La Vanguardia,* 2022).

Otro de los principales y preocupantes aspectos del discurso retardista es su intento de proyectar la responsabilidad en los individuos, como bien se señala en el informe de ECODES (2024). De este modo, priorizaban las decisiones de consumo o económicas de un ciudadano sobre la responsabilidad de las grandes empresas y corporaciones o las acciones y medidas legales de los gobiernos.

¿Qué narrativas identifican al retardismo? Lamb *et al.* (2020) señalaron doce narrativas retardistas que ordenaron en cuatro categorías (ECODES, 2024):

1) derivación de la responsabilidad;
2) apuesta por soluciones no transformadoras;
3) enfatización de las desventajas de la política climática, y
4) claudicación ante el desafío climático.

En la primera categoría, derivar la responsabilidad, se inscribe el individualismo, que atribuye la acción climática al individuo o descarga la culpa en otros, por ejemplo los países más emisores.

En la segunda categoría, apuesta por soluciones no transformadoras, se encuadrarían el optimismo tecnológico; la consideración de que la industria de los combustibles fósiles es parte de la solución; la práctica de mucha palabrería y poca acción, que suele venir acompañada de objetivos climáticos ambiciosos sin aplicación práctica, y la evitación de políticas restrictivas.

La tercera categoría, enfatizar las desventajas de las políticas climáticas, engloba el rechazo a las medidas por el coste que supone a los sectores más vulnerables de la sociedad y la apelación al bienestar, que supuestamente se perdería por la acción climática.

Finalmente, la cuarta categoría, claudicación ante el desafío climático, incluiría la idea de que el cambio es imposible, lo que cuestiona la capacidad de reacción de la sociedad, y el fatalismo, que considera que no hay nada que hacer puesto que cualquier iniciativa tendrá una repercusión muy pequeña y llegará tarde, tipo TL^2.

TL^2, DEMASIADO POCO Y DEMASIADO TARDE

En el año 2009 el diputado inglés Collin Challen publicó un libro con el sugerente título *Too Little, Too Late: The Politics of Climate Change,* que enseguida quedó reducido al acrónimo TL^2: demasiado poco y demasiado tarde. En él se pregunta por qué no se están aplicando políticas más ambiciosas para abordar el cambio climático, condena la incapacidad de los partidos políticos para formar un consenso en torno a una respuesta más significativa y sugiere formas de avanzar.

El acrónimo ha hecho fortuna, tanto entre los activistas climáticos como en los escépticos climáticos. Los primeros porque señalan que las iniciativas que se toman reflejan una situación de inacción, convencidos de que no hay vuelta atrás porque el daño ya está hecho y no se han implantado medidas para evitarlo. Los segundos porque, aceptando como real el cambio climático, aseguran que es demasiado tarde para frenar sus consecuencias, lo que nos lleva a una situación de pasividad e inercia; que la batalla ya está perdida, que, hagamos lo que hagamos, el colapso ya no se puede evitar. La idea de que es demasiado tarde es una excusa para no hacer nada.

El negacionismo climático y los medios de comunicación

El negacionismo climático no es solo un fenómeno de individuos aislados: es una narrativa cuidadosamente desarrollada, en gran parte, mediante el uso interesado de ciertos medios de comunicación, los cuales desempeñan un papel fundamental en la percepción y comprensión del actual cambio climático y, lamentablemente, también en su negación. En un mundo donde la información fluye a una velocidad instantánea, la forma en que los medios presentan, o no presentan, la crisis climática puede marcar la diferencia entre la acción y la inacción. Lo que realmente ha constituido una diferencia importante con respecto a las formas tradicionales de negacionismo es la implantación de nuevos modelos de comunicación basados en la tecnología digital, que proporciona mecanismos eficientes de propagación de la desinformación.

Durante décadas, medios influyentes han dado voz a quienes niegan la realidad del cambio climático otorgándoles un espacio desproporcionado en debates, artículos y programas. A menudo, con el pretexto de ofrecer «ambos lados» de un debate o discusión, muchos medios han caído en la trampa de equiparar la ciencia rigurosa con teorías de descrédito de acuerdo con un posicionamiento de equidistancia.

Al brindar una plataforma a los negacionistas y escépticos, han creado una falsa equivalencia que distorsiona la realidad. Este falso equilibrio aparente fomenta la idea de que aún hay incertidumbre sobre el tema cuando en realidad la comunidad científica ha sido clara: el actual cambio climático es real, está sucediendo y es consecuencia directa de la actividad humana, principalmente por el consumo y quema de combustibles fósiles.

Existe un consenso abrumador sobre las pruebas y causas del actual cambio climático entre los científicos, pero también hay comentaristas de los medios de comunicación que lo rechazan y consiguen convencer a gran parte del público, y a menudo también a los propios medios de comunicación, de que ese consenso no se basa en «ciencia sólida» y de que en cualquier caso no es absolutamente unánime puesto que existen voces disidentes individuales. Su objetivo es convencer de que existen suficientes motivos para rechazar la adopción de medidas que permitan la reducción de la emisión de los GEI.

Sin embargo, la influencia de los medios no se limita solo a los que abiertamente niegan la crisis climática. Los medios de comunicación tienen el poder de abordar la crisis climática de diferentes maneras que contribuyan a minimizarla o a desviar su atención. Al priorizar las noticias que generan pánico inmediato o morbo, muchos informativos relegan la cuestión climática a un segundo plano y la presentan como un problema abstracto o futuro. ¿Cuántas veces vemos titulares sobre olas de calor, incendios forestales o huracanes devastadores sin una mención directa a que el cambio climático es la causa que agrava estos fenómenos? Esta omisión sutil es otra forma de negacionismo que representa «el silencio sobre la causa». Aunque lo cierto es que esto sucede cada vez menos.

Además, no podemos ignorar la relación entre los medios y las grandes corporaciones. Empresas con intereses en los combustibles fósiles y otros sectores responsables de emisiones son anunciantes clave en los medios de comunicación. Esto crea un conflicto de intereses que limita la cobertura crítica y profunda. Hay una autocensura implícita que lleva a los medios a evitar abordar ciertos temas con demasiada provocación para no poner en riesgo sus ingresos publicitarios. En este contexto, la negación no siempre se manifiesta en la voz del escepticismo, sino en el balbuceo de la indiferencia o de la confusión.

Con el fin de contrarrestar el peso que iba adquiriendo la esfera científica en la arena política, en el último tercio del siglo XX ya se había puesto en marcha una compleja maquinaria negacionista, nutrida por empresas del *lobby* de los combustibles fósiles, que crearon canales de comunicación alternativos que servían información negacionista climática a medios como Fox News o *The Daily Mail* (Trumbo, 1996). En el artículo de Trumbo se presenta un análisis de contenido empírico de una década de cobertura del cambio climático en cinco periódicos nacionales de Estados Unidos.

Naomi Oreskes y Erik M. Conway, en su libro *Merchants of Doubt,* publicado en el año 2010, cuentan cómo un grupo poco cohesionado de científicos y asesores científicos de alto nivel, con profundas conexiones en la política y la industria, llevó a cabo campañas eficaces para engañar al público y negar conocimientos científicos bien establecidos durante décadas. Sorprendentemente, son los mismos individuos que han afirmado que la ciencia del calentamiento global «no está resuelta» y que han refutado los estudios que vinculan el tabaquismo con el cáncer de pulmón, el humo del carbón con la lluvia ácida y los CFC con el agujero de ozono. «La duda es nuestro producto», escribió un ejecutivo de la industria tabaquera. La estrategia que utilizaron consistió en difundir la duda y sembrar la confusión una vez alcanzado el consenso científico. Desvelan este oscuro rincón de la comunidad científica estadounidense y muestran cómo la ideología y los intereses corporativos, con el respaldo de unos medios de comunicación demasiado complacientes, distorsionaron la comprensión pública de algunos de los problemas más acuciantes de nuestra era.

Existe un amplio número de estudios que establecen de forma clara el estrecho vínculo no solo del aumento de posturas negacionistas y anticientíficas, sino también de las tendencias a la autocratización de los Estados, del auge de los partidos de extrema derecha y del declive de la calidad democrática, con la digitalización de la esfera pública. Elementos clave de estas derivas son las campañas de desinformación, la polarización y las políticas de la posverdad.

Sin embargo, el panorama no es completamente sombrío. Cada vez más medios, sobre todo los de nueva generación y plataformas digitales independientes, están adoptando un papel más activo en la lucha contra el negacionismo. Estos medios emergentes priorizan la cobertura climática, responsabilizan a los actores clave y exponen las conexiones entre la crisis ambiental y los intereses económicos que intentan sofocar la verdad. Narrativas que antes quedaban al margen, como la justicia climática o la vulnerabilidad de las comunidades más afectadas, ahora encuentran un espacio para sonar con fuerza.

Es fundamental que los medios de comunicación sigan este camino. La responsabilidad de informar no se limita a exponer los hechos; también incluye comunicar la urgencia. No es suficiente hablar de incendios forestales, sequías o pérdida de glaciares como eventos aislados. Se deben conectar las piezas, ayudar a la audiencia a ver la imagen completa y entender que no hay tiempo para la indiferencia o el escepticismo.

En última instancia, los medios son un espejo de nuestra sociedad, pero también tienen el poder de influir en ella. En sus manos está la capacidad de iluminar u oscurecer la verdad del cambio climático. Ya no se trata solo de informar, sino de ser agentes del cambio. Y en esta lucha no hay espacio para la neutralidad. Porque cuando el futuro de la humanidad está en juego, el silencio y la negación son tan peligrosos como la contaminación misma.

A modo de muestra, se exponen varios casos que prueban claramente la influencia de los medios de comunicación en la manipulación y en la forma de abordar este tema.

Durante la COP15 de Copenhague en diciembre de 2009, el editor jefe de Fox News Washington, Bill Sammon, envió un correo electrónico cuestionando la «veracidad de los datos sobre el cambio climático» y ordenando a los periodistas de la cadena «abstenerse de afirmar que el planeta se ha calentado (o enfriado) en un período determinado sin señalar *inmediatamente* que tales teorías se basan en datos que los críticos han puesto en duda». La directiva fue emitida menos de quince minutos después de que el corresponsal de Fox, Wendell Goler, informara con precisión de que la OMM iba a anunciar que la década 2000-2009 tenía todos los visos «de ser la más cálida registrada» (Dimiero, 2010).

No es una cuestión del pasado, sino que es un comportamiento muy presente. El debate vicepresidencial del 1 de octubre de 2024 de la CBS en Estados Unidos centró la atención en el cambio climático, rompiendo con la tendencia reciente a dejarlo de lado. A raíz del devastador paso del huracán Helene por el sudeste y el Atlántico medio, las moderadoras Norah O'Donnell y Margaret Brennan presionaron a los candidatos para que expusieran sus planes climáticos específicos, además de reforzar el consenso científico sobre el papel del cambio climático en la intensificación de los huracanes.

Este enfoque pronto generó críticas de los medios de comunicación y de personas influyentes en las redes sociales que argumentaron que la CBS había hecho demasiado hincapié en el clima a expensas de otros temas como la economía y la inmigración. Estos críticos, muchos de los cuales han cuestionado previamente la ciencia del clima, hicieron caso omiso tanto del contexto de la destrucción que provocó Helene como de la creciente preocupación pública por los impactos climáticos. En sus respuestas, a menudo emplearon las habituales narrativas del negacionismo climático e intentaron rebatir la información científica presentada por las moderadoras, lo que ilustra la resistencia constante de los medios de comunicación de derechas a los debates sustanciales sobre el clima (Cooper y Berger, 2024).

Según un reciente análisis de Carbon Brief (2024), durante el año 2023 los periódicos del Reino Unido publicaron un total de cuarenta y dos editoriales en contra de las medidas adoptadas para abordar el cambio climático. Escritos casi exclusivamente por periódicos de tendencia derechista, estos editoriales pedían que se retrasaran en el Reino Unido las prohibiciones a la venta de automóviles y calderas propulsados por combustibles fósiles, así como que se aumentara la producción de petróleo y gas en el mar del Norte. En respuesta a tales demandas, el primer ministro Rishi Sunak dio un «giro de ciento ochenta grados» en algunas de las principales políticas de cero emisiones netas de su gobierno.

A su vez, las redes sociales han creado un mundo en el que cualquier individuo puede llegar a tantas personas como los principales medios de comunicación. La falta de filtros y el anonimato son algunas de las razones que explican por qué la información errónea se extiende *online* mucho más rápido que la información verdadera, a menudo impulsada por cuentas falsas o bots. Del mismo modo, se ha puesto de manifiesto que los consumidores de teorías conspirativas son más propensos a dar «me gusta» y a compartir publicaciones conspiranoicas.

Capítulo 5

El negacionismo climático de las compañías de combustibles fósiles

Las décadas de 1960, 1970 y 1980

En la historia del negacionismo climático, frecuentemente se considera que la desinformación organizada (información falsa o engañosa promulgada por una organización) sobre el calentamiento global comienza en el año 1989 con las publicaciones del Instituto George C. Marshall (Brulle, 2020) y la fundación de la Global Climate Coalition (Brulle, 2022). Pero las principales empresas de carbón, petróleo y gas eran ya conscientes del problema que significaba la emisión de CO_2 por el uso de combustibles fósiles desde la década de 1950. Lo sabían y conocían el riesgo de provocar un cambio climático antrópico antes que la mayoría del resto del mundo. Es decir, hace más de setenta años.

En 1965, en la reunión anual del API (American Petroleum Institute), la principal organización de la industria petrolera de Estados Unidos, el presidente del grupo, Frank Ikard, mencionó el informe titulado *Restoring the Quality of Our Environment* (PSAC, 1965), que había publicado el Comité Asesor Científico del Presidente Lyndon Johnson, y señaló que «una de las predicciones más importantes del informe es que el CO_2 que se está agregando a la atmósfera terrestre por la quema de carbón, petróleo y gas natural [lo hace] a un ritmo tal que para el año 2000 el balance de calor estará tan modificado que posiblemente cause cambios de consideración en el clima» (Franta, 2018a).

En la década de 1970, Exxon (1979) había estudiado internamente opciones frente al aumento de las concentraciones de CO_2 en la atmósfera y sus consecuencias sobre el clima. Descubrió que, con una acción inmediata, si la industria abandonaba los combustibles fósiles y se centraba en las energías renovables, la contaminación por combustibles fósiles podría comenzar a disminuir en la década de 1990 y podría evitarse una gran crisis climática (Supran *et al.,* 2023). Pero no siguió ese camino.

Una serie de investigaciones de Inside Climate News (ICN, 2025) han demostrado que Exxon lanzó su propio programa sobre el CO_2 en 1978 para comprender un fenómeno que sospechaba que podría perjudicar seriamente a su negocio. Aproximadamente una década después, Exxon encabezó campañas para poner en duda la ciencia climática y frenar la regulación de los GEI.

Documentos inéditos indican que el API siguió un camino similar al de Exxon para afrontar la amenaza que suponía la emisión de CO_2 para la industria de los combustibles fósiles. Entre 1979 y 1983, el API formó un comité interno llamado «CO_2 and Climate Task Force», que luego, en 1980, pasó a denominarse «Climate and Energy Task Force» (Banerjee, 2015) y que incluía a representantes de Exxon, Mobil, Amoco, Phillips, Texaco, Shell, Sunoco, Sohio, así como Standard Oil of California y Gulf Oil, las principales compañías petroleras, para seguir y discutir de forma privada los últimos avances de la ciencia climática.

En 1980, este comité invitó a John Laurmann, de la Universidad de Stanford (API, 1980), para informarles sobre el estado de la ciencia climática. En su presentación advirtió de «que, si se continuaban usando los combustibles fósiles, el calentamiento global sería apenas perceptible para 2005, pero para la década de 2060 tendría efectos globalmente catastróficos». Debemos recordar que Teller, en 1959, ya les había hecho la misma advertencia (Franta, 2018b).

En ese año de 1980, el API pidió a los gobiernos que triplicaran la producción en todo el mundo, insistiendo en que no habría consecuencias negativas. No solo tergiversó de manera engañosa la visión de Carl Sagan sobre el calentamiento global, los efectos previsibles de la expansión del carbón y de los combustibles sintéticos y las conclusiones de la Conferencia Mundial sobre el Clima de 1979, sino que además omitió su propio conocimiento de la ciencia climática (Franta, 2021).

Exxon en 1981 tenía un programa de investigación secreto. Uno de sus gerentes, Roger Cohen, envió un memorando interno (Exxon, 1981) en el que observaba que los planes comerciales a largo plazo de la empresa podrían «producir efectos que de hecho serían catastróficos». En 1982, Exxon, en otro memorando interno (Exxon, 1982) sobre el cambio climático, predijo casi exactamente cuál sería del alcance del calentamiento global actual, así como el aumento del nivel del mar, la sequía y otros impactos climáticos. Según consta en la portada del informe, «se le da amplia circulación en la gerencia de Exxon», pero «no se distribuirá externamente». Y lo mantuvo en secreto: sabemos de la existencia de estos informes solo porque los periodistas de investigación del *Inside Climate News* lo descubrieron en 2015 (ICN, 2025).

El continuado ataque de ExxonMobil a la regulación del calentamiento global ha seguido una estrategia con diferentes líneas de actuación (Greenpeace, 2002):

— socavar el consenso científico aceptado sobre el cambio climático;
— influir en las políticas del gobierno estadounidense;
— engañar al público y a los responsables políticos sobre las implicaciones económicas de abordar el calentamiento global, y
— dividir a los países desarrollados y en desarrollo en las negociaciones climáticas.

Pero toda esta actividad no se daba únicamente en los Estados Unidos: las compañías de petróleo europeas también han participado de igual manera. En 1986, la compañía petrolera Shell concluyó su informe interno, que lleva el significativo título de *The Greenhouse Effect* (Shell, 1988) y fue escrito por miembros del grupo de trabajo sobre el efecto invernadero de Shell, aunque en el documento se indica que la empresa ya encargaba informes sobre el «efecto invernadero» desde el año 1981. El informe fue sellado como «confidencial», pero fue conocido en el año 2018 gracias al periodista Jelmer Mommers *(De Correspondent,* 2025).

En dicho informe se señalan y destacan los siguientes contenidos y temas:

— Una revisión exhaustiva de la literatura sobre la ciencia climática, incluido el reconocimiento del papel dominante de los combustibles fósiles en el impulso de las emisiones de GEI. Más importante aún, Shell cuantifica la contribución de sus propios productos a las emisiones globales de CO_2.

— Un análisis detallado de los posibles impactos climáticos, incluido el aumento del nivel del mar, la acidificación de los océanos y la migración humana.

— Un estudio de los posibles impactos en el propio sector de los combustibles fósiles que contempla la legislación, el cambio de percepción de la opinión *pública* y las vulnerabilidades de la infraestructura. Shell concluye que es deseable una participación activa del sector energético.

— Una respuesta cautelosa a la incertidumbre de los modelos científicos, presionando para que se consideren sinceramente las soluciones incluso ante los debates existentes.

— Una advertencia para que se tomen medidas políticas con anticipación, incluso antes de que se observen cambios importantes en el clima.

En 2021, se publicó un estudio que demostraba que la petrolera francesa Total también era consciente del calentamiento global ya en la década de 1970. Había recibido advertencias sobre la posibilidad de un calentamiento global en 1971, se informó plenamente sobre el tema en la década de 1980 y comenzó a promover dudas sobre la base científica del calentamiento global a finales de los ochenta. Finalmente, se decidió, concluyendo ya la década de 1990, por una posición de aceptación pública de la ciencia climática mientras promovía el retraso de las políticas o medidas de control de los combustibles fósiles. Además, Total también trabajó en connivencia con Exxon para sembrar dudas sobre el cambio climático (Bonneuil, 2021).

La década de 1990: negando la ciencia

Esta década constituye el paso de la ciencia climática a la política climática. La política climática alcanza la mayoría de edad. En el año 1992, durante la Cumbre de la Tierra de Río de Janeiro, se aprobó «La Convención Marco de las Naciones Unidas sobre el Cambio Climático (CMNUCC)», que había sido adoptada en Nueva York el 9 de mayo de 1992 y que se ratificó el 21 de marzo de 1994. Su objetivo: «estabilizar las concentraciones atmosféricas de GEI en un nivel que impida las peligrosas interferencias antropogénicas con el sistema climático».

El desarrollo de este objetivo supuso que el 11 de diciembre de 1997, en la COP3 de la CMNUCC, se aprobara el Protocolo de Kioto (UNCC, 2025), que acordó una reducción obligatoria de un 5,2% de las emisiones de GEI en el período 2008-2012 con respecto al año base 1990, pero que no entró en vigor hasta el 16 de febrero de 2005 (tras los acuerdos de compra de gas a Rusia por parte de Alemania). Los objetivos numéricos de reducción solo eran vinculantes para los treinta y seis países industrializados que figuran en el «Annex I Parties». El Acuerdo de París todavía quedaba lejos.

A su vez, a finales de la década de 1980, Exxon y otras compañías petroleras coordinaron sus esfuerzos para combatir la ciencia climática, bloquear los controles a los combustibles fósiles y mantener su uso. Uno de los mayores logros en esta dirección fue la creación en 1989 de la Global Climate Coalition (GCC, 2025a), con representación de empresas y corporaciones del carbón, petróleo, gas, acero, automóviles, cemento, química y compañías de servicios públicos, que mediante una variedad de tácticas, entre ellas anuncios en los medios de comunicación, trabajó para sembrar dudas sobre el cambio climático y presionó a los legisladores para bloquear la regulación sobre energías limpias y los tratados climáticos a lo largo de la década de 1990. Se posicionaron para considerar el calentamiento global más una teoría que una realidad.

Tras su fundación en junio de 1989, con dieciséis organizaciones, creció rápidamente. En julio de 1989, cuando la GCC testificó por primera vez ante el Congreso de Estados Unidos, contaba ya con cuarenta y tres miembros. En septiembre de 1990, sumaba setenta y dos, y alcanzó su máximo número de miembros en junio de 1991, cuando contaba ya con setenta y nueve (GCC, 2025b). El número de miembros variaba anualmente entre cuarenta y cinco y setenta hasta que se reorganizó en 2001 como una asociación conformada únicamente por corporaciones comerciales (Brulle, 2022).

La Global Climate Coalition (GCC, 2025a) fue financiada por la industria y se opuso a las regulaciones de los GEI mediante un compromiso y una colaboración directa de sus afiliados desde 1989 hasta 2002. Algunos de los miembros fueron fundadores del API, la Asociación Estadounidense del Gas, el Instituto Eléctrico Edison, la Asociación Nacional del Carbón, la Asociación de Comercializadores de Petróleo de Estados Unidos y la Asociación de Fabricantes de Vehículos de Motor. También hubo una fuerte presencia de corporaciones individuales, entre ellas las grandes petroleras Shell Oil Company, Texaco (ahora parte de Chevron), Amoco Corporation (ahora parte de BP), la refinería y minorista de petróleo ARCO (ahora subsidiaria de Marathon Petroleum), las mineras de carbón BHP-Utah International y Peabody Energy y las empresas de servicios públicos American Electric Power y Pacific Gas and Electric.

Como puede verse, la integraban no solo las empresas centradas en la extracción y producción de los combustibles fósiles, sino un conjunto de compañías y corporaciones que configuraban toda la cadena de valor de estos, como es el caso de las refinerías de petróleo y los fabricantes de vehículos.

En 1997, durante el proceso de negociación de la reunión de diciembre de la COP3 de la CMNUCC que daría lugar al Protocolo de Kioto, se publicaron anuncios en *The Washington Post* y *The*

New York Times (GCC, 2025c). Ese mismo año, el presidente de la Global Climate Coalition, William O'Keefe, que también fue vicepresidente ejecutivo del API, escribió en *The Washington Post* que «los científicos del clima no dicen que quemar petróleo, gas y carbón esté calentando constantemente la Tierra», una declaración que contradecía claramente lo que la industria sabía desde hacía unos cuantos años. ExxonMobil tuvo una influencia significativa a la hora de impedir la ratificación del Protocolo de Kioto por parte de Estados Unidos (Van den Hove *et al.*, 2002).

A través de estas actividades, la GCC desempeñó un papel importante en la obstrucción de la acción climática, tanto en Estados Unidos como a nivel internacional. Participó en cuatro actividades distintas para entorpecer la acción climática (Brulle, 2022):

1) controlar y cuestionar la ciencia climática;
2) encargar y utilizar estudios económicos para amplificar y legitimar sus argumentos;
3) cambiar la comprensión cultural del cambio climático a través de campañas de relaciones públicas, y
4) realizar un cabildeo agresivo ante las élites políticas.

Entre los diferentes mensajes tendentes a generar dudas e incertidumbres, se puede señalar, entre otros, el siguiente: «No arriesguen nuestro futuro económico», con el que se apelaba a la seguridad económica de los ciudadanos y del sistema de una forma totalmente infundada, como demostró claramente Nicholas Stern con la publicación del *Informe Stern* (2006), cuyas principales conclusiones afirman que se necesita una inversión equivalente al 1% del PIB mundial (aunque en una revisión posterior elevó este cálculo al 2%) para mitigar los efectos del actual cambio climático y que, de no hacerse dicha inversión, el mundo se expondría a una pérdida permanente de al menos el 5% del PIB global, aunque podría alcanzar el 20%. Lo importante para los miembros de la GCC era seguir con el negocio de los combustibles fósiles.

La industria de los combustibles fósiles también financió a grupos de expertos y estudios sesgados que contribuyeron a ralentizar el progreso (Franta, 2022). En 1998, el API desarrolló un Plan Global de Comunicación de la Ciencia del Clima que implicaba el reclutamiento de «científicos que compartan las opiniones de la industria sobre la ciencia del clima [y que puedan] ayudar a convencer a periodistas, políticos y al público de que el riesgo del calentamiento global es demasiado incierto para justificar controles sobre los GEI» (Greenpeace, 2002 y 2003).

En 1990 se publicó el primer informe del IPCC FAR, *Climate Change: The IPCC Scientific Assessment* (FAR, 1990), que abrió otra línea de actuación negacionista, consistente en la marginalización de los verdaderos expertos climáticos, en algunos casos a través de una alianza entre la industria y el gobierno, caso de ExxonMobil, que se opuso con éxito a la reelección por parte del gobierno de Estados Unidos del presidente del IPCC. El gobierno de Estados Unidos respaldó a un ingeniero-economista indio, Rajendra Pachauri, en lugar de volver a nombrar a un químico atmosférico, como era Robert Watson, después de un mandato de cinco años (Lawler, 2002).

En el estudio de Supran y Oreskes (2020) *Evaluación de las comunicaciones de ExxonMobil sobre el cambio climático (1977-2014)* se concluye claramente que ExxonMobil ha engañado al público en el pasado sobre el cambio climático. Demuestra que los publirreportajes de ExxonMobil (anuncios pagados de estilo editorial) en *The New York Times* entre los años 1989 y 2004 expresaron abrumadoramente dudas sobre el cambio climático como algo real y causado por el hombre mientras que los artículos revisados por pares y los informes internos escritos por empleados de la empresa en general no lo hacían.

El caso de Peabody Energy, la mayor empresa de carbón de Estados Unidos

El análisis de los documentos judiciales de Peabody Energy muestra que la compañía respaldó y financió a dos docenas de grupos de presión y *think tanks* conservadores, considerados el alma del negacionismo climático. Peabody Energy ha sido la mayor empresa minera de carbón de Estados Unidos, conocida por su rechazo público a la ciencia y la acción climáticas. También dio su apoyo a organizaciones políticas, aunque financió el doble de grupos republicanos que de demócratas. Sin embargo, su financiación a grupos negacionistas solo se reveló después de que se viera obligada a declararse en bancarrota, en abril de 2016, ante la competencia de un gas natural más barato (Goldenberg y Bengtsson, 2016).

Los documentos indican que Peabody ha sido el tesorero de una parte muy sustancial del movimiento negacionista y que apoyó a numerosos grupos involucrados en el bloqueo de las regulaciones ambientales. Este apoyo concuerda con la postura pública de Peabody sobre el cambio climático. La empresa fue más allá que otras compañías de combustibles fósiles y los grupos conservadores al afirmar que el aumento de las emisiones de carbono era beneficioso. En 2015, Peabody, en un escrito remitido al Consejo de Calidad Ambiental de la Casa Blanca, describió el CO_2 como «un gas benigno, esencial para toda forma de vida» —lo que no deja de ser cierto—, pero negó los efectos del aumento de su concentración en la atmósfera terrestre y que en consecuencia provoque un calentamiento global, con los peligros asociados que ello conlleva. «Si bien los beneficios del CO_2 están comprobados, los supuestos riesgos del cambio climático contradicen los datos observados, que se basan en especulaciones admitidas y carecen de una base científica adecuada», escribió la empresa en la carta del 24 de marzo de 2015.

En noviembre de 2015, la empresa acordó divulgar información más completa sobre los riesgos del calentamiento global en virtud de un acuerdo con el fiscal general de Nueva York. Peabody había estado siendo investigada por engañar a los inversores y al público sobre el posible impacto de su negocio en el cambio climático (Shankleman, 2015).

Los *think tanks* conservadores y el negacionismo climático

Las amenazas que percibían las empresas y corporaciones de los combustibles fósiles con respecto a las políticas climáticas que empezaban a desarrollarse para afrontar el cambio climático intensificaron su negacionismo, especialmente a partir de la década de 1990. En consecuencia, las acciones de descrédito de la ciencia climática se aceleraron a partir de 1989, cuando el Instituto George C. Marshall publicó el primer informe de su «Climate Change Policy Program» (CMC, 2012), un programa diseñado para promover la incertidumbre en relación con el consenso científico generalizado acerca de que el clima global estaba cambiando (Oreskes y Conway, 2010).

La estrategia aplicada consistía en crear una contrainteligencia activista para librar una eficaz «guerra de ideas» contra quienes proponían políticas climáticas. Es decir, se entró en una nueva etapa de la negación: el desarrollo de centros de pensamiento conservadores y de escepticismo ambiental. Financiados por organizaciones y corporaciones conservadoras afiliadas al uso de los combustibles fósiles (Brulle, 2014), otros *think tanks* (laboratorios de ideas) afines ideológicamente siguieron el ejemplo del Instituto Marshall con el objetivo de deslegitimar la ciencia climática y limitar la acción pública y política con respecto al clima. Como bien han observado Jacques *et al.* (2008), los *think tanks* conservadores fueron al menos parcialmente responsables del 92% de todos los libros publicados entre 1972 y 2005 que expresaban escepticismo hacia la ciencia climática.

Una clave de su éxito ha sido su capacidad para asentarse como una auténtica «contrainteligencia» y conseguir la misma legitimidad que la ciencia y el mundo académico convencionales, que son etiquetados como «izquierdistas» para validar su papel como «equilibradores». Aunque los *think tanks* tienen más en común con los grupos de interés o de presión que con las instituciones académicas, sus miembros han sido o son tratados por los medios de comunicación como expertos independientes, y a menudo se les prefiere a los representantes de universidades y grupos de interés como fuente de opinión especializada. Este ha sido un logro particularmente notable en el ámbito de las cuestiones científicas y ambientales, ya que en realidad los *think tanks* los integran principalmente analistas políticos, juristas y economistas más que científicos.

Los *think tanks* conservadores han desempeñado un papel fundamental en la promoción del negacionismo climático en los últimos treinta años y lo continúan desempeñando, pues influyen en el debate público y en la formulación de políticas ambientales. A lo largo de las últimas décadas, diversas organizaciones financiadas por la industria de los combustibles fósiles, grupos empresariales y sectores políticos han trabajado activamente para desacreditar la ciencia climática y minimizar la percepción de la urgencia del cambio climático. Son organizaciones que tratan de condicionar las decisiones políticas bien directamente, bien indirectamente, influyendo en la opinión pública y en los medios de comunicación. Algunos las han descrito como una «máquina de la negación» *(denial machine)* (Dunlap y McCright, 2011).

Auge de los think tanks *en la década de 1990*

El auge de los *think tanks* dedicados al negacionismo climático se produjo a partir de los años noventa en respuesta al creciente consenso científico sobre el cambio climático, a la necesidad de regulaciones más estrictas para reducir la emisión de GEI y a la emergencia de políticas climáticas. Varias causas explican su aparición en esta época:

1) Respuesta a la Conferencia de Río de 1992: la Cumbre de la Tierra organizada por la ONU sentó las bases para acuerdos climáticos globales, lo que indujo a sectores industriales a financiar *think tanks* que desacreditaran la ciencia climática y minimizaran la urgencia de actuar (Oreskes y Conway, 2010).
2) Reacción al Protocolo de Kioto (1997): este acuerdo internacional para reducir las emisiones de GEI fue visto como

una amenaza por la industria de los combustibles fósiles, lo que derivó en un aumento de la financiación de *think tanks* para socavar sus bases científicas y políticas (Brulle, 2014).
3) Reacción a los informes de IPCC: el Grupo Intergubernamental de Expertos sobre el Cambio Climático (IPCC, en inglés: The Intergovernmental Panel on Climate Change), que es el órgano internacional de las Naciones Unidas encargado de evaluar los conocimientos científicos relativos al cambio climático y que había publicado en 1990 su primer informe (FAR, 1990), al que siguió un segundo en 1995 (SAR, 1995).

Estrategias empleadas por los think tanks *en el negacionismo climático*

Estas instituciones han desarrollado una serie de estrategias, que han empleado de forma intensa y progresiva, con el objetivo claro de influir generando dudas e incertidumbre sobre la existencia del actual cambio climático, sobre sus causas y, especialmente, sobre las acciones encaminadas a mitigarlo. Entre estas estrategias podemos citar:

1) Producción de estudios e informes sesgados. Muchos *think tanks* publican informes que cuestionan la validez del consenso científico sobre el cambio climático. A menudo, estos documentos están redactados por personas sin formación en clima o financiados por intereses corporativos con conflictos de interés (CarbonBrief, 2011; McCright y Dunlap, 2011).
2) Generación de dudas e incertidumbres en la ciudadanía. Recurriendo a estrategias similares a las empleadas por la industria tabacalera para negar los efectos nocivos del tabaco, los *think tanks* tratan de generar la incertidumbre en torno a la responsabilidad humana en el calentamiento global y a la efectividad de las políticas ambientales y climáticas (Oreskes y Conway, 2010; Proctor, 2012).
3) Influencia política. Mediante el cabildeo y la provisión de «expertos» en audiencias públicas, los *think tanks* han conse-

guido bloquear o debilitar iniciativas destinadas a reducir las emisiones de GEI (Brulle, 2018).

4) Divulgación de información engañosa. Gracias a la colaboración con medios de comunicación afines, redes sociales y sitios web, estos grupos difunden teorías conspirativas y desinformación sobre la crisis climática. Boykoff y Boykoff (2004) muestran claramente, en su análisis del período 1988-2002, que la norma de la información equilibrada en la prensa de prestigio estadounidense —*The New York Times, The Washington Post, Los Angeles Times* y *The Wall Street Journal*— conduce a una cobertura sesgada tanto de las contribuciones antropogénicas al calentamiento global como de las acciones resultantes.
5) Alianzas con sectores industriales. Los vínculos con empresas del sector de los combustibles fósiles han permitido a muchos *think tanks* recibir financiación a cambio de la defensa de intereses económicos que dependen de la explotación de recursos (Brulle, 2014).

Principales think tanks

Entre los principales *think tanks* relacionados con el negacionismo climático, Jacques *et al.* (2008) incluyen una lista de cuarenta y nueve, la mayoría en Estados Unidos, y en mucha menor medida en Canadá, Francia y Reino Unido. Se puede destacar a los siguientes, aunque no de una forma exhaustiva.

— George C. Marshall Institute: fue fundado en 1984, y estuvo activo en los años 1990 y 2000. Se centró en desacreditar la ciencia climática a través de la difusión de estudios sesgados y la defensa de políticas a favor de los combustibles fósiles. Su trabajo ha influido en el discurso negacionista a nivel gubernamental y mediático. Se cerró en septiembre de 2015, pero los responsables de continuar las actividades sobre el cambio climático crearon una organización sin fines de lucro llamada Coalición CO_2. Entre las diferentes entidades que lo financiron estuvieron ExxonMobil Foundation y Charles Koch Fundation (DeSmog, 2025a).

George C. Marshall Institute y el Oregon Institutes publicaron un documento llamado *Oregon Petition* (OP, 1997), que instaba al gobierno de Estados Unidos a rechazar el Protocolo de Kioto y políticas similares. En esa petición y el documento complementario *Revisión de Estudios de la Evidencia de Calentamiento Global* se decía (Monbiot, 2006):

> Los límites propuestos de los GEI que dañan el ambiente entorpecen el avance de la ciencia y la tecnología, y los daños a la salud y el bienestar de la humanidad. No hay evidencia científica y convincente de que el dióxido de carbono, el metano u otros gases de invernadero antropogénicos estén causando o en un futuro previsible causen un calentamiento catastrófico de la atmósfera de la Tierra, cambiando su clima... Estamos viviendo en un entorno cada vez más exuberante de flora y fauna como consecuencia del aumento de dióxido de carbono. Nuestros niños disfrutarán de una Tierra con muchas más plantas y vida animal que esta con la que ahora estamos bendecidos. Esto es un regalo maravilloso e inesperado de la Revolución Industrial.

— Heritage Foundation: es uno de los *think tanks* conservadores más antiguos e influyentes, fundado en 1973 para «formular y promover políticas públicas conservadoras basadas en los principios de la libre empresa, el gobierno limitado, la libertad individual, los valores estadounidenses tradicionales y una fuerte defensa nacional. Se ha manifestado contra regulaciones ambientales y ha promovido narrativas negacionistas sobre el cambio climático. Ha colaborado con legisladores para debilitar acuerdos internacionales sobre reducción de emisiones y ha respaldado políticas que favorecen la industria del petróleo y el carbón. Ha sido un ferviente opositor al Protocolo de Kioto y su base de datos en línea de «expertos en políticas» incluye a muchos escépticos del cambio climático. Ha recibido financiación de ExxonMobil y de las fundaciones Koch (DeSmog, 2025b).

En el marco del Project 2025, propone una serie de políticas radicales contra el cambio climático que incluyen la reducción drástica de las restricciones a la extracción de combustibles fósiles, la eliminación de la inversión en energías renovables y el desmantelamiento de la Agencia de Protección Ambiental (EPA), creada en 1970 por el presidente republicano Richard Nixon (Chretien, 2023).

— Heartland Institute: desde su fundación en 1984, su misión es descubrir, desarrollar y promover soluciones de libre mercado a los problemas sociales y económicos. Sus miembros lo definen como un centro de acción y de pensamiento. Desempeña un papel esencial en el movimiento por la libertad personal y por un gobierno limitado. Es bien conocido por promover el escepticismo climático, organiza una conferencia anual para escépticos y desempeña un papel importante de difusión del negacionismo climático. Desde la década de 2000 ha financiado campañas para cuestionar el cambio climático y desprestigiar a los científicos del clima promoviendo una publicidad engañosa para socavar la credibilidad de sus hallazgos. Una de sus fuentes de financiación ha sido, entre otras, la Charles Koch Foundation (DeMelle, 2012). Se mantiene totalmente activo, como puede comprobarse en los últimos títulos de sus pódcast y vídeos: Climate Models Say One Thing, Real Temperatures Say Another (24 de febrero de 2025), que contiene una clara manipulación de datos y fuentes.

— Competitive Enterprise Institute (CEI): se fundó en 1984 y se describe como una organización sin ánimo de lucro dedicada a promover políticas públicas, los principios del gobierno limitado, la libre empresa y la libertad individual. Ha impulsado políticas contra la regulación ambiental y minimizado los impactos del cambio climático. ExxonMobil ha sido uno de sus principales financiadores. El CEI cuestiona el alarmismo sobre el calentamiento global, aboga por el acceso a energía asequible y se opone a las políticas de racionamiento energético, a la legislación de topes y el comercio de emisiones y a la regulación de las emisiones de GEI por parte de la EPA (DeSmog, 2025c).

— Cato Institute: fundado con apoyo de los hermanos Koch, ha impulsado narrativas en contra de la regulación de emisiones. Es un centro de estudios libertario, refundado en 1977, aunque se constituyó originalmente en 1974 con el nombre de «Fundación Charles Koch», y compartía la misma dirección que Koch Industries en Kansas; actualmente tiene su sede en Washington. Su misión es generar, difundir y aumentar la comprensión de las políticas públicas basadas en los principios de la libertad individual, el gobierno limitado, el libre mercado y la paz. Su intención es crear sociedades libres, abiertas y civiles fundadas en principios libertarios. Además de los millones de dólares de sus cofundadores, los hermanos Koch, también ha recibido financiación de ExxonMobil (DeSmog, 2025d).

En su declaración pública sobre el calentamiento global, afirma aceptar que es real, pero alude sutilmente a la postura del grupo que se opone a la política climática y sugiere, en contra de la opinión científica mayoritaria, que hay tiempo de sobra para desarrollar tecnología que lo combata:

> El calentamiento global es real, y la actividad humana ha contribuido a él desde 1975. Sin embargo, también es un problema muy complejo y difícil que puede provocar acciones muy imprudentes en respuesta a la presión política. Si bien existen numerosas propuestas legislativas para reducir sustancialmente las emisiones de dióxido de carbono, no existe un conjunto de tecnologías operativas o probadas que puedan lograr los objetivos de dicha legislación. Afortunadamente, y en contra de gran parte de la retórica en torno al cambio climático, hay tiempo de sobra para desarrollar dichas tecnologías, lo que requerirá una enorme inversión de capital por parte de las personas (CATO, 2018).

El contramovimiento formado por los *think tanks* conservadores que niegan el cambio climático ha sido más activo en las últimas dos décadas en Europa, y su discurso se asemeja al de las organizaciones negacionistas equivalentes de Estados Unidos. Comparten una ideología neoliberal, es decir, de defensa del libre mercado y de la mínima intervención gubernamental, adoptan posiciones políticas cercanas al conservacionismo político o incluso a la extrema derecha y han influido en las organizaciones políticas afines a estas posiciones (Almiron y Moreno, 2020). Entre los ocho *think tanks* identificados como difusores de ideas negacionistas en Europa hay organizaciones de seis países, y la mayor parte fueron fundados entre los años 2003 y 2009:

— En el Reino Unido, el Centre For Policy Studies (CPS), la Global Warming Policy Foundation (GWPF) y el Institute of Economic Affairs (IEA).
— En Francia, el Institut Économique Molinari (IEM).
— En Alemania, el Europäisches Institut für Klima und Energie (EIKE).
— En Austria, el Austrian Economic Center (AEC).
— En Suiza, el Liberales Institut (LI).
— En España, el Instituto Juan de Mariana (IJM), y cabe señalar también el blog de Fernando del Pino Calvo-Sotelo (fpcs, 2025).

El contramovimiento: una estructura de obstrucción

El contramovimiento del cambio climático ha ejercido, especialmente desde Estados Unidos, una importante influencia en la postergación de los esfuerzos para abordar la situación. Este contramovimiento se ha basado principalmente en el papel de los *think tanks* conservadores mediante una estructura de coaliciones políticas clave para oponerse a la acción climática. Junto con sus asociaciones, estas coaliciones han servido como un mecanismo central de coordinación de esfuerzos contra los límites a las emisiones de carbono. Estas coaliciones han reunido y reúnen recursos de un gran número de corporaciones y ejecutan sofisticadas campañas políticas y culturales diseñadas para contrarrestar las iniciativas que tratan de afrontar el cambio climático. Más de dos mil organizaciones integraban estas coaliciones, y un núcleo de 179 formaba también parte de otras. Las organizaciones de los sectores del carbón y de servicios públicos de electricidad fueron las más numerosas e influyentes de todas las que componían estas coaliciones (Brulle, 2019).

Este contramovimiento es altamente sofisticado, opera en múltiples ámbitos institucionales y aplica una amplia variedad de tácticas coordinadas. Entre los actores clave de la maquinaria negacionista se incluyen (CSSN, 2021):

1. Corporaciones y asociaciones comerciales: desde la década de 1990, empresas individuales como ExxonMobil, Peabody Coal, Dow Chemical, Dupont, Ford y General Motors han sembrado dudas sobre el cambio climático, junto con asociaciones empresariales muy influyentes que representan a estos sectores.
2. Coaliciones de oposición y grupos fachada: muchas de estas mismas corporaciones han liderado la formación de coaliciones, que siempre llevan nombres optimistas, para coordinar sus esfuerzos de cabildeo y persuasión pública con el fin de detener o ralentizar las medidas regulatorias sobre el cambio climático. Algunos ejemplos incluyen la Coalición Mundial por el Clima, la Alianza para la Energía y el Crecimiento Económico, la Coalición para la Elección de Vehículos y la Coalición para una Energía Asequible y Fiable. Las corporaciones han intentado durante mucho tiempo ocultar sus acciones antiambientales a los medios de comunicación y al público, y una estrategia crucial para conseguirlo consiste en formar grupos fachada para realizar su trabajo sucio.
3. Agencias de relaciones públicas: ante la creciente preocupación por el cambio climático global, las empresas de combustibles fósiles han contratado a agencias de relaciones públicas para desarrollar campañas integrales que promuevan una imagen de ellas y se opongan a la mitigación del cambio climático. Es el caso de la empresa petrolera BP con el tema de la huella de carbono, por ejemplo. Estas empresas han sido actores clave en la obstrucción de la acción climática.
4. Grupos/organizaciones de defensa de la naturaleza: los grupos de defensa de la naturaleza son creados por otros actores (especialmente corporaciones y grupos fachada para campañas a corto plazo, diseñados siguiendo las directrices de agencias de relaciones públicas) para acometer acciones de protesta popular protagonizadas por trabajadores y ciudadanos que se oponen a políticas y propuestas específicas

de mitigación del cambio climático, mientras ocultan a sus patrocinadores corporativos. Ejemplo de ello son las «Giras Aéreas» de 2008, patrocinadas por los hermanos Koch, y las manifestaciones de «Ciudadanos de la Energía» de 2009.

5. Filántropos y fundaciones conservadoras: las fundaciones familiares de representantes políticos conservadores e intereses empresariales apoyan iniciativas y esfuerzos a largo plazo como la financiación de centros de investigación, la promoción del conservadurismo en el ámbito académico y el lanzamiento de campañas de relaciones públicas para promover la ideología de libre mercado y una imagen positiva de las empresas. Los esfuerzos a medio plazo, como la traslación de ideas desde el ámbito académico o las justificaciones para los recortes de impuestos corporativos, se financian a sí mismos al estimular propuestas políticas. Las iniciativas a corto plazo incluyen la financiación del cabildeo contra la regulación y la organización de grupos de presión artificial que dan la impresión de una oposición ciudadana generalizada.
6. Centros de investigación conservadores: una red de centros de investigación conservadores son los principales creadores y un importante amplificador de la negación y la obstrucción del cambio climático. Algunos ejemplos son la Heritage Foundation, el Heartland Institut y el Competitive Enterprise Institute.
7. Científicos inconformistas: un pequeño número de científicos inconformistas contribuye a los esfuerzos negacionistas al promover la incertidumbre sobre el cambio climático y recibe una atención desproporcionada en los medios de comunicación tradicionales, especialmente en los de derechas.
8. Medios de comunicación conservadores: esta cámara de resonancia se ha convertido en el mayor amplificador de la negación y la obstrucción del cambio climático, incluyendo la radio, Fox News, periódicos conservadores y columnistas de gran difusión.

9. Políticos republicanos: la prolongada adhesión del Partido Republicano a la ideología antigubernamental ha generado oposición a cualquier esfuerzo por implementar medidas de mejora, como la reducción de las emisiones de carbono. Esta postura precedió al ascenso de Donald Trump.
10. Blogueros negacionistas: el auge de la blogosfera en la década del 2000 abrió nuevas oportunidades para crear y difundir desinformación sobre el cambio climático, y comenzaron a aparecer numerosos blogs y otros sitios web «escépticos» (como se autodenominan). Los blogs escépticos se complementan con diversas redes sociales y canales en línea para difundir la negación del cambio climático, como Twitter, Facebook, YouTube y las secciones de comentarios de los usuarios de los servicios de noticias en línea.

El objetivo de todo este conjunto de esfuerzos coordinados es impulsar la toma de decisiones políticas para promover iniciativas que retrasen la acción contra el cambio climático y continuar desarrollando la civilización de los combustibles fósiles. Actúan específicamente para:

1. Mantener, transformar o amoldar la agenda pública para que el enfoque deseado se considere sensato y asegurar que la opinión pública no apoye la acción climática.
2. Influir en la agenda mediática para promover perspectivas específicas que cuestionen las acciones para abordar el cambio climático.
3. Influir en el proceso político para conseguir que se acepten políticas que no apoyen la acción climática y de esta forma parar o retrasar la necesaria transición energética.

Todo ello mediante una estructura obstruccionista, mucho más sofisticada que la «máquina de la negación» *(denial machine)* descrita por Dunlap y McCright en el año 2011.

El papel de los *think tanks* conservadores en el desarrollo del negacionismo climático ha sido determinante para la persistencia de narrativas que obstaculizan la lucha climática. El impacto de estas estrategias ha sido significativo, pues de hecho ha retrasado la acción climática y perpetuado el uso de combustibles fósiles. La desinformación programada ha contribuido a la polarización del debate público, obstaculizando la implementación de medidas efectivas contra el cambio climático. Además, ha generado desconfianza en la ciencia, debilitando el respaldo social a políticas ambientales basadas en la evidencia.

Entre las diversas narrativas y estrategias empleadas para desacreditar la ciencia climática, una de ellas ha sido la de presentar el seguimiento y la preocupación por el cambio climático como una especie de «religión» o «dogma». Algunas de las tácticas utilizadas en esta narrativa son las siguientes:

— La desacreditación de la evidencia científica como «creencia»: se argumenta que las advertencias sobre el cambio climático no se basan en hechos verificables, sino en una «creencia dogmática» que no admite cuestionamientos.
— El uso de términos como «herejía» y «apóstatas»: se presenta a los científicos climáticos como «sacerdotes» de una doctrina inamovible y se tilda de «herejes» a quienes cuestionan el consenso científico, insinuando que los defensores de la acción climática tratan de silenciar disidencias de manera similar a una institución religiosa.
— La comparación con cultos apocalípticos: se afirma que el discurso climático es una forma de «catastrofismo» comparable al esgrimido por sectas que predicen el fin del mundo, y para ello se utilizan términos como «fanatismo climático» para asociar la lucha contra el cambio climático con exageraciones y miedo infundado.
— La crítica a figuras públicas y activistas: personajes como Greta Thunberg son descritos como «profetas» o «mesías» para restar validez a sus argumentos científicos al retratarlos como parte de un culto ideológico.
— La falacia del «impuesto climático como diezmo»: se asegura que las medidas para reducir las emisiones de carbono (como

impuestos verdes o regulaciones) son similares a los diezmos religiosos, argumentando que los gobiernos quieren controlar a la población mediante la culpa y el sacrificio.

Esta narrativa tiene como objetivos deslegitimar el consenso científico al equipararlo con una creencia no basada en pruebas, fomentar la desconfianza en instituciones científicas y ambientales, justificar la inacción política y económica frente al cambio climático, dividir a la opinión pública y generar confusión. Como sabemos, la ciencia se basa en pruebas, mediciones y modelos que han sido validados por décadas de investigación, y compararla con una religión es una táctica de desinformación que trata de sembrar dudas y retrasar acciones urgentes para afrontar la actual crisis climática.

Consecuencias del negacionismo climático impulsado por los *think tanks*

Su influencia en la opinión pública y en los medios políticos ha permitido que los intereses económicos continúen prevaleciendo sobre la urgencia de adoptar medidas de reducción de emisiones. Según un editorial de *Nature* de julio de 2011:

> A pesar de criticar a los científicos del clima por su exceso de confianza en sus datos, modelos y teorías, el Instituto Heartland proclama una confianza manifiesta en estudios individuales y grandes interpretaciones [...] hace muchas afirmaciones audaces que a menudo son cuestionables o engañosas [...]. Muchos escépticos del clima parecen revisar los datos y estudios científicos no como científicos, sino como abogados, magnificando las dudas y tratando las explicaciones incompletas como falsedades en lugar de como señales de progreso hacia la verdad [...]. El Instituto Heartland y sus similares no intentan construir una teoría de nada. Han puesto el listón mucho más bajo y se conforman con enturbiar las aguas.

En opinión de Almiron y Moreno (2020), totalmente compartida, el neoliberalismo económico e ideológico y el negacionismo del cambio climático no son en realidad dos fenómenos separados, sino uno solo en evolución, las dos caras de una misma moneda. El movimiento conservador y reaccionario, que ha obstruido tan eficazmente la acción climática en Estados Unidos, aunque está siendo menos visible y efectivo en Europa, no es nada desdeñable. Llevan décadas acumulando argumentos negacionistas con respecto a la capacidad del mercado, la desigualdad social y el agotamiento de los recursos naturales. Negar la crisis climática, sus causas antropogénicas o su gravedad se inscribe en una lógica irracional para proteger los intereses de unas élites. Élites que se han visto favorecidas por los esfuerzos de los *think tanks* (Almiron, 2017).

Financiación

Es conocida la financiación que han hecho las compañías de combustibles fósiles, en especial las grandes, para impulsar las diferentes estrategias y narrativas del negacionismo climático a lo largo de los años desde la década de 1950. Solo se dispone de información parcial al respecto, ya que es muy complicado y difícil saber las cantidades realmente destinadas a ello. Así pues, aquí se considerarán solamente algunas informaciones contrastadas sobre este tipo de financiación. Todos estos grupos negacionistas han necesitado y obtenido una financiación procedente principalmente de las siguientes fuentes:

- Empresas de combustibles fósiles: compañías como ExxonMobil y Chevron han realizado donaciones a *think tanks* con el fin de influir en el debate climático (Brulle, 2014).
- Fundaciones privadas y multimillonarios: la familia Koch, a través de la Fundación Charles Koch y otras entidades, ha sido una de las principales financiadoras del negacionismo climático apoyando a organizaciones como el Cato Institute y la Heritage Foundation (Mayer, 2016).
- Grupos industriales y cámaras de comercio: la Cámara de Comercio de Estados Unidos y el API han canalizado fon-

dos hacia *think tanks* que defienden políticas favorables a los combustibles fósiles y cuestionan la ciencia climática (Dunlap y McCright, 2015).

— Redes de financiamiento anónimas: organizaciones como Donors Trust y Donors Capital Fund permiten que individuos y empresas realicen donaciones sin revelar su identidad, una falta de transparencia que impide saber quién financia la desinformación climática. Brulle (2018) proporciona una estimación de los gastos de cabildeo relacionados con la legislación sobre cambio climático en el Congreso de los Estados Unidos entre el año 2000 y 2016. Durante este período, se destinaron más de 2.000 millones de dólares a esta actividad, lo que constituye el 3,9% del gasto total en cabildeo. Los principales sectores involucrados fueron las corporaciones de combustibles fósiles y transporte, los servicios públicos y las asociaciones comerciales afiliadas. Los gastos de estos sectores eclipsan los de las organizaciones ambientales y las corporaciones que promueven las energías renovables. Los niveles de gasto dependen de la propuesta y posible aprobación de legislación climática significativa.

Greenpeace lanzó en 2004 ExxonSecrets.org, que alberga una base de datos sobre la financiación de Exxon a personas, *think tanks* y grupos fachada. En total, se han encontrado más de treinta y tres millones de dólares que fueron destinados a más de sesenta organizaciones diferentes desde 1998, un año después de la entrada en vigor del Protocolo de Kioto. Los datos provienen de los informes de donaciones publicados por Exxon y de los formularios 990 del IRS de la Fundación ExxonMobil (DeSmog, 2015).

Mientras el mundo se reunía en París para apoyar la acción climática en la COP21 del año 2015, las compañías de petróleo redoblaban sus tácticas y los esfuerzos de obstrucción. Un informe de InfluenceMap (2016) calculó el gasto en obstruccionismo climático anual de las grandes petroleras. Se analizó a dos gigantes de los combustibles fósiles, ExxonMobil (veintisiete millones de dólares) y Royal Dutch Shell (veintidós millones de dólares), y a tres asociaciones corporativas: el API (sesenta y cinco millones de dólares) y otras dos más pequeñas, la Asociación del Petróleo de los Estados Occidentales (WSPA) en Estados Unidos y la Asociación Australiana de Producción y Exploración de Petróleo (APPEA), que gastaron nueve millones; en total: 114 millones de dólares al año para eludir la legislación sobre el cambio climático. InfluenceMap afirma que los canales a través de los cuales las corporaciones influyen en la legislación son, obviamente, muy difíciles de rastrear, pero estima que las compañías de combustibles fósiles más grandes del mundo y otros sectores industriales gastan más de 500 millones de dólares al año para obstruir las leyes climáticas.

Tres años más tarde, InfluenceMap (2019) elaboró otro informe en el que analizaba a las cinco mayores petroleras que cotizan en bolsa (ExxonMobil, Royal Dutch Shell, Chevron, BP y Total) y concluyó que habían invertido más de mil millones de dólares en campañas engañosas de imagen y *lobby* relacionadas con el clima. La investigación revela una tendencia a promover campañas cuidadosamente diseñadas y con mensajes positivos combinadas con campañas de *lobby* negativas sobre el cambio climático. Una tendencia clave es el uso estratégico de las redes sociales. Este gasto, además, se destina a la expansión de las operaciones, con ventas anuales combinadas de más de un billón de dólares y ganancias de 55.000 millones de dólares en el año 2018.

Situación actual

Por primera vez, el 28 de octubre de 2021, un subcomité del Congreso de Estados Unidos (HHRG, 2021) interrogó bajo juramento a ejecutivos de las principales compañías de petróleo de Estados Unidos —Exxon, BP, Chevron y Shell— y a los responsables de dos poderosos grupos de presión acusados de actuar como organizaciones fachada para las grandes petroleras —el American Petroleum Institute (API) y la Cámara de Comercio de Estados Unidos— sobre la larga historia de acciones y esfuerzos para desacreditar y negar la evidencia de que la quema de combustibles fósiles ha impulsado el calentamiento global. El director ejecutivo de Exxon, Darren Woods, dijo a los legisladores que las declaraciones públicas de su empresa «son y siempre han sido veraces» y que la empresa «no difunde desinformación sobre el cambio climático». Ninguno de los ejecutivos petroleros respondió afirmativamente cuando se les pidió que se comprometieran voluntariamente a someterse a una auditoría externa para averiguar si financiaban la desinformación climática o a grupos en la sombra.

Hoy en día, la mayoría de las compañías petroleras se abstienen de negar por completo la ciencia climática, pero continúan luchando contra los controles sobre los combustibles fósiles y se promocionan como líderes en energía limpia a pesar de que la gran mayoría de sus inversiones sigue estando destinada a los combustibles fósiles (InfluenceMap, 2022).

En Estados Unidos, la legislación y la acción climática están siendo bloqueadas nuevamente por un presidente que mantiene estrechos vínculos con la industria de los combustibles fósiles. «¡Perfora, nena, perfora!» *(drill, baby, drill)* fue un eslogan de la campaña republicana de 2008 que proclamaba el apoyo al aumento de la extracción de petróleo y gas como fuentes de energía adicionales y que cobró mayor relevancia tras ser utilizado por la candidata republicana a la vicepresidencia, Sarah Palin, durante el debate vicepresidencial. El presidente Donald Trump utilizó la frase repetidamente durante su campaña presidencial de 2024, y no solo la utilizó en su alocución durante la Convención Nacional Republicana de 2024, sino también en su discurso inaugural de 2025. Instó a las compañías estadounidenses de petróleo y gas a garantizar la seguridad energética y el desarrollo económico del país y señaló: «Somos una nación rica. Es ese oro líquido bajo nuestros pies el que nos ayudará a mantener nuestro *statu quo*» *(Forbes,* 2025).

Una de sus primeras decisiones ha sido, como en el año 2016, abandonar el Acuerdo de París, que no será efectivo hasta enero de 2026. Además, ha promulgado una serie de medidas para el sector energético mediante decretos presidenciales. Estas medidas incluyen un intento de exonerar a la industria del petróleo y el gas de las regulaciones de emisiones más estrictas implementadas durante la administración Biden, que abarcan desde la postura del expresidente sobre cero emisiones netas hasta marcos regulatorios para todo el sector. También se espera la eliminación de los subsidios verdes, junto con una pausa en la aprobación de parques eólicos marinos.

El director de la Agencia de Protección Ambiental (EPA), Lee Zeldin, ha anunciado que la administración Trump «reconsiderará» las normas federales que impulsaron a las compañías eléctricas a planificar la reducción de sus niveles de contaminación. «Cuando las centrales de carbón estén abiertas, sean viables y prosperen —escribió la EPA en una hoja informativa que acompaña al anuncio—, no tendremos que depender de las fuentes de energía de nuestros adversarios». Este cambio radical abre las puertas para que las compañías eléctricas mantengan sus centrales de carbón en funcionamiento durante décadas sin reducir sus emisiones (Kelly, 2025).

En la Unión Europea las cosas son un poco más complicadas. En 2019 se adoptó el Pacto Verde Europeo (conocido como *Green Deal),* que supone su contribución al Acuerdo de París, define su estrategia de crecimiento y consiste en un conjunto de iniciativas políticas que la sitúan en el camino hacia una transición ecológica con el objetivo último de alcanzar la neutralidad climática para el año 2050 (UE, 2025). En su momento, la iniciativa tuvo un amplio respaldo político. En la actualidad está siendo fuertemente cuestionado, no solo por la extrema derecha, que la califica de «fanatismo climático», sino también por el Partido Popular Europeo, que ha mostrado una posición de escepticismo con la agenda verde europea.

Pero, como bien indica Pedro Fresco (2024):

> Importa más China que lo que haga Trump. En este sentido, en China está habiendo una apuesta decidida por las energías limpias, tanto para uso propio como para su exportación masiva hacia el resto del mundo. Esta apuesta de China no depende de coyunturas políticas ni de los acuerdos con Estados Unidos, y la mejor prueba de ello es que el compromiso chino con la neutralidad de emisiones en 2060 se hizo de forma unilateral y coincidiendo con la primera presidencia del propio Trump.

Desde 2020, más de cien organizaciones sin ánimo de lucro lideradas por la Heritage Foundation, bien conocida por su negacionismo y su obstrucción al cambio climático durante décadas, se han unido como asesoras del documento de 900 páginas del Proyecto 2025 *Mandato para el Liderazgo,* un plan para reformar rápidamente, o alterar radicalmente, el gobierno estadounidense mediante el cierre de oficinas, la derogación de regulaciones y la sustitución de miles de empleados del sector público por aliados políticos cuidadosamente seleccionados (Fassler, 2024).

El proyecto insta a revertir las políticas de acción climática, reducir drásticamente las restricciones a la extracción de combustibles fósiles, eliminar la inversión estatal en energías renovables y desmantelar la Agencia de Protección Ambiental (EPA). Se afirma que las organizaciones supranacionales como la Unión Europea (UE), las Naciones Unidas y la Organización Mundial de la Salud «nos roban nuestra soberanía individual». Otra de las acciones inmediatas de Trump ha sido abandonar la Organización Mundial de la Salud (UN, 2025).

«El Proyecto 2025 no tiene parangón en la historia del movimiento conservador, tanto por su tamaño y alcance como por la organización de grupos diferentes bajo una misma bandera», escribió la Heritage Foundation en un comunicado de prensa de octubre de 2023 (HF, 2023). Hacen hincapié repetidamente en el tamaño y la diversidad de su consejo asesor y sugieren que sus numerosos «socios de coalición» forman parte de un amplio «esfuerzo de todo el movimiento» que representa una variedad de puntos de vista independientes.

Sin embargo, un análisis de los formularios de declaración financiera muestra que un mismo pequeño grupo de donantes apoya una y otra vez a los asesores del Proyecto 2025, lo que difícilmente indica diversidad ideológica. De las 110 organizaciones sin fines de lucro que apoyan formalmente el Proyecto 2025, casi cincuenta recibieron importantes donaciones de las mismas seis fuentes desde 2020. Estas seis redes de donantes están vinculadas a las fortunas familiares de un puñado de ricos industriales que llevan años trabajando para flexibilizar las regulaciones ambientales y promover la negación del cambio climático (Fassler, 2024).

Muchas de las organizaciones financiadas por estas seis familias tienen estrechos vínculos con Donald Trump y su vicepresidente J. D. Vance. Y aunque ambos han negado repetidamente su relación con el Proyecto 2025, un creciente número de informes al respecto demuestra que mienten. Su negativa a reconocerlo se ha vuelto especialmente incómoda para Vance habida cuenta de que escribió el prólogo de *Dawn's Early Light,* libro del presidente de la Heritage Foundation, Kevin D. Roberts, que describe su visión para el Project 2025.

Otra investigación publicada en DeSmog y *The Guardian* reveló que Shell USA Company Foundation, asociada a la compañía petrolera Shell, hizo donaciones al menos a catorce grupos integrados en el consejo asesor del Project 2025, incluidos el Heartland Institute y la Heritage Foundation (Dembicki, 2024).

El grupo que elaboró el Project 2025 contempla propuestas para desmantelar la Unión Europea. Durante una reunión a puerta cerrada se debatió un nuevo documento, elaborado por los grupos de presión MCC (partido polaco) y Ordo Iuris (grupo húngaro) y titulado *El gran reinicio: restaurando la soberanía de los Estados miembros en el siglo XXI,* donde se propone desmantelar la Comisión Europea y el Tribunal de Justicia de la Unión Europea. En él se afirma que la Unión Europea se está convirtiendo en un Estado casi federal, que limita el poder de decisión nacional e impone políticas ideológicas a sus miembros, sin mandato alguno. Según este plan, la Unión Europea dejaría de funcionar tal como la conocemos actualmente y pasaría a llamarse Comunidad Europea de Naciones (CER) (Bright, 2025).

A modo de desenlace

A pesar del aumento de los fenómenos meteorológicos extremos como síntoma ya de alteraciones climáticas bruscas y del crecimiento exponencial de los indicadores que alertan de cambios lentos pero progresivos, y a pesar de la existencia de un mayor número de evidencias y un reconocimiento, todavía limitado, de que estamos forzando un cambio climático antrópico, el negacionismo climático continúa plenamente activo desplegando su amplio abanico de falsedades, mentiras y descréditos ideológicos y manteniendo, después de más de setenta años, el mismo objetivo: convencernos de que debemos seguir usando y quemando combustibles fósiles.

Más fuentes de información

El número de documentos y estudios que retratan a la industria de los combustibles fósiles y revelan su continuado posicionamiento de negacionismo climático es enorme. A continuación se indican tres de las principales fuentes que recogen este activismo negacionista y en las que se puede encontrar más información sobre este tema.

Inside Climate News (ICN, 2025)

Son una serie de nueve estudios, con el título común de *Exxon The Road Not Taken,* que investiga y analiza el compromiso de Exxon con la ciencia emergente del cambio climático. Es el resultado de una investigación de ocho meses realizada en 2015. Abarca cuatro décadas y se basa en fuentes primarias, incluidos documentos internos de Exxon que datan de finales de la década de 1970, entrevistas con exempleados y otras pruebas publicadas por primera vez por ICN. Fue nombrada finalista del Premio Pulitzer al Servicio Público en 2016.

Se verifica que hace décadas Exxon realizó una investigación climática puntera y luego trabajó en la vanguardia de la negación climática con el fin de sembrar dudas sobre el consenso científico que sus propios científicos habían confirmado.

En una reunión en la sede de Exxon Corporation, un científico de alto rango de la compañía, James F. Black, se dirigió al comité de gestión para transmitirles un mensaje aleccionador: el CO_2 proveniente del uso mundial de combustibles fósiles calentaría el planeta y podría eventualmente poner en peligro a la humanidad. «En primer lugar, existe un acuerdo científico general de que la actividad humana probablemente está influyendo más en el clima global a través de la liberación de CO_2 proveniente de la quema de combustibles fósiles», dijo Black, según una versión escrita que registró más tarde. Fue en julio de 1977 cuando los líderes de Exxon recibieron esta contundente evaluación, mucho antes de que la mayor parte del mundo hubiera oído hablar de la inminente crisis climática (Banerjee *et al.,* 2015).

Climate Investigations Center (CIC, 2025)

El Centro de Investigaciones Climáticas (CIC) se creó en 2014 para hacer un seguimiento de las personas, corporaciones, asociaciones comerciales, organizaciones políticas y grupos que trabajan para retrasar la implementación de políticas ambientales y energéticas necesarias para afrontar la actual crisis climática. Los principales temas considerados incluyen:

— Los esfuerzos de la industria de los combustibles fósiles y sus aliados para estancar el proceso de políticas climáticas.
— Las campañas de negación de la ciencia climática generadas por intereses industriales.
— Las últimas evaluaciones de impacto de la ciencia climática y la reacción en su contra.
— Los avances en la ciencia de la atribución que vinculan los impactos climáticos con el calentamiento global.

Gestiona los archivos de Climate Files (2025), una base de datos que contiene 403 documentos, fechados entre 1953 y 2017, referentes a las actividades de las empresas y corporaciones de los combustibles fósiles orientadas al negacionismo climático. Y es solamente una lista parcial de las publicaciones de Climate Files, organizadas por fecha de publicación y con subsecciones específicas para Shell, Exxon y Global Climate Coalition.

DeSmog (2025e)

DeSmog se fundó en enero de 2006 para aclarar y visualizar las campañas públicas lanzadas como ataques a la ciencia climática y a las soluciones al cambio climático. Se convirtió rápidamente en la principal fuente del mundo de información precisa y basada en hechos sobre las campañas de desinformación sobre el calentamiento global. Trabaja para exponer la desinformación corporativa de los principales actores con intereses en el sector de los combustibles fósiles, incluidos ExxonMobil, Koch Industries y otros con un historial documentado como opositores a la ciencia y la acción climática. DeSmog ha ganado múltiples premios de Liderazgo en Comunicación Social.

Sus bases de datos de investigación brindan información vital sobre más de ochocientas organizaciones e individuos responsables de difundir información errónea sobre una variedad de temas de energía y ciencia.

En muchos casos, DeSmog se encuentra con las mismas tácticas y con muchas de las personas que ya aparecían en sus primeras investigaciones sobre la industria de la negación climática y que ahora están sentadas junto a una nueva generación de lobistas, desacreditando las posibles soluciones al cambio climático y promoviendo cuestionables «balas de plata».

Desde 2014, DeSmog, con sede en el Reino Unido, ha expuesto la influencia de los *think tanks* en los gobiernos, ha rastreado la conexión entre los activistas del Brexit y los negacionistas del cambio climático y ha ampliado la comprensión del público sobre la agenda neoliberal radical.

THINKClima Data Collection & Think Tank network Research Initiative

La Think Tank Network Research Initiative (TTNRI, 2025), en colaboración con el proyecto de investigación THINKClima, ha desarrollado una base de datos con información sobre *think tanks* europeos que difunden discursos sobre el negacionismo climático, sus integrantes y vínculos. Combina datos recopilados por miembros del proyecto THINKClima y con otros anteriores del TTNRI. Estudia la influencia política de los *think tanks* y cómo aumentan su poder mediante la formación de redes. Desde su fundación en 2010, ha recopilado continuamente datos sobre *think tanks* y redes de *think tanks* en todo el mundo.

El objetivo principal del proyecto THINKClima, que se realiza en el marco de la Universitat Pompeu Fabra y está dirigido por la profesora Núria Almiron, es analizar si existe un discurso coherente de negación o escepticismo del cambio climático entre los *think tanks* en Europa y, si es así, identificar a sus diseminadores, sus narrativas y su impacto.

Capítulo 6

Mitos y bulos versus evidencias y análisis científico

Negacionismo versus escepticismo climático

La Real Academia Española distingue muy bien entre negacionismo y escepticismo. Define negacionismo como la «actitud que consiste en la negación de determinadas realidades y hechos históricos o naturales relevantes» frente a escepticismo, que es «desconfianza o duda de la verdad o eficacia de algo». El escepticismo, en un sentido amplio, es cualquier actitud de incredulidad, duda, desconfianza, incertidumbre, suspicacia, recelo, temor hacia el conocimiento de algo.

Algunos sectores sociales se autodefinen como escépticos, lo que significa que, sin negar el cambio climático, cuestionan la gravedad del problema. Sin embargo, cuando se revisan en detalle los argumentos y narrativas utilizados, lo que se observa es que ignoran los hechos, las evidencias y la ciencia. Eso no es escepticismo; la palabra apropiada para describir ese comportamiento es «negación»; la negación de la realidad y la descalificación del que discrepa. No obstante, se considera que negacionismo, junto con escepticismo, es un término ajustado puesto que aborda todos los contextos, desde el cuestionamiento de la ciencia hasta la negación de las medidas que hay que adoptar.

El negacionismo climático es un fenómeno social que ha adquirido relevancia en el debate público favorecido especialmente por el desarrollo digital. La expresión designa un rechazo sistemático de la evidencia científica en un intento por influir en la opinión pública para favorecer los intereses de las corporaciones y empresas de los combustibles fósiles.

Un negacionista es alguien que se opone a una conclusión, que está cerrado a las evidencias y que puede cambiar las reglas del juego cuando se refutan sus argumentos. Un escéptico es una persona que duda, pero que puede estar abierta a considerar evidencias razonables. El debate y la discusión sobre el calentamiento global resultan confusos por el uso erróneo del término «escéptico». No todos los individuos que se autoproclaman escépticos del cambio climático son negacionistas. No obstante, una mayoría de expertos afirma con rotundidad que el escepticismo es una forma enmascarada de negacionismo. Pero prácticamente todos los negacionistas se han etiquetado como escépticos (CFI, 2015).

El discurso continuado del negacionismo climático ha diseñado una estrategia de confrontación sistemática que ha ido adquiriendo progresivamente un elevado nivel de sofisticación y afectación focalizado en diferentes frentes, tales como la ciencia climática, el entorno económico y el espacio político, y amplificado paulatinamente por el desarrollo de las redes sociales. Uno de sus primeros y principales blancos ha sido la ciencia climática y su comunidad científica, atacadas sistemáticamente con el objetivo claro de desprestigiarlas y de esa forma debilitar su legitimidad (Oreskes y Conway, 2018).

A partir de las conclusiones de los diferentes informes del IPCC —con su contrastada evaluación de la situación climática actual— y de las consecuencias y efectos del actual cambio climático, y ante el aumento de las evidencias científicas al respecto, el negacionismo climático amplió su abanico de estrategias. Para ello se crearon poderosos *think tanks* (laboratorios de ideas) dedicados a elaborar argumentos con tintes intelectuales y fomentar un estado de inacción en la lucha climática (Abellán López, 2021), aunque en realidad han contribuido a poner aún más de manifiesto los vínculos que existen entre los movimientos negacionistas de carácter conservador y las corporaciones de los combustibles fósiles (Dunlap y McCright, 2013).

Bulos y mitos

Es necesario reconocer el éxito del negacionismo climático en el uso del sistema mediático-digital, que potencia rápidamente la difusión de sus mensajes otorgándoles gran visibilidad con efectos inmediatos. La desinformación, las *fake news* y la negación climática surgen para difundir información errónea, distorsionada o manipulada, generar polémicas y desestabilizar la percepción y los consensos sociales sobre la principal causa del actual cambio climático. El objetivo final de la desinformación climática es manipular a la opinión pública, frenar la divulgación, poner en tela de juicio los avances de la ciencia climática y debilitar la confianza en las instituciones clave para la sociedad, tanto internacionales como nacionales, para que todo siga igual; es decir, seguir consumiendo combustibles fósiles.

Así, los mensajes dirigidos a la opinión pública alternan ataques a la ciencia climática, narrativas ideológicas, datos selectivos y/o manipulados, interpretaciones sesgadas, uso de bots, escepticismo disfrazado de neutralidad y equidistancia, conspiraciones mundiales, banalización de argumentos y polarización del debate (Abellán López, 2023). En los últimos años, se está asistiendo a un incremento de los ataques verbales y del acoso en las redes sociales a científicos del clima que advierten de las consecuencias del calentamiento global *(El País,* 2024). Se sistematizan mediante acciones y campañas que intentan socavar especialmente la confianza en la ciencia climática y sus instituciones.

Los bulos y falsas noticias, o la difusión de medias verdades sobre cambio climático, calentamiento global, transición energética, posicionamientos retardistas, etc., circulan de forma continua por las redes sociales, las plataformas de mensajería y las páginas web. Las redes sociales tienen hoy en día un papel clave y crítico en la difusión de narrativas que cuestionan el actual cambio climático y temas asociados, por lo que resulta crucial comprender la discusión al respecto en esta plataforma. Se ha confirmado que la desinformación se difunde hasta seis veces más rápido que la información precisa, por lo que es difícil saber lo que es verdad, lo que no lo es y lo que requiere una mayor profundización para conocer la realidad. Debemos recordar que las redes sociales no solo no son un sistema de información, sino que más bien se han convertido en un sistema de desinformación. No son medios de comunicación, aunque hay quien afirma lo contrario. Pero la propaganda no tiene por qué convencer a todo el mundo para ser eficaz.

Al respecto, nos podemos encontrar:

— Bulos y mitos sobre el cambio climático.
— Bulos y mitos sobre el coche eléctrico.
— Bulos y mitos sobre las energías renovables.
— Bulos y mitos sobre la transición energética.
— Bulos de la dana de Valencia...
— Bulos y mitos sobre...

Por esta razón se han desarrollado plataformas digitales cuyo objetivo es luchar contra la desinformación y a las que se conoce como «verificadores de hechos» *(fact checkers).* Es el caso de https://maldita.es/clima/, https://www.verificat.cat/es/, https://climatefeedback.org/, https://www.everythingconnects.org/global-warming-skepticism.html o https://yaleclimateconnections.org/about-us/, entre otros.

Explicación detallada a muchos de estos bulos y mitos se puede encontrar en los libros *Ecomitos. Los bulos ecológicos que agravan la crisis ambiental,* de Resco de Dios (2023), y *Energy Fakes. Mitos y bulos sobre la transición energética,* de Fresco (2024).

Con el pretexto del «negacionismo climático», el público es bombardeado con información errónea que pone en duda la realidad del calentamiento global provocado por el hombre. En la página web de *Skeptical Science* (https://skepticalscience.com/argument.php) se reúne un listado de 252 mitos sobre el calentamiento global y el cambio climático. Su misión es rebatir la información errónea presentando ciencia revisada por pares y explicando las técnicas de negación de la ciencia, los discursos sobre el retraso climático y el rechazo a las soluciones climáticas. Cada uno de estos mitos es rebatido, caso a caso.

A continuación se presenta un listado, no exhaustivo, de estas narrativas, bulos y mitos:

- El clima de la Tierra siempre alterna períodos cálidos y fríos.
- Ya ha habido otros cambios climáticos en el pasado.
- El calentamiento global es un fenómeno natural.
- El cambio climático es parte de un ciclo natural.
- Los humanos no tenemos nada que ver con el cambio climático.
- Una especie no es capaz de cambiar el clima.
- El cambio climático y sus impactos no me afectarán a mí, solo a las generaciones futuras.
- A menos que los grandes contaminadores globales como Estados Unidos, China y la India hagan algo, lo demás no sirve para nada.
- Tomar medidas en un determinado país no servirá de nada.
- El futuro del clima está muy complicado y no tiene sentido tomar medidas.
- Los ecologistas y los agricultores se oponen entre sí cuando se trata de la acción climática.
- Siempre vamos a necesitar los coches. No todo el mundo puede ir andando, en bicicleta o en transporte público adonde necesita ir.
- ¿Cómo va a estar calentándose la Tierra si hace frío?
- Una pequeña proporción de CO_2 no puede calentar un planeta entero.
- Un par de grados centígrados no son para tanto.
- El cambio climático se frenó en 1998.
- El calentamiento global se puede explicar por los cambios en la actividad solar.
- Los modelos de predicción del cambio climático no son lo suficientemente precisos.

— Los miembros del IPCC tienen un conflicto de intereses.
— Los científicos del clima lo hacen por dinero.
— Los límites al CO_2 perjudicarán la economía.
— No existe consenso científico en torno al cambio climático y su origen antropogénico.
— El cambio climático también tiene aspectos positivos.
— El efecto invernadero ha sido desmentido.
— Las energías renovables son muy caras.
— No hay emergencia climática...

Todos los medios son buenos para desinformar, no únicamente las redes sociales. En 2020 la plataforma de vídeos mundial YouTube, propiedad de Google, empezó a mostrar una falta de control de la desinformación respecto al cambio climático. Una investigación realizada por la organización no gubernamental Avaaz puso de manifiesto que YouTube «conduce a millones de personas a vídeos de desinformación climática todos los días». Su algoritmo de recomendaciones figuraba como un aliado de las teorías negacionistas. Y su sistema llevaba implícita la anexión de anuncios de grandes empresas, e incluso de reconocidas ONG ecologistas como WWF o Greenpeace, a este tipo de vídeos intoxicadores *(El País,* 2020).

Se trata de los vídeos que YouTube recomienda a sus usuarios en el apartado de «siguiente» y en la barra de sugerencias. Y el resultado de esta investigación apuntaba a que entre el 8% y el 21% de los cien primeros vídeos recomendados contenían «desinformación» sobre la crisis climática. La búsqueda que menos contenidos intoxicadores ofrece es «cambio climático», y la que más, «manipulación climática».

En octubre de 2021, Google anunció que ya no permitiría que en sus anuncios se publicara contenido que contradijera la ciencia climática establecida y dejó en claro que esta política se hacía extensiva a la plataforma YouTube, donde los anuncios se publican antes, al lado o encima de los vídeos (Google, 2021).

No obstante, los investigadores del Centro para Contrarrestar el Odio Digital (CCDH, 2023) identificaron en el año 2023 doscientos vídeos de YouTube que contenían desinformación e información climática y que tenían 73,8 millones de visualizaciones. Todos los vídeos contienen anuncios y exponen una negación rotunda de la ciencia climática u otras formas de desinformación al respecto que viola las políticas de YouTube. La plataforma está incumpliendo su promesa de no obtener ganancias de los anuncios que aparecen en los vídeos de contenido negacionista climático. Las políticas de YouTube establecen que no se permiten anuncios en vídeos «que contradigan el consenso científico autorizado sobre la existencia y las causas del cambio climático». Se identificaron cien vídeos que incorporaban anuncios y contenían desinformación climática que violaba las políticas de YouTube. En total, los vídeos han acumulado 18,8 millones de visualizaciones e incluyen publicidad con afirmaciones como las siguientes:

— Vídeo (https://www.youtube.com/watch?v=TUlud5hVQg8&t=248s) del canal Timcast IRL que promueve afirmaciones falsas, por ejemplo que «el IPCC es solo una industria corrupta, todos los modelos que han publicado son incorrectos».
— Vídeo (https://www.youtube.com/watch?v=v8dXpe1Pp6Q&t=135s) del canal The Heartland Institute que promueve afirmaciones tales como que «la ciencia del cambio climático en realidad no es una ciencia en absoluto».
— Vídeo (https://www.youtube.com/watch?v=76Ln3Ou6jnc&t=2204s) titulado *Introducción a la ciencia del clima,* del canal Cutting Through The Noise, en el que se asegura que «no existe un vínculo entre el CO_2 y la temperatura».
— Vídeo (https://www.youtube.com/watch?v=vtqrBu7oaoU&t=349s) del canal Paul Joseph Watson que afirma que «la histeria climática es solo otra marca nueva, un caballo de Troya para la tiranía comunista antiblanca y antioccidental».

Actualmente, YouTube incluye en los vídeos sobre este tema el siguiente mensaje:

> United Nations. El cambio climático se refiere a los cambios a largo plazo de las temperaturas y los patrones climáticos. Las actividades humanas han sido el principal motor del cambio climático, debido principalmente a la quema de combustibles fósiles como el carbón, el petróleo y el gas.

Y así se podría seguir, prácticamente hasta el infinito, con narrativas, bulos y mitos que han sido y continúan siendo utilizados con el fin de desinformar y generar incertidumbre y duda y, de esta manera, poder seguir consumiendo combustibles fósiles y manteniendo la cadena económica que ello implica.

La huella humana del actual cambio climático

El conjunto de evidencias existentes en la ciencia climática señala un número significativo de huellas humanas reconocibles que están provocando el actual cambio climático. Las mediciones en la atmósfera indican que la quema de combustibles fósiles está incrementando de forma continuada la concentración de CO_2 y de los otros GEI en la atmósfera (WMO, 2024a). Obviamente, representa la huella humana más básica y primera debido a que las emisiones de GEI se han disparado desde el comienzo de la Revolución Industrial en 1750, como ya ha sido comentado.

La evidencia de la responsabilidad humana en el calentamiento global no es solo una teoría o se basa en modelos de ordenador, sino que está respaldada en la observación directa de las muchas mediciones realizadas de forma independiente desde hace más de un siglo. A continuación se exponen una serie de huellas, de evidencias, que confirman el origen humano del actual cambio climático. Este apartado se ha basado en el trabajo original de John Cook (2010) *Guía científica ante el escepticismo sobre el calentamiento global,* aunque se ha revisado y se han actualizado los datos y las fuentes.

Se presentan y documentan siete huellas que ponen de manifiesto que con las emisiones de GEI estamos forzando el efecto invernadero natural y, en consecuencia, alterando el balance térmico del planeta, lo que provoca que menos calor escape a la atmósfera y, por lo tanto, más calor regrese hacia la Tierra, con la consiguiente modificación de las condiciones climáticas del planeta. Las mediciones efectuadas evidencian que los GEI están captando el calor de la radiación infrarroja terrestre, que en otras circunstancias debería escaparse al espacio, provocando una alteración acumulativa del balance térmico del planeta. De este hecho se derivan muchas preguntas, pero hay una trascendental: ¿dónde se está acumulando el calor emitido?, y otra no menos importante: ¿qué papel desempeña el vapor de agua en la atmósfera?

Huella humana número 1: la firma de los combustibles fósiles

El átomo de carbono tiene tres isótopos: el carbono-12 (^{12}C) «ligero», el carbono-13 (^{13}C) «pesado», ambos estables, y el carbono-14 (^{14}C), que es inestable (radiactivo). La gran mayoría del carbono que se encuentra en la Tierra es ^{12}C. El porcentaje de ^{12}C es el más abundante, con un 99% frente al 1% de ^{13}C. La proporción de ^{12}C y ^{13}C en la atmósfera y en el océano es aproximadamente la misma. Una de las fuentes principales de ^{13}C son las erupciones volcánicas. Por su parte, el ^{14}C es mucho más raro: solo uno de cada billón de átomos de carbono es ^{14}C, y, al ser radiactivo, se desintegra con el tiempo —cada 5.730 años la radiactividad del ^{14}C desciende a la mitad—, por lo que es usado en los estudios de datación.

Las plantas, al realizar la fotosíntesis, incorporan el CO_2 atmosférico, y entonces se produce una discriminación a favor del ^{12}C, que favorece la asimilación de las moléculas de CO_2 en las que el carbono es ligero ($^{12}CO_2$) frente a aquellas que presentan carbono del isótopo más pesado ($^{13}CO_2$). De esto se deduce que el ^{12}C se encuentra en una proporción todavía mayor en las plantas.

El contenido de ^{13}C y ^{14}C sirve para evaluar la contribución de las diversas fuentes (biogénicas o fósiles) al aumento de CO_2 y CH_4 en la atmósfera y para conocer sus tiempos de permanencia, su eliminación y su intercambio con el océano. Este tipo de estudios reciben el nombre de «discriminación isotópica».

Los combustibles fósiles como el petróleo o el carbón son el resultado de millones de años de crecimiento de las plantas, que se han fosilizado. Por ello, cuando quemamos estos combustibles, estamos liberando también una cantidad mayor de ^{12}C a la atmósfera, descompensando el equilibrio natural entre el ^{12}C y el ^{13}C atmosférico. Eso es exactamente lo que se está observando en la atmósfera, en los corales y en las esponjas marinas (Swart *et al.*, 2010). Tenemos pues una clara evidencia de que el aumento del CO_2 es debido a las emisiones humanas derivadas de la quema de los combustibles fósiles. Keeling, en el año 1960, ya constató las variaciones de la composición isotópica del carbono en la naturaleza.

A medida que las concentraciones de CO_2 en la atmósfera iban en aumento desde la Revolución Industrial, la proporción de ^{13}C a ^{12}C comenzaba a disminuir, lo que significa que la fuente del CO_2 adicional debe estar enriquecida con ^{12}C «ligero». Si se busca una fuente de CO_2 que provenga de plantas terrestres (porque están agotadas en ^{13}C «pesado»), que sea tan antigua que el ^{14}C que alguna vez contuvo se haya desintegrado hasta ser indetectable y que sea capaz de crear un pulso de CO_2 grande y rápido ocurrido en al menos el último millón de años, solo los combustibles fósiles cumplen con todos esos criterios (NOAA, 2024a).

Huella humana número 2: está escapando menos calor al espacio

Mediante satélites se ha podido medir la radiación infrarroja que se escapa al espacio emitida desde la superficie terrestre. Las observaciones satelitales de la radiación infrarroja entre 1970 y 2015, un período de cuarenta y cinco años, muestran cambios en el espectro saliente que indican que cada vez se está liberando menos radiación al espacio en las longitudes de onda implicadas en el efecto invernadero, que coinciden con lo esperado a causa del incremento de las concentraciones de GEI en la atmósfera terrestre (Griggs y Harries, 2004; Brindley y Bantges, 2016).

Este resultado es una evidencia experimental directa del incremento del efecto invernadero en la Tierra. La disminución de los valores en el espectro de la radiación saliente debido al aumento del efecto invernadero indica que se libera menos calor a la atmósfera, lo que significa claramente que lo estamos acumulando.

Huella humana número 3: más calor retorna a la Tierra

La radiación infrarroja de onda larga descendente es calor emitido a la Tierra desde la atmósfera que depende de los gases que componen el aire. Un aumento del efecto invernadero significa que debería haber más radiación infrarroja retornando a la Tierra desde la atmósfera. Esto también ha sido observado directamente. Analizando el espectro de la radiación de retorno se puede concluir cuánto está contribuyendo cada GEI al calentamiento.

La evaluación de la radiación atmosférica global de onda larga descendente (Ld) en condiciones tanto despejadas como nubladas y utilizando observaciones meteorológicas desde 1996 hasta 2007 en treinta y seis sitios distribuidos globalmente con diferentes tipos de cobertura terrestre que incluyen desierto, semidesierto, tierras de cultivo, pastizales, bosques y humedales indica que la Ld diaria aumentó a una tasa media de 2,2 W/m^2 por década. Su crecimiento resulta de los incrementos en la temperatura del aire, el vapor de agua atmosférico y la concentración de CO_2 (Wang y Liang, 2009).

A su vez, el flujo medio global de onda larga del océano con cielo despejado, que fue elaborado gracias al registro durante dieciocho años (1988-2005) de datos de la temperatura superficial del agua (SST) y el contenido de vapor de agua en columna de aire, muestra una tendencia positiva de aproximadamente 1,8 W/m^2 por década (Stephens *et al.*, 2012).

Estos resultados confirman, sobre superficie tanto terrestre como oceánica, juntamente con otros resultados equivalentes, la evidencia de la propensión al aumento del retorno de la radiación infrarroja de onda larga descendente y, en consecuencia, al calor que es devuelto a la superficie terrestre, lo que confirma el papel del efecto invernadero y de su forzamiento actual.

Huella humana número 4: la parte alta de la atmósfera (la estratosfera) se enfría

Como los GEI atrapan más calor en la baja atmósfera (troposfera) y llega menos a las partes más altas (la estratosfera y capas superiores), cabe esperar un calentamiento de la atmósfera baja y un enfriamiento de la atmósfera alta. Esto ha sido corroborado gracias sobre todo a las mediciones desde satélites y también mediante globos atmosféricos.

El comportamiento de la temperatura a tres niveles de altitud de la atmósfera: temperatura de la troposfera media (TMT), temperatura de la troposfera-estratosfera (TTS) y temperatura de la estratosfera inferior (TLS), durante un período de veintisiete años, desde 1979 hasta 2006, tanto a nivel global como en la zona tropical, muestra claramente en la troposfera media un aumento, en la zona troposfera-estratosfera un comportamiento neutro y en la zona de la estratosfera inferior una tendencia al enfriamiento, como era esperable de acuerdo con el efecto invernadero (Mears y Wentz, 2009).

El comportamiento de la TMT está fuertemente influenciado por el calentamiento asociado con los eventos climáticos naturales tipo El Niño (ENSO) que tuvieron lugar en los períodos 1982-1983, 1987-1988 y 1997-1998, especialmente en los trópicos. También están contemplados, aunque su influjo es menos obvio, los eventos de enfriamiento a corto plazo asociados al aumento de aerosoles en la atmósfera debido a las erupciones de los volcanes El Chichón (1982) y el Monte Pinatubo (1991). Los eventos de calentamiento estratosférico de estas erupciones dominan la serie temporal de la TLS. La serie temporal de la zona TTS, que tiene un peso dividido aproximadamente de manera equivalente entre la troposfera y la estratosfera, muestra una combinación de ambos efectos. Todos estos fenómenos explican la variabilidad natural del clima, pero no su comportamiento tendencial.

Estos resultados confirman, con otros similares, la evidencia de que la temperatura de la troposfera media (TMT) manifiesta una tendencia al calentamiento y que la estratosfera inferior se está enfriando, lo que concuerda con la alteración del balance radiativo que se está produciendo en la atmósfera terrestre debido al incremento de la concentración de GEI y confirma el papel del efecto invernadero.

Las huellas 2, 3 y 4 responden a los flujos radiativos en la atmósfera que representan el desajuste acumulativo que resulta de una mayor retención de la radiación infrarroja terrestre y una menor emisión de radiación hacia el exterior, es decir, menos calor que escapa al exterior y, en consecuencia, más calor que regresa a la Tierra, lo que a su vez implica que la parte alta de la atmósfera, la estratosfera, se enfría. Los trabajos de O'Connor *et al.* (2021) resumen las tres huellas analizadas. Se observa que el desajuste radiativo implica una temperatura mayor en superficie y una temperatura más fría en la alta atmósfera.

Huella humana número 5: las noches se calientan más rápido que los días

El aumento del efecto invernadero conlleva también que las noches se calienten más rápido que los días. Durante el día, el sol calienta la superficie de la Tierra. Durante la noche, la superficie se enfría irradiando su calor al espacio. El calentamiento global ralentiza este proceso. Si el calentamiento global estuviese causado por el Sol, sería de esperar que fuese más acusado durante las horas diurnas que durante las nocturnas. Pero, en lugar de eso, lo que se ha observado es que se incrementa el número de noches cálidas más rápidamente que el de días cálidos.

En el período de 1950 a 2010, sesenta años, el número de noches y días frías muestra una tendencia claramente decreciente, y, por el contrario, el número de noches y días calientes va en aumento, especialmente a partir de la década de 1980 (Donat *et al.*, 2013; IPCC, 2013). Estos resultados también los recogen, con un patrón similar, Alexander *et al.* (2006) (Berkeley Earth, 2025).

Otra evidencia que refuerza que el Sol no es el responsable del actual cambio climático es la estabilidad que ha registrado en los últimos trescientos años, tanto de los ciclos solares de once años como de la constante solar, dentro del rango de su variabilidad natural (NOAA, 2024c).

Huella humana número 6: el patrón de calentamiento oceánico

Los cambios en el contenido de calor del océano (OHC), su salinidad y estratificación son también indicadores de las alteraciones que se están produciendo en el balance de energía de la Tierra. Estos ciclos se han alterado profundamente debido a la emisión de GEI por las actividades humanas, lo que impulsa cambios generalizados en el sistema climático de la Tierra.

Los océanos han estado acumulando calor especialmente durante los últimos cincuenta años, de una forma cada vez más considerable y acelerada. El patrón específico del calentamiento oceánico, con el calor penetrando desde la superficie, solo puede ser explicado por el calentamiento global. El contenido de calor del océano (OHC) es esencial para comprender el clima global. Además, su expansión térmica debido al aumento de su temperatura contribuye de forma significativa a la subida del nivel del mar.

En los cambios observados en el inventario de calor de la Tierra durante el período 1960-2018, cincuenta y nueve años, la mayor parte de la ganancia de calor retenido se acumula en el océano global, con un 89%, del cual un 51% lo hace en una profundidad superficial de 700 m; un 30%, en la capa de profundidad de 700 a 2.000 m, y un 8%, por debajo de los 2.000 m. La ganancia de calor sobre suelo terrestre asciende al 6% (lo que ha favorecido los procesos de evaporación de su humedad y ha incrementado su sequedad), el 3% ha contribuido a derretir los hielos y solamente el 1% está provocando el calentamiento atmosférico (Von Schuckmann *et al.,* 2023).

Que el 8% del calor oceánico acumulado esté a profundidades superiores a los 2.000 m nos indica la gran estratificación térmica existente y el fuerte gradiente térmico que registra la columna de agua desde la superficie hasta el fondo. Esto se explica porque en la zona superficial los procesos de transporte de calor son esencialmente por convección, más enérgicos, mientras que en profundidad lo son por difusión, más lentos.

El contenido de calor oceánico (OHC) global anual para el año 2023 en los 2.000 metros superiores marcó un récord, superando el récord anterior, establecido en 2021. Los cinco años con OHC más alto fueron exactamente los cinco últimos (2019-2023). Las regiones del Pacífico Norte, el Atlántico Norte, el Mediterráneo y los océanos del sur también tuvieron su OHC más alto desde la década de 1950. La estratificación global de la capa superior del océano continuó su tendencia creciente (Cheng *et al.*, 2023).

En muchos sentidos, el contenido de calor del océano (OHC) representa una medida mucho más clara del actual cambio climático que la temperatura superficial media global del aire, ya que es donde termina la mayor parte del calor acumulado por la intensificación del efecto invernadero (89%) y es mucho menos variable de un año a otro. La mayoría de los años se establece un nuevo récord del contenido de calor del océano, lo que refleja la continua captación de calor por los GEI en la atmósfera.

Huella humana número 7: la concentración de vapor de agua está aumentando en la atmósfera

El vapor de agua también es un potente GEI, con más poder radiativo que el CO_2, y es clave en el ciclo del agua. Es responsable de aproximadamente la mitad del efecto invernadero de la Tierra. Pero, a diferencia de los otros GEI, el vapor de agua puede condensar y precipitar en función de la temperatura del aire, por lo que tiene una vida útil corta en la atmósfera. No es un GEI acumulativo.

Su cantidad en la atmósfera no está regulada por la emisión, sino por la temperatura del aire. La relación de Clausius-Clapeyron especifica la dependencia de la temperatura con respecto a la presión de vapor. El aumento de 1 °C de la temperatura del aire implica un incremento de su contenido de vapor de agua del 7%. En consecuencia, es la temperatura del aire, y no las emisiones, la que controla la cantidad de vapor de agua en la atmósfera. Por esta razón, el vapor de agua es considerado más un agente de retroalimentación y no un motor del cambio climático.

El vapor de agua en la atmósfera absorbe el 38-85% de la radiación infrarroja emitida por la Tierra, en comparación con el 9-26% del CO_2 y el 4-9% del CH_4. La fuente principal de vapor de agua atmosférico es su evaporación desde los océanos.

Sin los GEI en la atmósfera, especialmente el CO_2 (Judd, 2024), la temperatura media superficial del aire de la Tierra sería mucho más fría, alrededor de –18 °C, y muy poco vapor de agua podría llegar a la atmósfera por su dependencia de la temperatura del aire. La presencia de los GEI incrementa la temperatura superficial de la Tierra y, por lo tanto, permite que el agua se evapore. Este vapor de agua aumenta la temperatura aún más. Este círculo vicioso, en el que diferentes factores actúan en sinergia, sigue un circuito de retroalimentación positivo.

Swain *et al.* (2025) lo explican en su estudio, que descubrió que el «latigazo hidroclimático» *(hydroclimate whiplash)* ha aumentado en todo el mundo entre un 31% y un 66% desde mediados del siglo XX, superando las predicciones realizadas por los modelos climáticos. La tendencia se está acelerando y las proyecciones sugieren que este tipo de fenómeno podría más que duplicarse si las temperaturas globales aumentan 3 ºC por encima de los niveles preindustriales. Un factor clave de esta intensificación es la llamada «esponja atmosférica en expansión», un fenómeno en el que una atmósfera más cálida absorbe y libera más agua. La tasa de expansión de tipo exponencial crece con cada fracción de grado de calentamiento. Más allá de las precipitaciones, tenemos el aumento de la «demanda evaporativa», en el que una atmósfera más cálida absorbe y libera más agua. Recordemos que del calor acumulado desde la Revolución Industrial, el retenido por los suelos asciende al 6% (Von Schuckmann *et al.*, 2023).

Pero el vapor de agua también puede provocar un efecto en el sentido contrario: más vapor de agua en el aire significa más nubes. Las nubes reflejan al espacio una parte de la radiación solar incidente, lo que produce un enfriamiento, y por lo tanto afectan en el sentido contrario que el efecto invernadero. Actualmente el efecto neto de las nubes es el de enfriar la superficie terrestre, pero no sabemos cuál de estos dos factores: el calentamiento o el enfriamiento causado por el vapor de agua, dominará en un clima más caliente.

El sexto informe de evaluación del IPCC, *AR6* (IPCC, 2023), a partir de datos de satélites, globos meteorológicos y mediciones terrestres, indica que el vapor de agua atmosférico total está aumentando entre un 1 y un 2% por década. Este aumento del vapor de agua en la atmósfera amplifica el calentamiento causado por los otros GEI.

Todo este conjunto de evidencias pone claramente de manifiesto que la emisión de GEI y el consecuente aumento de su concentración en la atmósfera fuerzan el efecto invernadero natural mediante la retención de la radiación infrarroja terrestre saliente, lo cual está provocando un desajuste por acumulación, especialmente en los océanos, de calor en el balance energético que regula el equilibrio térmico de la Tierra y, con ello, la alteración de la actual situación del clima terrestre. Esto conlleva toda una serie de consecuencias y efectos climáticos, pero también, y especialmente, consecuencias y efectos socioeconómicos para la humanidad. El negacionismo climático ha conseguido mediante falsos argumentos, mitos y bulos mantener un modelo socioeconómico energético basado en el uso de los combustibles fósiles, y lo peor es que lo sabemos desde hace más de setenta años.

Análisis de un artículo periodístico negacionista

El siguiente artículo periodístico publicado en *El Debate* el 21 de diciembre de 2024 es el clásico ejemplo de desinformación climática. La elección en particular de este artículo se debe a que contiene una parte importante de los tópicos del tema y a que muestra claramente que la acción negacionista sigue más viva que nunca, tanto a nivel internacional como en España.

A continuación, a modo de caso y ejemplo, se presenta el análisis y la respuesta a su contenido de desinformación.

Científicos responden a los «catastrofistas»: «El hielo del Ártico solo se funde en los modelos»

El contraste entre los datos observados y los titulares alarmistas en los medios evidencia lo que llaman «un sesgo hacia el catastrofismo climático»

El Debate, Sandra Ordóñez, 21/12/2024. Actualizada 04:3 (https://www.eldebate.com/sociedad/sociedad-medio-ambiente/20241221/cientificos-responden-catastrofistas-hielo-artico-solo-funde-modelos_254798.html#utm_source=rrss-comp&utm_medium=wh&utm_campaign=fixed-btn).

El Ártico podría quedarse sin hielo antes de 2030. Esta es la conclusión de un estudio que se difundió hace unas semanas. Una afirmación que parece gozar de cierto consenso científico, aunque no sea así realmente. La Asociación de Realistas Climáticos (ARC), conformada por científicos y académicos, da la nota discordante y comparte un análisis basado en los datos observados y los antecedentes históricos sobre esta cuestión.

En 2007, el exvicepresidente estadounidense Al Gore, al recibir el Premio Nobel de la Paz, destacó un estudio que pronosticaba que el Ártico estaría libre de hielo para 2014. Desde entonces, diversos expertos han anunciado fechas en las que supuestamente desaparecería el hielo ártico: 2008, 2012, 2013, 2016 y, más recientemente, 2030. Sin embargo, las predicciones catastrofistas han sido consistentemente desmentidas por la realidad. Desde 2007, los datos satelitales muestran que la extensión mínima del hielo marino en septiembre ha permanecido estable, en torno a 4,6 millones de kilómetros cuadrados, sin evidencias de una reducción significativa.

A pesar de un aumento del 10% en las concentraciones de CO_2 atmosférico y de un incremento global de la temperatura de 0,46 °C registrado por el sistema Copernicus europeo en los últimos diecisiete años, el hielo ártico no ha mostrado cambios considerables en su extensión. Este hecho, según ARC, pone en duda la capacidad de los modelos climáticos para comprender y predecir las causas detrás de los cambios en el Ártico. Numerosos estudios científicos sugieren que factores naturales, como la actividad solar y las corrientes oceánicas, desempeñan un papel importante en la variabilidad del hielo ártico, pero estos elementos suelen ser ignorados en los modelos que relacionan directamente la extensión del hielo con los niveles de CO_2.

El problema radica, opinan, en que los modelos climáticos están programados para proyectar una relación lineal entre las emisiones de gases de efecto invernadero, la temperatura global y la extensión del hielo. Sin embargo, los datos reales desafían estas suposiciones. Un ejemplo es el estudio publicado en junio de 2023 por Kim y colaboradores en *Nature Communications,* que alertaba de veranos sin hielo en la década de 2030, independientemente de las reducciones de emisiones. En diciembre de 2024, otro artículo en la misma revista, firmado por Heuzé y Jahn, anunciaba que el primer verano sin hielo podría llegar antes de 2030. Ninguno de estos trabajos menciona los diecisiete años de estabilidad en la extensión del hielo ártico.

El contraste entre los datos observados y los titulares alarmistas en los medios evidencia lo que llaman «un sesgo hacia el catastrofismo climático». Este fenómeno no es nuevo. Entre 1998 y 2014, el planeta experimentó una pausa en el calentamiento global que desafió las expectativas de los modelos climáticos. Aunque numerosos estudios intentaron explicar esta pausa, con el regreso del fenómeno de El Niño en 2015, las tendencias de calentamiento global reaparecieron, y las series de datos oficiales fueron ajustadas para minimizar la pausa, haciendo obsoletos los estudios previos.

Un ejemplo adicional es un artículo de Swart y colaboradores publicado en 2015 en *Nature Climate Change,* que estimaba que una pausa de siete años en el declive del hielo ártico tenía una probabilidad del 34%. Ahora, con diecisiete años de estabilidad, esa probabilidad cae al 10%, cuestionando gravemente la precisión de los modelos climáticos y su capacidad para explicar el comportamiento del hielo ártico.

Además, los registros históricos muestran que el Ártico ha experimentado períodos con menos hielo que en la actualidad. Hace siete mil años, los restos de ballenas de Groenlandia se hallaron en costas hoy permanentemente congeladas, y durante el interglaciar de hace 125.000 años, Groenlandia fue 5 °C más cálida con un 35% menos de CO_2. Esto demuestra que las variaciones naturales han desempeñado un papel clave en el clima del Ártico durante milenios.

Por todo ello, la Asociación de Realistas Climáticos subraya que, tras 50 años de predicciones alarmistas, la crisis no es climática, sino de credibilidad científica y mediática. Es crucial replantear el conocimiento y fomentar un debate equilibrado y basado en datos para comprender los factores que realmente afectan al clima global.

Este artículo es una réplica de otro publicado primero en *La Tribuna del País Vasco* (2024), el día 10 de diciembre de 2024, y firmado por Javier Vinós Gómez de Balugera, científico y experto climático independiente (presidente), por Javier del Valle Melendo, doctor en Geografía (climatología), especialista en hidrología y glaciarismo y profesor del Centro Universitario de la Defensa y UNED (secretario), y por Saúl Blanco Lanza, profesor de Ecología de la Universidad de León (tesorero). Aunque hay pequeñas diferencias no sustanciales entre los dos artículos, la versión de *La Tribuna del País Vasco* contiene la indicación bibliográfica con enlace activado solo en algunas citas.

La temática básica de este artículo periodístico aborda un asunto clave en el desarrollo del actual cambio climático: la pérdida del hielo ártico debido al sobrecalentamiento térmico que el océano Ártico está sufriendo, conocido como «amplificación ártica», con un aumento de las temperaturas casi cuatro veces superior a la media global (Rantanen *et al.*, 2022) y en cuya predicción los modelos climáticos han fallado.

Su titular es totalmente explícito, con objetivos claros y directos:

1. Desacreditar de forma directa a la ciencia climática y a los científicos que trabajan en ella: «Científicos responden a los "catastrofistas"».
2. Sembrar dudas sobre los resultados y desprestigiar los modelos climáticos: «El hielo del Ártico solo se funde en los modelos».

Cuando se intenta averiguar quiénes son esos «científicos», el texto del artículo menciona a «La Asociación de Realistas Climáticos (ARC), conformada por científicos y académicos», pero no indica ningún enlace a dicha asociación. Si se busca dicha asociación en Google, aparece toda una serie de enlaces a cabeceras periodísticas bastante desconocidas, todas las cuales recogen el mensaje de que esta asociación ha sido creada a raíz de la dana del pasado 29 de octubre de 2024 en Valencia, pero no figura ningún enlace a una página web de dicha asociación. En el caso del artículo de *La Tribuna del País Vasco,* sí se proporcionan los datos de un correo electrónico y una cuenta en X (antiguo Twitter) y se indica que lo firman los tres autores mencionados.

Respecto a los científicos «catastrofistas», conviene señalar que existe un consenso mundial confirmado superior al 97% (Myers *et al.*, 2021) sobre la existencia y las causas del actual cambio climático entre la comunidad científica. El consenso científico sobre el calentamiento global causado por el hombre ha sido un tema de gran responsabilidad y de intenso debate e interés en las últimas décadas. Esto se debe al importante papel de la percepción pública sobre el dictamen de los expertos, que tiene impactos y consecuencias en la sociedad que los recibe y de apoyo a las políticas de mitigación. Numerosos estudios han cuantificado el consenso científico y han constatado entre el 90% y el 100% de acuerdo sobre el calentamiento global causado por el hombre, y muchos otros trabajos coinciden en fijar el porcentaje en el 97%. Este 97% de científicos son los «catastrofistas». Para tener más información acerca del consenso científico sobre el actual cambio climático se puede consultar la página de la NASA (2025a).

La cuestión del consenso científico es un tema hoy día ya totalmente superado, y la discrepancia minoritaria es habitual en cualquier asunto. Pero el negacionismo climático continúa de forma permanente y sistemática poniéndolo en duda, al objeto de seguir sembrando dudas e incertidumbres al respecto.

La segunda parte del titular contiene dos sentencias: la primera asegura que el hielo del Ártico no se está fundiendo, y la segunda, que los modelos climáticos no funcionan, fallan, y por tanto sus resultados son falsos. Ambas afirmaciones forman la parte nuclear del artículo.

En las tres primeras líneas del artículo periodístico se indica: «El Ártico podría quedarse sin hielo antes de 2030. Esta es la conclusión de un estudio que se difundió hace unas semanas. Una afirmación que parece gozar de cierto consenso científico, aunque no sea así realmente».

El único enlace del artículo, que está en la primera línea, remite a otro artículo anterior del mismo periódico que no habla de que «El Ártico podría quedarse sin hielo antes de 2030», sino que lleva por título «El aumento de calor en el Ártico está relacionado con brotes extremos de frío en regiones del sur» *(El Debate,* 2024b). En dicho artículo no se habla nada del deshielo ártico. Además, su título confunde la causa con el efecto, aunque el desarrollo es correcto. Precisamente son los episodios de frío intenso en latitudes bajas los que explican el aumento de calor en el Ártico debido al aumento del comportamiento serpenteante de la corriente en chorro en el hemisferio norte a causa de un mayor calentamiento en la zona ártica (Ding *et al.,* 2024).

El subtítulo se centra en confrontar: «los datos observados y los titulares alarmistas en los medios evidencia lo que llaman "un sesgo hacia el catastrofismo climático"», cuando el artículo es precisamente un proceso de datos manipulados.

Con respecto al tema básico del artículo, se mezcla la idea de que «el hielo ártico no ha mostrado cambios considerables en su extensión» y que «las predicciones catastrofistas —debidas a los modelos climáticos— han sido consistentemente desmentidas por la realidad».

Lo primero que es obligado decir respecto a la pérdida de hielo que está sucediendo en el Ártico es que, más importante que la pérdida de superficie, en su mínimo anual a mediados del mes de septiembre, es la pérdida de volumen y su limitada recuperación anual en el período invernal (NSIDC, 2025).

En el sexto informe de evaluación del IPCC, *AR6* (IPCC, 2023), se señala: «Es probable que el océano Ártico quede prácticamente libre de hielo marino durante el mínimo estacional de hielo marino por primera vez antes de 2050 en todos los escenarios de SSP considerados (nivel de confianza alto)». Esta conclusión se corresponde con escenarios de emisiones intermedias y altas de GEI.

Pero lo que realmente preocupa no es únicamente la disminución de la superficie de hielo ártico, sino que el hielo marino ártico se está volviendo cada año más delgado y joven, lo que significa que es mucho más vulnerable. Más del 40% de hielo nuevo formado tiene menos de un año (NASA, 2025b), lo cual aumenta las posibilidades de su navegación y su interés geopolítico.

La superficie con hielo en el océano Ártico, de acuerdo con el seguimiento que realiza la NASA (2025b) con observaciones obtenidas mediante satélite desde el año 1979, registra una tendencia sostenida a disminuir un 12,2% por década, y si en 1980 cubría 7 millones de kilómetros cuadrados, en el año 2024 ocupa solo 3,6; en resumen: en los últimos cuarenta y tres años ha tenido una pérdida acumulada del 49%.

En lo que respecta a la pérdida de volumen de hielo, los datos son más graves: mientras que en 1979 el volumen mínimo en el mes de septiembre fue de 16.900 kilómetros cúbicos, en 2024 era de solo 4.100, lo que significa que en los últimos cuarenta y cinco años ha sufrido una tremenda pérdida del 76% (PSC, 2024).

Ambas series tienen la lógica influencia de la variabilidad climática natural debida a los procesos inducidos por las teleconexiones climáticas, caso de fenómenos como El Niño-La Niña. Estos datos también están contrastados por el National Snow and Ice Data Center (NSIDC, 2025), NOAA (2024b) y Copernicus (2024).

En el artículo analizado se indica que «el hielo ártico no ha mostrado cambios considerables en su extensión», pero las observaciones de un período de cuarenta y cinco años desmienten totalmente dicha afirmación, con valores de disminución en superficie del 49%, y en volumen, del 76%.

Del análisis de las referencias que se citan en el artículo se deduce:

— Kim *et al.* (2024) indican que incluso en una situación de bajas emisiones de GEI, pero a tenor de su tendencia dominante a aumentar, la mayoría de los modelos simulan años sin hielo en septiembre en el período 2031-2050 en todos los escenarios considerados.
— Heuzé y Jahn (2024), usando proyecciones con resultados diarios, señalan en nueve simulaciones que el primer día sin hielo se producirá en un plazo potencial antes de 2030, y que los primeros días sin hielo tendrán lugar como conse-

cuencia de un evento de pérdida rápida de hielo asociados con un fuerte calentamiento invernal y primaveral.

— Swart *et al.* (2015) indican que la variabilidad climática puede enmascarar o intensificar la pérdida de hielo marino inducida por el hombre en escalas temporales que van desde años hasta décadas. Es necesario tenerla debidamente en cuenta al analizar las observaciones, comprender las proyecciones y evaluar los modelos.

En el artículo se menciona que la figura que aparece en él procede de la publicación de Swart *et al.* (2015). En la publicación original no se encuentra, y además los valores que se recogen en ella no se corresponden con los datos de la NASA (2025b).

La crítica a los modelos climáticos olvida una premisa fundamental: que la ciencia climática está esencialmente basada en la observación, no es una ciencia experimental, y, en consecuencia, se necesitan modelos para poder conocer la evolución del clima en el futuro. Además, hoy en día todas las ramas científicas y tecnológicas utilizan modelos, que constituyen una herramienta básica más de trabajo. Su uso en climatología no es una excepción.

En la modelización climática se utilizan dos palabras distintas en función del alcance temporal de la simulación: a las que cubren períodos inferiores a diez años se las considera «predicciones», mientras que para períodos de tiempo superiores se habla de «proyección» o «previsión». Este sería el caso.

La palabra «predicción» tiene varias acepciones según la RAE: anuncio por revelación, conocimiento fundado, intuición o conjetura de algo que ha de suceder.

La palabra «proyección» en este contexto respondería a la siguiente acepción de la RAE: acción y efecto de proyectar, en su sentido de idear, trazar o proponer el plan y los medios para la ejecución de algo.

La palabra «previsión» respondería a las dos acepciones de la RAE: 1) acción y efecto de prever y 2) acción de disponer lo conveniente para atender a contingencias o necesidades previsibles.

El uso equivocado y sistemático del término «predicción» no es un error casual, sino un intento de sugerir que los resultados de los modelos climáticos son obtenidos por revelación, intuición o conjetura.

Se obvia que el desarrollo de los modelos climáticos tiene ya una larga trayectoria de trabajo. En la década de 1950 ya se habían desarrollado modelos climáticos primarios (Plass, 1956), pero fue a mediados de la década de los sesenta cuando Manabe y sus colaboradores desarrollaron el primer modelo climático considerado realista (Manabe *et al.*, 1964 y 1965). S. Manabe y K. Hasselmann recibieron el Premio Nobel de Física en 2021 por su aportación fundamental a la creación de los modelos climáticos, junto con G. Parisi.

En modelización climática, el Proyecto de Intercomparación de Modelos Acoplados (CMIP en sus siglas en inglés, *Coupled Model Intercomparison Project)* es el marco de comparación entre modelos climáticos diseñado para mejorar nuestro conocimiento del cambio climático desde el año 1995, aunque los trabajos iniciales para su concreción empezaron en 1990. Es una actividad de investigación internacional que desarrolla protocolos experimentales coordinados dentro del Programa Mundial de Investigaciones Climáticas (PMIC) para modelos climáticos globales acoplados atmósfera-océano-tierra-hielo del clima y para modelos del sistema terrestre (ESM) y facilita la distribución, interpretación y uso de los resultados de las simulaciones. Se ha desarrollado en fases sucesivas, desde el CMIP1 hasta la fase actual CMIP7, adoptadas para mejorar los subsiguientes modelos climáticos (Dunne, 2024). Su función principal es apoyar los informes de evaluación del IPCC y los objetivos de los servicios climáticos en predicción y proyección, caracterización, atribución y comprensión de los procesos climáticos.

Con respecto a la modelización del hielo ártico, el trabajo más reciente (Selinova *et al.*, 2024) examina los cambios pasados y proyectados en las propiedades del hielo marino del Ártico con modelos climáticos que participan en el Proyecto de Intercomparación de Modelos de Alta Resolución (HighResMIP) en la Fase 6 del Proyecto de Intercomparación de Modelos Acoplados (CMIP6). Los modelos utilizados proyectan una reducción sustancial del hielo marino: el Ártico pierde casi el 95% del volumen de hielo marino entre 1950 y 2050 y prevé que carecerá de hielo en 2050.

La disminución de la superficie de hielo ártico implica que su capacidad de reflexión de la irradiación solar disminuye, y eso conlleva que se calienta más y se genera así un proceso de retroalimentación positivo. La superficie con hielo refleja más del 80-90% de la radiación solar incidente, mientras que la superficie de agua marina solo un 5%. El Ártico actúa como una zona fría clave del planeta y, a medida que se calienta, altera la corriente en chorro del hemisferio norte, lo que provoca fenómenos meteorológicos más extremos, frecuentes y severos. La pérdida de hielo ártico también calienta el aire sobre Groenlandia que deriva en una aceleración de la fusión de su capa de hielo, con la consiguiente subida del nivel del mar. Este conjunto de efectos en cadena ilustra la importancia de conocer y valorar adecuadamente la pérdida de hielo en la región ártica. Y en consecuencia propagar que no se está fundiendo, cuando las observaciones nos lo están indicando, es una muestra más de la irresponsabilidad del negacionismo climático.

El artículo también contiene dos referencias clásicas del negacionismo climático.

La primera se refiere al «exvicepresidente estadounidense Al Gore», quien, al recibir el Premio Nobel de la Paz en 1997 junto con el IPCC, «destacó un estudio que pronosticaba que el Ártico carecería de hielo para 2014». Hay una sentencia, poco conocida, del juez británico sir Michael Burton sobre la famosa película de Al Gore *An inconvenient truth (Una verdad incómoda),* que señala que contiene nueve afirmaciones contradictorias o no confirmadas científicamente, aunque no niega su principal premisa: que el planeta se está calentando por la acción del hombre *(El País,* 2007).

La segunda se refiere a que «entre 1998 y 2014 el planeta experimentó una pausa en el calentamiento global que desafió las expectativas de los modelos climáticos». Fue el denominado *hiatus.* Muchos miembros de la comunidad climática estuvieron obsesionados con una aparente «pausa» en el aumento de las temperaturas superficiales globales en esos años. Se publicaron muchos estudios sobre la llamada «pausa», e incluso algunos científicos bromearon sugiriendo que la revista *Nature Climate Change* debería llamarse *Nature Hiatus* (Hausfather, 2022). Sin embargo, después de una década aproximadamente de calentamiento más lento que el promedio, la temperatura comenzó a aumentar de nuevo, y rápidamente, en 2015-2016, y desde entonces se han batido los registros de calentamiento.

Los últimos años son los más cálidos desde que comenzaron los registros a mediados del siglo XIX. La Organización Meteorológica Mundial (WMO, 2024b) ha informado de que el año 2024 culmina una década de calor sin precedentes alimentado por las actividades humanas al seguir usando los combustibles fósiles. Los diez años más calurosos registrados hasta la fecha son precisamente los últimos diez. El cambio climático provocó cuarenta y un días de calor extremo este año, perjudicando la salud humana y los ecosistemas.

El artículo juega con una confusión conceptual muy común: considerar de igual forma la variabilidad climática natural que genera cambios temporales de fase corta y las variaciones tendenciales del clima que requieren períodos de datos largos y que son las que explican los procesos del actual cambio climático. La referencia al desafío de los modelos climáticos también está basada en el error de confundir el valor de un punto de una serie de datos con la tendencia de la serie, que es lo que los modelos climáticos —entre otras cosas— determinan especialmente.

En el análisis de series de datos temporales son muy importantes tanto el período como la frecuencia temporal de los datos considerados. Si el análisis se centra únicamente en una parte limitada del período, las conclusiones no pueden extrapolarse a la totalidad del período considerado y a su comportamiento tendencial. Es una forma muy habitual de tergiversar las conclusiones, y muy utilizada por el negacionismo, como ocurre en este artículo.

La conclusión del artículo consiste en un párrafo orientado a enfatizar más el descrédito de la ciencia climática y a negar el actual cambio climático: «la crisis no es climática, sino de credibilidad científica y mediática». De esta manera se refuerza la creencia de que el cambio climático no es real y de que solo está en la mente de un conjunto de científicos «catastrofistas» y conspiranoicos con el objetivo de entorpecer y evitar la implantación de políticas climáticas.

El negacionismo también ha recurrido a la realización y divulgación de películas y documentales. Muchas se pueden encontrar en YouTube, o buscar en Google tecleando *movies about denial climate change*. Lo cierto es que en esta plataforma se pueden encontrar películas o documentales tanto a favor como en contra del actual cambio climático.

La elección de la película-documental *Climate the movie. The cold truth* (2024) se debe a que su contenido incluye una parte significativa e importante de los bulos, mitos y narrativas más habituales y comunes y muestra nuevamente que las campañas y el activismo negacionista siguen más presentes que nunca.

El documental *Climate the movie. The cold truth (El clima, la película. La fría verdad),* que se estrenó en línea el pasado 21 de marzo de 2024, ha sido escrito y dirigido por Martin Durkin y producido por Tom Nelson. Se puede encontrar en YouTube (www.youtube.com/watch?v=eXUHm0tNVws) y está subtitulado en ocho idiomas. Ha sido promocionado por varios *think thanks,* como la Fundación Climate Intelligence (CLINTEL), el Heartland Institute y el Committee for a Constructive Tomorrow (CFACT).

Martin Durkin ya había dirigido otro documental llamado *The Great Global Warming Swindle (La gran estafa del calentamiento global).* Se trata de un polémico documental británico del año 2007 que niega el consenso científico sobre la realidad y las causas del actual cambio climático y lo justifica sugiriendo que la climatología está influida por factores políticos y de financiación (se puede comprar en Amazon y visualizar en YouTube).

El documental se propone demostrar, principalmente, que no existe una emergencia climática y que los científicos del clima son los corruptos. Se exponen a continuación las principales narrativas negacionistas que se presentan, cuya réplica, y la verificación de su falsedad, se pueden encontrar en Maldita.es (2024), Skeptical Science (2024) y DeSmog (2024):

— El calentamiento global es en realidad una isla de calor urbana.
— Los rayos cósmicos impactan más en el clima que el CO_2.
— El calentamiento global se está exagerando en comparación con el pasado.
— Las temperaturas se miden mal.
— Los modelos climáticos fallan.
— El CO_2 es bueno, es comida para las plantas, y una reducción de este gas sería catastrófica.
— El consenso sobre el cambio climático está viciado.
— Los eventos meteorológicos extremos se exageran.

Se presenta a continuación una lista, extraída del texto del documental, de algunos de los bulos y mensajes que este contiene:

> Esta es la historia de la corrupción de la ciencia.
>
> No existe una emergencia climática que esté teniendo lugar en este planeta ahora. No hay... ¡no hay pruebas de que la haya! La alarma climática es una tontería. Es un bulo. Nunca me ha gustado «bulo». Creo que «estafa» es una palabra más apropiada...
>
> Hablar en contra o acerca del cambio climático de manera algo escéptica era esencialmente un suicidio profesional.
>
> Es la historia de un asalto a la libertad individual. Es una forma maravillosa de aumentar el poder del gobierno.
>
> Asistimos a la implantación de toda una serie de medidas autoritarias con la excusa de salvar el planeta. En la era moderna, la gente disfruta de un nivel de prosperidad nunca antes alcanzado en la historia de la humanidad. Pero continuamente se nos dice que estamos destruyendo el planeta.
>
> Son solo... disparates. Todos los modelos climáticos están basados en la suposición de que el CO_2 causa el cambio de temperatura.
>
> Pero las observaciones reales y la evidencia histórica sugieren claramente que no es así. Sí, yo afirmo que no hay conexión alguna entre el CO_2 y el cambio climático. En mi opinión, todo es una chorrada. No es cierta la idea de que la Tierra esté más caliente ahora que en el pasado.

Sí, la historia de los fenómenos climáticos extremos es simplemente absurda. No hay base para ello en absoluto. Simplemente se basa en la propaganda. Los datos muestran lo contrario.

La alarma climática es un disparate, ya sabes, un bulo.

El clima también se convirtió en un nuevo foco de atención para los organismos de investigación financiados por el gobierno. La investigación científica en Estados Unidos tiende a estar financiada principalmente por subvenciones gubernamentales.

Hay una enorme cantidad de dinero en juego. Se trata de una gran estafa.

Desde el principio, el clima fue un argumento político utilizado para atemorizar. Procedía del movimiento ecologista, el enemigo jurado del capitalismo industrial de libre mercado.

Por fin los tenemos. Podemos afirmar que es el libre mercado el que está destruyendo el planeta, y necesitamos un gran gobierno que nos salve. Se dice que el problema climático es resultado de las acciones irresponsables de individuos codiciosos y descuidados, que tienen demasiados hijos, conducen demasiado y consumen demasiados productos inducidos por las corporaciones capitalistas que complacen sus caprichos.

La solución es que el gobierno acapare mayor poder para regular a las compañías privadas, pero también para orientar y remodelar la vida y los hábitos de los individuos.

El apoyo a la alarma climática se ha convertido prácticamente en sinónimo de desdén por el capitalismo de libre mercado y anhelo de un mayor control por parte del Estado.

El llamado consenso del clima se ha convertido en un arma.

El calentamiento global es como el problema perfecto que permite a un gobierno intervenir para adquirir más influencia. Es una forma maravillosa de aumentar el poder del gobierno, y si ahí fuera hay una amenaza existencial, que encima es mundial, bueno, pues ya sabes: necesitas un gobierno mundial poderoso para hacerle frente.

Los activistas están incluso pidiendo que se criminalice cualquier escepticismo.

Podríamos tomarnos mucho más en serio a este tipo de socialistas verdes si prescindieran de la red, recortaran su propio consumo al mínimo y nunca volaran.

Así que eso resume la despiadada ética y depravación de la agenda verde. Todo depende de la energía asequible de los combustibles fósiles.

Creo que es bastante obvio que lo que occidente tiene de bueno se lo debe a los combustibles fósiles.

Un asalto a nuestra libertad y prosperidad.

Este listado refleja de forma no exhaustiva todo el conjunto de bulos, mensajes y narrativas desinformadores que el documental contiene y enuncia, todos ellos desmentidos hace ya tiempo. No están respaldados por un argumentario documentado; es, simplemente, una serie de mensajes y opiniones inconexas, sin documentar y sin justificación alguna, no estructuradas entre sí. La mayoría son argumentos no verificables. El documental se configura mediante una mezcla inconsecuente de tópicos clásicos del negacionismo climático presentados con una elevada carga de exaltación del neoliberalismo ideológico.

El documental parte de la premisa de que la emergencia climática se ha exagerado con diferentes objetivos, principalmente el beneficio económico y el mantenimiento de la financiación de políticas e investigaciones climáticas, de modo que se presenta como un caso de corrupción.

Acaba con una defensa de la bondad de los combustibles fósiles, como no podía ser de otra manera. Retrata la agenda actual de negacionismo climático repitiendo los mismos viejos puntos de discusión sobre los combustibles fósiles. Representa una nueva interpretación de un viejo manual de negacionismo climático que no ve más allá de mantener la dependencia del mundo de los combustibles fósiles.

Difunde narrativas desinformadoras sobre el cambio climático, propone explicaciones alternativas y desacredita la evidencia o los métodos científicos para probar el calentamiento global. Además, recurre a argumentos poco fundados o contradictorios y declaraciones de científicos para intentar demostrar que quienes cuestionan la evidencia climática no son «terraplanistas» o «negacionistas».

Se afirma que, hasta la década de 1980, el cambio climático era solo un susto causado por unos pocos ambientalistas radicales. Luego llegó Al Gore y de repente hubo dinero gubernamental ilimitado para la investigación climática y se formó un consenso con el que «golpear a los oponentes». A continuación, se centra en el argumento «clima versus libertad», donde aborda una mezcolanza de temas conspirativos populistas. Pasa de suscitar sutilmente la duda sobre la ciencia climática a inventar sin rodeos una gran falacia conspirativa para explicar por qué las élites del sistema han infundido este «miedo climático».

La pregunta sería: ¿quiénes son en realidad las élites del sistema? Pues la negación del cambio climático surgió como una poderosa fuerza empresarial y política que apuntaló a ciertos políticos y las ganancias de las corporaciones con intereses en el sector de los combustibles fósiles. Tal vez no se trate de una coincidencia que justo en este punto los temas de discusión de la industria de los combustibles fósiles surjan de manera más explícita.

Las redes sociales y las corporaciones de combustibles fósiles, plásticos y agroquímicos

Desde hace años en las redes sociales la cuestión del cambio climático y de las acciones que lleva implícitas es objeto de un intenso debate y controversia. Kinol *et al.* (2025) han examinado el modo en que las corporaciones de los combustibles fósiles, plásticos y agroquímicos interactúan en las redes sociales utilizando datos de Twitter (X a partir de 2023) de 2008 a 2023, lo que se tradujo en una base de datos de 125.340 tuits (excluidos los duplicados del mismo usuario). Han explorado las implicaciones de estas interacciones con respecto a la política climática. El contenido del texto de los tuits de las dos mayores corporaciones estadounidenses y de una importante asociación comercial para cada sector revela mensajes coordinados e identifica temas sinérgicos entre los tres emisarios. El análisis de redes muestra un compromiso sustancial entre los tres sectores e identifica entidades externas comunes mencionadas con frecuencia por cada uno de ellos.

Las asociaciones industriales en cuestión fueron el American Petroleum Institute (API), que representa a la industria del petróleo y el gas, el American Chemistry Council, que representa a los plásticos, y el American Farm Bureau, que representa a los productores de agroquímicos. Los tres sectores interaccionan con respecto a la extracción y el procesamiento de petróleo y gas fósil. Las estrategias discursivas empleadas en las redes de Twitter por estos tres sectores integran las narrativas tanto de negación como de retardismo, lo que en apariencia revela esfuerzos coordinados para obstruir la acción climática. El análisis sugiere que los discursos para negar y retardar la política climática están alineados y coordinados por los tres sectores para reforzar la infraestructura existente e inhibir el cambio. Esta connivencia apenas presenta excepciones, salvo en lo referente a algunos objetivos específicos de cada sector, incluidos mensajes sobre los biocombustibles. A pesar de algunas opiniones dispares y diferentes prioridades entre los tres sectores, los esfuerzos para reforzar la hegemonía petroquímica extractiva existente y socavar la política climática son claramente evidentes en cada sector.

La estrategia de la mentira

De lo analizado se puede deducir que mentir, aunque sea de una forma inteligente, es relativamente fácil porque no hay que demostrar nada. Para decir una mentira necesitas pocas palabras; basta con que sean llamativas o atrayentes. Por el contrario, averiguar la verdad de los hechos, investigar las evidencias y justificarlas siempre es complicado o muy complicado. Para conocer y decir la verdad hacen falta un planteamiento ético y conocimientos, lo que requiere voluntad y tiempo. Y la gente no los tiene, o no quiere tenerlos, y termina creyéndose lo que se le dice.

Las mentiras, los bulos y las *fake news* triunfan y se hacen virales porque son explicaciones simples a problemas complejos. La gente asume esa explicación y tiene la intención de creérsela. Es el poder de los planteamientos heurísticos, que son atajos mentales que simplifican las ideas complejas. Es una regla que se sigue de manera inconsciente para reformular un problema planteado y transformarlo en uno más simple que pueda ser resuelto fácilmente y de manera casi automática. En definitiva, es una especie de truco para guiar la toma de decisiones por derroteros mentales más fáciles. Nos ayudan a manejar la abrumadora cantidad de información a la que nos enfrentamos a diario y la cada vez mayor complejidad de los problemas, permitiéndonos tomar decisiones rápidas o formarnos impresiones. Además, pueden mejorar la retención de memoria, son emocionalmente resonantes. Simplifican en exceso realidades complejas (Larrañaga, 2025). Un ejemplo de un atajo mental es el uso de un estereotipo.

A la estrategia seguida por las empresas y corporaciones de los combustibles fósiles desde la década de 1950, más de dos generaciones, fomentando el negacionismo climático, hay que reconocerle que ha tenido un tremendo éxito. Ha conseguido desarrollar un modelo socioeconómico-energético basado en el uso de los combustibles fósiles en su propio provecho mediante la negación de la realidad climática, utilizando para ello mentiras diseñadas y calculadas expresamente para adquirir poder y beneficios.

Capítulo 7

Influencia política de las compañías de combustibles fósiles

La estrategia negacionista para imponer y mantener un modelo energético basado en los combustibles fósiles

En un reciente informe de InfluenceMap (2024) se revela y documenta claramente que las asociaciones corporativas de la industria del petróleo y el gas más importantes del mundo han utilizado un mismo manual de estrategias y argumentos para oponerse, debilitar y retrasar la transición energética a las energías renovables y a los vehículos eléctricos desde el año 1967.

El uso de estas estrategias, primero por parte del API y luego por FuelsEurope y Fuels Industry UK (anteriormente conocida como Asociación de la Industria Petrolera del Reino Unido, UKPIA), ha logrado mantener la civilización de los combustibles fósiles y sigue siendo un obstáculo clave para la adopción de políticas climáticas. Ya hemos analizado como la base de datos CarbonMajors (2024) muestra que las emisiones acumuladas de CO_2 debidas al uso de combustibles fósiles por los miembros de estas asociaciones crecieron de forma continuada y exponencial.

El informe identifica y analiza las tres grandes categorías de argumentos utilizados sistemáticamente, todos los cuales contradicen las políticas basadas en la ciencia climática establecidas por el IPCC y la AIE (Agencia Internacional de la Energía). La evidencia más temprana muestra que el API ha utilizado estas narrativas desde la década de 1960. Deja claro que, incluso cuando la comunidad científica, los responsables políticos y el público avanzaron en el conocimiento y comprensión de la crisis climática y sus causas, estas compañías continuaron empleando estos argumentos en su negacionismo climático y en su oposición a las políticas climáticas.

También cuestiona la afirmación de muchas compañías de que la demanda de petróleo y gas de los consumidores está «fuera de su control». El informe pone en contexto el papel que estas compañías han desempeñado en el fomento de la demanda de sus productos difundiendo constantemente narrativas consumistas y negacionistas destinadas a preservar las fuerzas sociales y del mercado en aras de continuar consumiendo combustibles fósiles.

Estas estrategias están centradas en socavar la transición de los combustibles fósiles a alternativas energéticas sin emisión de carbono, y pueden considerarse un componente importante de una misión organizada más amplia contra la acción climática que ha tenido una fuerte influencia y un significativo impacto negativo en la capacidad de los gobiernos, a nivel mundial, para abordar la crisis climática.

Argumentos para oponerse a las alternativas a los combustibles fósiles

Se pueden señalar claramente estrategias, narrativas y argumentos distintos a lo largo del período comprendido entre 1967 y 2023. Las tres principales narrativas utilizadas por los grupos de la industria del petróleo y el gas son:

1. *Escepticismo ante las soluciones:* utilizada durante los últimos cincuenta y seis años, minimiza sistemáticamente el impacto potencial y la viabilidad de otras fuentes de energía alternativas, pone en

duda su eficacia y destaca y amplifica los desafíos e incertidumbres. Incluye y contiene argumentos que fomentan el escepticismo en torno a las cuestiones asociadas al uso de combustibles fósiles:

— Minimizar el volumen de emisiones de los combustibles fósiles.
— Afirmar que los combustibles fósiles son parte de la solución.
— Cuestionar la viabilidad de las energías renovables y los vehículos eléctricos.
— Defender que los futuros avances tecnológicos evitarán la necesidad de una transición.
— Impulsar el mercado como motor de la tecnología.
— Restringir el apoyo requerido para las alternativas a los combustibles fósiles.

2. *Neutralidad tecnológica y política:* se ha utilizado durante los últimos treinta y cuatro años para oponerse a las políticas que promueven únicamente las alternativas a los combustibles fósiles. Defiende la elección del consumidor, las soluciones de mercado y una mínima intervención gubernamental, para lo cual esgrime principalmente los siguientes argumentos:

— Promover una política neutral en materia de tecnología.
— Subrayar la necesidad de proteger la elección del consumidor.
— Oponerse a la intervención gubernamental y regulatoria.

3. *Accesibilidad y seguridad energética:* se ha utilizado durante los últimos cincuenta y un años y destaca la importancia de mantener suministros de energía seguros y rentables. Se argumenta que los combustibles fósiles cumplen ambos requisitos, mientras que el cambio a otras alternativas tecnológicas se considera un riesgo:

— La transición energética perjudicará el desarrollo económico.
— La transición energética tendrá un impacto negativo en la seguridad y la accesibilidad energéticas.

— La industria de los combustibles fósiles contribuye de forma positiva al empleo y la economía.
— La transición energética es inasumible y tendrá un impacto negativo en la economía.

El análisis de la comunicación utilizada pone de relieve el empleo sistemático y persistente de tácticas de negación de la ciencia climática y, en consecuencia, del actual cambio climático mediante una serie de argumentos y narrativas muy influyentes y engañosas y que todavía se siguen usando ampliamente en la actualidad con el único objetivo de continuar consumiendo combustibles fósiles.

Si bien su uso es anterior incluso a los primeros informes del IPCC —el primero fue publicado en el año 1990—, se ha mantenido de forma continuada en el tiempo. El creciente consenso en favor de actuar para frenar la crisis climática ha tenido un desarrollo limitado por culpa de la industria de los combustibles fósiles y sectores asociados, totalmente decididos a bloquear las conclusiones de la ciencia climática y las políticas que conlleva.

Escepticismo ante las soluciones

El discurso del «escepticismo ante las soluciones» no se corresponde con la política climática basada en la ciencia, ya que sostiene que las alternativas a los combustibles fósiles son innecesarias o inviables. Por ejemplo, en «API's testimony to US congress in 1967», el API afirmó que «en la industria petrolera estamos convencidos de que, cuando sea posible producir en masa y comercializar un coche eléctrico práctico, este no supondrá ninguna ventaja significativa desde el punto de vista de la contaminación del aire. Para entonces las emisiones de los motores de combustión interna ya se habrán controlado». Recientemente, en el testimonio de enero de 2023 ante la Audiencia Pública Conjunta del Senado del estado de Nueva York, el API afirmó que le preocupaba que las políticas que incentivan la electrificación y los vehículos eléctricos pudieran «no reducir adecuadamente las emisiones».

En el último informe del IPCC se destaca que la transición desde los combustibles fósiles hacia las energías renovables contribuye significativamente a cumplir con los objetivos de un desarrollo sostenible más amplio y que las alternativas son totalmente viables (AR6, WG3, Mitigation of Climate Change, abril de 2022).

Neutralidad tecnológica y política

Aunque parece un principio sensato, el sector del petróleo y el gas utiliza la «neutralidad tecnológica y política» de una manera que no es coherente con una política climática basada en la ciencia. El sector utiliza estas narrativas para oponerse o diluir las políticas tecnológicas específicas, a menudo en un esfuerzo por imponer tecnologías alternativas que son esencialmente favorables a sus intereses (caso de los combustibles sintéticos) pero que no resultan adecuadas ante la urgente necesidad de reducir las emisiones de los GEI.

FuelsEurope fue uno de los signatarios de una carta conjunta dirigida en 2022 a los responsables políticos que abogaba por la inclusión de combustibles «bajos en carbono» en la Directiva sobre el Rendimiento Energético de los Edificios (EPBD) y en la que se afirmaba que

> su inclusión garantizaría una igualdad de condiciones más efectiva entre las diversas soluciones tecnológicas disponibles para calentar hogares vulnerables y comunidades fuera de la red, en consonancia con el compromiso de la Comisión Europea con un enfoque tecnológicamente neutral y una transición justa para todos.

El IPCC destaca especialmente el papel de la política «específica para cada tecnología», que «ha contribuido a un mayor uso de tecnologías menos intensivas en carbono (por ejemplo, electricidad renovable) y menos intensivas en energía (sobre todo en el transporte y los edificios)», y señala que la adopción de fuentes de energía renovable a nivel mundial se debe en gran medida a este tipo de política. Con respecto al sector de la construcción, en particular, el

IPCC afirma que una combinación de suficiencia, eficiencia y energía renovable ofrece el mejor enfoque para descarbonizar los edificios (AR6, WG3, Mitigation of Climate Change, abril de 2022).

Accesibilidad y seguridad energéticas

La comparación de la narrativa «accesibilidad y seguridad energéticas» con respecto a la política basada en la ciencia climática también revela un claro desajuste. En 2013, FuelsEurope (entonces EUROPIA) afirmó en su *position on the EU 2030 Framework for Climate and Energy Policy* que:

> Abordar las preocupaciones sobre la seguridad del suministro promoviendo un mayor uso de energías renovables, con el objetivo de reducir las facturas de combustibles fósiles, es engañoso debido a la intermitencia y la implementación descentralizada, que a menudo afectan negativamente al equilibrio del sistema, que también es un elemento clave de la seguridad del suministro.

Más tarde, en 2023, el API utilizó esta misma narrativa para oponerse a la transición a los vehículos eléctricos, afirmando en junio de 2022 la posición de la EPA:

> [...] le preocupa que la norma propuesta pueda afectar negativamente a la seguridad energética de Estados Unidos si las tecnologías de los vehículos se trasladan a vehículos de cero emisiones a un ritmo exponencial, como probablemente implicaría la propuesta, ya que aumentaría la dependencia del país de fuentes extranjeras para los minerales necesarios, con la consiguiente renuncia al uso de los recursos estadounidenses existentes.

Los informes del IPCC subrayan que el desarrollo de las energías renovables es una «medida crucial» para mejorar el acceso y la seguridad energéticas. También destacan la «ineficiencia económica» de los subsidios a los combustibles fósiles y estiman que se gasta el doble en dichos subsidios que en las energías renovables.

A pesar de los avances en la comprensión de las amenazas que plantea la actual crisis climática, estas narrativas persisten en la actualidad. Representan una continuación de las tácticas históricas de negación que han prevalecido dentro de la industria de los combustibles fósiles, como documentan Inside Climate News (2024) y la investigación científica publicada en *Nature Climate Change* (Franta, 2018). Ninguna de estas tres asociaciones corporativas ha considerado o aceptado los sucesivos informes del IPCC desde que se publicó el primero en 1990.

El impacto en la acción climática global

El impacto de la acción negacionista que lleva décadas poniendo en práctica el API ha tenido un claro éxito en la política energética de Estados Unidos, de Europa y a escala mundial, dado que el uso de los combustibles fósiles ha dominado el panorama energético. Eso ha permitido consolidar y mantener un mercado sólido de los combustibles fósiles para los miembros del API, lo que, a su vez, ha contribuido a la emisión de GEI; de hecho, sus emisiones acumuladas específicas de CO_2 ascienden aproximadamente al 16,4% del total mundial (CarbonMajors, 2024).

En el caso de FuelsEurope y Fuels Industry UK, y en lo referente al progreso de la transición energética europea desde el consumo de combustibles fósiles hacia las energías renovables desde 1990 hasta 2022, utilizando la base de datos CarbonMajors (2024), se verifica que las emisiones de CO_2 acumuladas combinadas de las compañías que integran FuelsEurope y Fuels Industry UK son significativas: han aumentado en aproximadamente 88 Gt. Para ponerlo en contexto, la cantidad total de emisiones históricas en la UE en el mismo período de tiempo es de 505 Gt (OWiD, 2024).

Cómo las asociaciones industriales representan a sus miembros

Una mayor aceptación de la sociedad de que el actual cambio climático se está produciendo y no es un futurible sino una realidad presente ha llevado a estas empresas a complementar y modificar los esquemas de esta estrategia con prácticas de ecopostureo o de *greenwashing*, estrategia de actuación que han incorporado en las dos últimas décadas, especialmente después del Acuerdo de París.

No está claro hasta qué punto las empresas que forman parte de las tres asociaciones corporativas siguen respaldando un posicionamiento negacionista radical. El análisis de las políticas durante los últimos tres años muestra que esto no está en consonancia con las posiciones públicas expresadas por algunos de sus miembros más importantes durante este período de tiempo. Este es particularmente el caso del API.

La mayoría de las empresas y corporaciones más grandes de petróleo y gas son miembros de las tres asociaciones corporativas, en particular Exxon, BP y Phillips 66. Repsol lo es de dos: API y FuelsEurope.

La cuota del API parece tener un precio elevado. Las revelaciones más recientes de Shell y Exxon mostraron que ambas pagaron entre 10.000.000 y 12.500.000 de dólares en cuotas anuales, mientras que Chevron reconoció haber pagado entre 7.500.000 y 5.000.000 de dólares. Por lo tanto, algunas empresas están pagando una cuota alta para seguir siendo miembros del API, a pesar de esta aparente falta de conformidad en materia de política climática. Varias empresas miembros han publicado documentos de sus asociaciones corporativas para informar sobre áreas de desacuerdo en política climática. Sin embargo, estas revisiones sugieren que las empresas mantienen su alineación con el API y las otras asociaciones.

Alineación entre el API y sus miembros

La plataforma LobbyMap de InfluenceMap, cuyo objetivo es puntuar y clasificar a las empresas y asociaciones industriales en función de su posicionamiento y su compromiso con las políticas climáticas, indica que el API no está alineada con sus miembros corporativos en este aspecto. El grupo obtiene la puntuación más baja posible en la base de datos de InfluenceMap, que valora la intensidad de su compromiso en un 51%, lo que indica una postura contraria, y muy activa, a las políticas relacionadas con el clima.

Compromiso con la política climática del API y sus miembros

El API parece representar posiciones más opuestas a las políticas climáticas que las de sus miembros (puntuaciones de la entidad en el primer trimestre de 2024). Algunas de estas empresas, en particular las que tienen su sede en Europa, se manifiestan en contra de las posiciones que mantiene el API sobre las políticas relacionadas con las alternativas a los combustibles fósiles. Tanto BP como Shell apoyan la electrificación de vehículos ligeros, mientras que BP, Shell, Equinor y Repsol han apoyado políticas de energía renovable. Por otra parte, parece que estas mismas empresas están empleando un enfoque de «doble defensa» en su compromiso con la política climática, ya que su alineación con el API en asuntos relacionados con la exploración y el desarrollo de combustibles fósiles sigue siendo firme.

Alineación entre FuelsEurope y Fuels Industry UK y sus miembros

Una comparación de los perfiles de FuelsEurope y Fuels Industry UK en LobbyMap con las empresas que los integran revela que, si bien los grupos parecen estar más alineados con sus integrantes que el API, todavía hay diferencias entre las asociaciones y sus miembros en lo que respecta a la defensa de las alternativas a los combustibles fósiles.

Compromiso con la política climática de FuelsEurope y Fuels Industry UK y sus miembros

FuelsEurope y Fuels Industry UK parecen estar más alineados con sus miembros, pero entran en conflicto en ciertas cuestiones de política. Tanto FuelsEurope como Fuels Industry UK apoyan ahora con más frecuencia el desarrollo de combustibles renovables, bajas emisiones de CO_2 y la descarbonización del transporte; eso sí, siempre y cuando los productos que puedan derivarse de los combustibles fósiles estén incluidos en las políticas, caso del hidrógeno, el gas natural licuado (GNL) o los combustibles de carbono reciclado. Ambas asociaciones también han seguido oponiéndose a cualquier política que tenga como objetivo eliminar gradualmente los vehículos con motor de combustión interna o promover únicamente los vehículos eléctricos o las soluciones renovables.

Varios miembros de FuelsEurope y Fuels Industry UK parecen estar en conflicto con los grupos de los que forman parte en lo que respecta a la electrificación del transporte. BP y Shell han manifestado su apoyo a la electrificación de vehículos ligeros, y también la eliminación gradual de los motores de combustión interna. Sin embargo, tanto BP como Shell consideraron que FuelsEurope y Fuels Industry UK concuerdan con sus propias posiciones políticas en materia de clima y energía.

En el apéndice del documento elaborado por InfluenceMap (2024) (https://influencemap.org/briefing/Undermining-Progress-Investigating-the-Fossil-Fuel-Sector-s-Continual-Dominance-26562) se recoge la totalidad de los datos considerados en el informe *Cómo la industria petrolera ha mantenido su dominio a través de la influencia política*. Contiene cincuenta y una evidencias separadas de defensa de estas tres asociaciones corporativas contra las alternativas a los combustibles fósiles entre los años 1967 y 2023, y se distingue el tipo de narrativa utilizada en cada momento. Está dividido en tres partes:

— La primera recoge evidencias de que el API se ha postulado contra o entorpecido políticas climáticas que apuntan a promover la energía renovable o los vehículos eléctricos, con evidencias que abarcan desde 1967 hasta 2023.
— La segunda incluye el mismo tipo de evidencias pero referentes a FuelsEurope desde 1993 hasta 2023.
— La tercera parte se centra en las evidencias de Fuels Industry UK (anteriormente Asociación de la Industria Petrolera del Reino Unido [UKPIA]) desde 2013 hasta 2023.

Las tablas proporcionan los detalles completos y el enlace a la fuente de información de cada una de las actuaciones consideradas en el informe: el año, el tema que se está abordando, detalles de la participación, citas clave de las asociaciones y un resumen de la posición de estas.

En el período comprendido entre 1960 y 2000, fue prácticamente solo el API el que tuvo una actuación continuada y en solitario, para lo cual utilizó esencialmente la primera y tercera narrativas. Esto indica que se pergeñaron de forma abrumadora lineamientos de oposición al calentamiento global en Estados Unidos, país en el que ha germinado el relato de la negación más elaborado y cuya evolución ha sido muy activa, con un aumento considerable de sectores negacionistas. Pero es esencialmente a partir del año 2000 cuando también se incorporan activamente las dos asociaciones europeas. Y, además, se intensifican claramente las acciones de oposición a las políticas climáticas y a las soluciones alternativas a los combustibles fósiles usando los tres tipos de narrativas señaladas. Su uso constante sugiere una adopción generalizada del mismo manual.

ISDS: una forma de pagar a los emisores

Las empresas y corporaciones de combustibles fósiles están demandando a los gobiernos usando el sistema ISDS *(investor-State dispute settlement)* para solucionar las controversias entre inversores y Estados, lo que afecta a la aprobación de leyes ambientales y climáticas por parte de los países. La actuación de los gobiernos para conseguir los objetivos del Acuerdo de París podría acabar en «reclamaciones muy significativas» para los países, lo que implica asumir demandas millonarias. *The Guardian* (2025a), tras investigar más de mil cuatrocientos casos dentro del sistema ISDS, ha revelado que los gobiernos han pagado más de 84.000 millones de dólares a las empresas de combustibles fósiles. Las demandas multimillonarias de ISDS se están convirtiendo en algo habitual en controversias relacionadas con el clima y el medio ambiente, lo que representa una mina de oro para los inversionistas extranjeros y una pesadilla económica para los Estados de ingresos medios y bajos (UN, 2023).

Para ello se recurre al ISDS, un sistema de resolución de disputas entre inversionistas y Estados. Fue creado en 1960 para proteger la propiedad sobre los bienes de los excolonizadores en los Estados recién independizados. Las compañías argumentaban que el ISDS era necesario porque en los territorios de ultramar, básicamente las excolonias, no regía el estado de derecho. Querían protección contra la expropiación y la confiscación de sus propiedades por parte de los gobiernos, que actuaban alegando propósitos de interés público. Hoy día los inversionistas y algunos Estados argumentan que los sistemas nacionales de justicia, tales como los tribunales, carecen de independencia. En realidad, el ISDS es una poderosa herramienta legal para que las corporaciones logren imponer políticas que se ajusten a sus intereses en todo el mundo (ISDS, 2025).

Es un mecanismo contemplado en muchos acuerdos comerciales y de inversión para solucionar controversias. La resolución de estas controversias con los inversionistas se basa en un arbitraje y no en tribunales públicos. La mayoría de los casos se solventan en un tribunal regulado por la Comisión de las Naciones Unidas para el Derecho Mercantil Internacional (CNUDMI) o en el Centro Internacional de Arreglo de Diferencias Relativas a Inversiones (CIADI) del Banco Mundial.

Estos acuerdos garantizan a los inversores extranjeros extensos derechos, como el peculiar privilegio de poder demandar directamente a los Estados ante tribunales internacionales de arbitraje. Las empresas pueden reclamar una indemnización por aquellas medidas adoptadas por el gobierno del país anfitrión que, supuestamente, hayan perjudicado a sus inversiones, ya sea de forma directa, a través de la expropiación, o indirecta, a través de reglamentaciones de prácticamente cualquier tipo. El término «inversión» se interpreta de una manera tan amplia que pueden demandar simples accionistas y particulares ricos. Además, las empresas pueden reclamar no solo por el dinero invertido, sino también por las ganancias que tenían previsto obtener en el futuro.

Desde finales de la década de 1990, el número de demandas interpuestas por inversores contra Estados se ha disparado, al igual que la cantidad de dinero involucrada. Las últimas dos décadas también han sido testigo de demandas multimillonarias en las que se alegan perjuicios a las ganancias de las empresas como consecuencia de leyes y medidas de interés público adoptadas por los gobiernos (RCC, 2025).

Un informe de la ONU (2023) elaborado por David Boyd, relator especial sobre derechos humanos y medio ambiente, expone pruebas convincentes de que un proceso secretista de arbitraje internacional denominado «solución de controversias entre inversionistas y Estados» se ha convertido en un serio obstáculo a la adopción de las urgentes medidas necesarias para responder a la crisis climática y de derechos humanos a que se enfrenta el planeta. Hay inversionistas extranjeros que utilizan el proceso de solución de controversias para reclamar indemnizaciones exorbitantes a los Estados que promueven la protección del medio ambiente, y las compañías mineras y del sector de los combustibles fósiles ya han obtenido más de cien mil millones de dólares en indemnizaciones en virtud de laudos. Esos casos provocan un «enfriamiento normativo».

La industria de los combustibles fósiles se ha vuelto últimamente más querellante, lo que la ha llevado a presentar cada vez más demandas tipo ISDS en las que se afirma que las medidas gubernamentales destinadas a abordar la crisis climática han reducido el valor de sus inversiones. Se ha convertido así en la industria más litigiosa en el sistema ISDS, pues ha protagonizado casi el 20% del total de casos. Los inversionistas en combustibles fósiles ganan el 72% de los casos, y el importe medio que reciben en compensación es casi cinco veces superior al que se adjudica en casos no relacionados con los combustibles fósiles (IISD, 2021a).

Para complicar más la situación, el sector financiero ha encontrado un terreno de juego mucho más grande: la financiación de demandas de arbitraje masivas presentadas por empresas contra los gobiernos. Estos casos se han convertido en una clase de inversión cada vez más popular para los fondos de cobertura y otros inversores, que respaldan financieramente la acción legal a cambio de una parte de la indemnización final. Más del 50% de los casos identificados estaban relacionados con combustibles fósiles o minería *(The Guardian,* 2025b).

El Tratado sobre la Carta de la Energía (TCE), otro obstáculo a las políticas climáticas

Se trata del Energy Charter Treaty (ECT, 2025), un acuerdo internacional multilateral que intenta promover la cooperación entre países respecto a las inversiones extranjeras en el sector energético garantizando su protección, especialmente en relación con los combustibles fósiles. Otro recurso empleado por las corporaciones energéticas para presionar a los gobiernos.

La Carta de la Energía se remonta a una iniciativa política emprendida en Europa a principios de la década de 1990, después de la caída del Muro de Berlín, que fue concebida para promover e incrementar la cooperación transfronteriza en el sector energético entre los dos lados del Telón de Acero. Su misión actual se ha ampliado más allá de lo previsto en su origen y ahora intenta promover la apertura de los mercados globales de energía sin discriminación comercial a través de instrumentos legales vinculantes para estimular la inversión extranjera directa y el comercio transfronterizo a nivel global.

La formulación original de la Carta de la Energía fue firmada en La Haya en 1991 mediante una declaración política que suscribía los principios internacionales sobre energía, incluyendo comercio, tránsito e inversión, y manifestaba la intención de negociar un tratado de carácter vinculante, sentando así las bases para el desarrollo posterior del TCE. Uno de los obstáculos que tuvo que superar fue definir un lenguaje apropiado para consagrar la soberanía nacional sobre los recursos naturales y, al mismo tiempo, el principio de cooperación internacional con vistas a permitir el acceso a los recursos de cada país desde el exterior.

Finalmente, el TCE fue firmado en Lisboa en diciembre de 1994, junto con el Protocolo de la Carta de la Energía sobre la Eficiencia Energética y los Aspectos Medioambientales Relacionados. Entró en vigor en 1998. En la actualidad se extiende desde Europa hasta Asia y Japón. Incluye el mecanismo de solución de controversias entre inversores y Estados que permite a las empresas demandar a los gobiernos si toman decisiones que afecten negativamente a las ganancias que esperan obtener en el futuro.

Uno de los aspectos clave del tratado es su influencia en las presiones que se ejercen sobre el mantenimiento de las instalaciones que requieren estos combustibles, ya que es legalmente vinculante, particularmente en las disposiciones sobre la resolución de conflictos. El TCE establece mecanismos legales que protegen las inversiones en infraestructuras energéticas, incluyendo las plantas de carbón, gas y petróleo, asegurando así que los países no tomen decisiones políticas que afecten negativamente a estas inversiones, como la prohibición o restricciones a la extracción o uso de estos recursos.

Esto crea una presión sobre los gobiernos para que continúen permitiendo el funcionamiento de las instalaciones que dependen de los combustibles fósiles, a pesar de la creciente preocupación mundial por el cambio climático. Las empresas que gestionan y operan estas instalaciones pueden recurrir a tribunales de arbitraje —en los que no hay jueces sino abogados privados especializados en derecho comercial— en caso de que sus inversiones se vean amenazadas por políticas que favorezcan las energías renovables o promuevan la descarbonización. Esto ha generado críticas, pues el tratado se considera un obstáculo para la transición hacia energías más limpias. Además, el mantenimiento de estas instalaciones requiere inversiones en infraestructura y tecnología para cumplir con las normativas ambientales y operativas, lo que puede suponer un desafío económico y ecológico, especialmente en el contexto de la creciente presión para reducir las emisiones de GEI.

A continuación se mencionan varios casos que ilustran el uso del TCE:

— La multinacional estatal sueca Vatenfall demandó a Alemania en 2012, a raíz de que el gobierno decidiera cerrar las centrales nucleares tras el accidente de Fukushima, y reclamó 4.300 millones de euros por la pérdida de dos de sus centrales nucleares. En marzo de 2021 alcanzaron un acuerdo que suponía una compensación de aproximadamente 1.600 millones (Sánchez, 2024).

— La empresa inglesa Rockhopper Exploration demandó al Estado italiano cuando este se negó a otorgarle una concesión para la perforación de petróleo en sus costas. Reclamó una indemnización cercana a los cincuenta millones de dólares por los gastos irrecuperables entre 200 y 300 millones por las ganancias que podría haber conseguido. Finalmente, Italia tendrá que pagar una multa de 190 millones de euros más intereses por denegarle en 2016 un permiso para construir una plataforma petrolífera, todo ello bajo el amparo del TCE (PdlE, 2022).
— La compañía energética alemana RWE exige al gobierno holandés el pago de 1.400 millones de euros por la decisión del ejecutivo de los Países Bajos de prohibir el uso de carbón para la generación de energía en virtud de los compromisos del país en materia de emergencia climática. La empresa alemana ha llevado el caso a arbitraje internacional invocando el TCE (Rivas, 2021).
— La empresa de energía estatal de Alemania Uniper también notificó en 2020 a los Países Bajos una controversia de inversión mediante una demanda bajo el amparo del TCE, tras el anuncio de los planes de este último de eliminar las centrales eléctricas operadas con carbón para el año 2030 (IISD, 2021b).

En diciembre de 2019, 278 organizaciones civiles vinculadas al medio ambiente, al clima, a los consumidores, al desarrollo y el comercio y a los sindicatos escribieron una carta abierta donde aseguraban que el TCE era incompatible con la aplicación del Acuerdo de París y con las políticas de transición justa. Identificaron seis problemas cruciales en el TCE (ECT, 2019):

1. Protege las inversiones e infraestructuras de los combustibles fósiles y se utiliza para cuestionar y socavar las imprescindibles medidas climáticas.
2. Representa un riesgo incalculable para los presupuestos públicos y el dinero de los contribuyentes.

3. Podría amenazar el impulso a las energías renovables.
4. Puede obstaculizar la protección del medio ambiente.
5. Puede ser utilizado para combatir las medidas destinadas a hacer la energía asequible y ponerla bajo control público.
6. El arbitraje entre inversores y Estados en el marco del TCE es contrario al estado de derecho y socava los sistemas jurídicos nacionales.

Debido a la creciente presión social para abandonar el TCE y a las contradicciones entre este y el Acuerdo de París, la Unión Europea dio el 27 de junio de 2024 el paso final y formal de abandonar el Tratado sobre la Carta de la Energía. La retirada surtirá efecto un año después de la notificación. Asimismo, el Tribunal de Justicia de la Unión Europea ha dictaminado que el arbitraje privado a puerta cerrada que establece el TCE viola su legislación y no debe utilizarse para resolver conflictos entre los Estados miembros (IISD, 2021c).

A su vez, España, que firmó su adhesión al TCE en mayo de 1995 (BOE, 1995), en mayo de 2024 lo denunció (BOE, 2024). La retirada del TCE por parte de España entró en vigor el 17 de abril de 2025. No obstante, las inversiones realizadas por empresas extranjeras en territorio español y por compañías españolas en otros Estados contratantes del TCE seguirán beneficiándose de su protección hasta el 17 de abril de 2045.

En 2013 el gobierno del PP modificó la rentabilidad prevista para la inmensa mayoría de las instalaciones de energías renovables en régimen regulado. En total, los inversores internacionales han presentado cincuenta y dos arbitrajes en distintos tribunales, sobre todo en la Corte Internacional de Arreglo de Diferencias Relativas a Inversiones (CIADI) del Banco Mundial al amparo del TCE. Veinticinco demandas han sido resueltas a favor de los inversores (aunque solo diez de forma definitiva), mientras que en otras siete el fallo ha sido positivo para España. De los más de 10.600 millones de euros que los inversores reclamaron inicialmente, la factura se ha reducido, por el momento, hasta unos 1.500, aunque quedan arbitrajes todavía pendientes de decisión *(Cinco Días,* 2024).

SLAPP: demandas estratégicas contra la participación pública

En los últimos quince años ha aumentado el número de demandas de justicia ambiental. Hasta ahora se han denunciado 4.269 casos, como puede comprobarse en el Atlas mundial de justicia ambiental (EJAtlas, 2025), particularmente contra las emisiones de GEI y para abandonar el uso de los combustibles fósiles. Pero también, en paralelo, han surgido las demandas conocidas como SLAPP («demanda estratégica contra la participación pública», en sus siglas en inglés), destinadas a censurar, intimidar y silenciar a los críticos cargándoles con el coste de una defensa legal hasta que abandonen su postura y oposición. Hablando sin rodeos, una SLAPP es, sencillamente, una demanda abusiva interpuesta con el fin de silenciar el discurso crítico.

La constatación del incremento de demandas iniciadas generalmente por grupos de presión, corporaciones u órganos estatales con la finalidad de censurar y silenciar las políticas o actividades de los críticos mediante la táctica de obligarles a defenderse de acusaciones infundadas que les generan un coste con frecuencia inasumible ha propiciado la adopción de una directiva europea destinada a acabar con esta práctica (GA_P, 2023). Se trata de la Directiva 2024/1069, conocida como «directiva antislapp», cuyo objetivo es proteger a las personas físicas y jurídicas que se impliquen en la vida pública frente a acciones judiciales interpuestas contra ellas para disuadirlas, y que debe ser traspuesta al derecho interno de los Estados miembros antes de marzo de 2026.

Este tipo de demanda constituye una forma de acoso, generalmente a través de procedimientos judiciales, con el que las grandes corporaciones y los poderes públicos tratan de acallar a periodistas, medios de comunicación y defensores de los derechos humanos, así como a organizaciones de la sociedad civil, sindicatos, investigadores y académicos, para disuadirles de ejercer su derecho de opinión.

EarthRights International (ERI, 2022) ha publicado un informe de políticas sobre el uso de demandas tipo SLAPP y otras tácticas de acoso judicial por parte de la industria de los combustibles fósiles en Estados Unidos y ha identificado 152 casos presentados por miembros de la industria de los combustibles fósiles entre 2012 y 2022. A medida que los impactos del cambio climático se han vuelto más evidentes, la industria de los combustibles fósiles ha respondido a la creciente presión en parte tomando represalias contra las personas que cuestionan sus prácticas, y las SLAPP se han convertido en una táctica utilizada repetidamente.

La empresa Energy Transfer ha utilizado demandas SLAPP para intimidar a sus críticos, en particular a Greenpeace, por oponerse al oleoducto Dakota Access, que finalmente se hizo. Después de las protestas de 2016-2017 en Standing Rock, que recibieron atención mundial, Energy Transfer presentó una demanda de 300 millones de dólares en 2017 acusando falsamente a Greenpeace de organizar las protestas. Un juez federal de Estados Unidos desestimó el caso en 2019, pero la empresa volvió a presentarlo en Dakota del Norte (Estados Unidos), continuando con sus ataques legales. Kelcy Warren, cofundador y presidente de Energy Transfer y un destacado donante de Donald Trump, admitió abiertamente que el objetivo era recortar la financiación de Greenpeace y desalentar el activismo (CASE, 2025). Finalmente, un jurado popular del tribunal del condado de Morton en Dakota del Norte ha declarado a Greenpeace responsable por difamación, allanamiento, molestias, conspiración civil y otras reclamaciones, y condena a Greenpeace Internacional, Greenpeace USA y Greenpeace Fund a pagar más de 660 millones de dólares *(La Vanguardia,* 2025).

Un informe publicado por la Coalición contra las SLAPP en Europa (CASE, 2024) señala que cada vez se recurre más a este tipo de demandas para silenciar a quienes se manifiestan y luchan en interés del público como una forma de censura privada. Muestra que las demandas SLAPP siguen aumentando también en Europa y contabiliza un total de 1.049 casos entre 2010 y 2023. Las demandas abarcan una amplia gama de asuntos, pero las cuestiones medioambientales constituyen el segundo tema más recurrente de todas las demandas SLAPP presentadas, después de la corrupción. Identificó demandas SLAPP en cuarenta y un países de todo el continente, incluidos Italia, Grecia, los Países Bajos, Polonia, el Reino Unido y Ucrania. A nivel mundial, las grandes petroleras, las grandes empresas agrícolas y otros intereses corporativos han presentado demandas contra personas y grupos que abogan por la protección del medio ambiente y el clima e intentan exigir responsabilidades a los actores clave.

El 25 de enero de 2023, Edwy Plenel, director de publicaciones de Mediapart, recibió una carta oficial de Damien Rebourg, director de comunicación de Total Energies, que contenía una severa amenaza de posibles consecuencias legales en caso de que se presentaran «acusaciones difamatorias» contra la empresa el 28 de enero de 2023. Esta fecha concreta coincidía con el evento dedicado por Mediapart a Total Energies y a sus prácticas corporativas (CASE, 2025).

Consecuencias

El informe InfluenceMap (2024) constituye un documento capital que demuestra de forma explícita y completa la estrategia continuada, interesada, obstruccionista y negacionista, desde la década de 1960, desplegada por las principales empresas del petróleo y el gas de Estados Unidos y Europa, y de sus correspondientes asociaciones corporativas, con relación a las consecuencias climáticas que sabían perfectamente que iban a producir si se seguían usando los combustibles fósiles.

Muestra la necesidad crucial de que los responsables políticos sean conscientes de las tácticas dilatorias de las empresas y corporaciones de los combustibles fósiles si quieren impulsar con éxito la transición energética y la implantación de políticas climáticas, cada día más urgentes, al ritmo que necesitamos.

Se basa en un análisis de la trama histórica de la industria de los combustibles fósiles y demuestra que este sector continúa en la actualidad utilizando una amplia variedad de narrativas y argumentos a pesar de que contradigan el análisis de la política basada en la ciencia climática.

Además, destaca los impactos asociados a esta campaña continuada de influencia, que ha permitido mantener un mercado expandido y sostenido para los productos derivados de los combustibles fósiles a expensas de las alternativas sin emisión de carbono. La venta y el uso de estos productos han tenido como resultado unas emisiones acumuladas de GEI que ahora amenazan con incrementar la temperatura global del planeta hasta un punto en que provoque impactos climáticos catastróficos para la humanidad, como se deduce ya de la mayor intensidad y frecuencia detectadas de los eventos meteorológicos extremos.

No está claro hasta qué punto todos los miembros de estas asociaciones corporativas de la industria del petróleo y el gas siguen apoyando estas tácticas porque algunas empresas han adoptado posiciones contradictorias y opuestas públicamente en los últimos años. Por otra parte, las mismas empresas siguen pagando importantes cuotas de afiliación a estas asociaciones corporativas y han confirmado en sus declaraciones que respaldan al menos parcialmente las estrategias de sus grupos. Algunas de las mayores compañías de petróleo y gas del mundo siguen pagando una prima elevada por integrarse en estas asociaciones. Shell, Chevron y Exxon han revelado que pagan entre 5 y 12,5 millones de dólares al año por ser miembros del API.

El análisis de las emisiones vertidas a la atmósfera por las empresas miembros de cada asociación revela importantes impactos climáticos, ya que simultáneamente utilizan estrategias para mantener el *statu quo*. Muchas empresas de petróleo y gas con elevadas emisiones las han justificado escudándose en la demanda de los consumidores por sus productos, que, según afirman, está fuera del control de la industria.

El ISDS y el TCE desempeñan un papel esencial en la protección de las inversiones en combustibles fósiles. El Premio Nobel de Economía Joseph Stiglitz calificó las demandas ISDS de «terrorismo de litigación».

Las demandas judiciales tipo SLAPP (demanda estratégica contra la participación pública) constituyen una clara amenaza contra la libertad de expresión e incluyen reclamaciones desproporcionadas.

Lo peor es que suponen un abuso del sistema legal para silenciar un derecho. Y el sector de los combustibles fósiles, entre otros, hace un uso significativo de este sistema.

Las compañías de carbón, petróleo y gas que están protegidas por tratados de inversión están reclamando cada vez más compensaciones por el lucro cesante en el marco del sistema ISDS cuando los gobiernos imponen límites en aplicación de su política climática. Las demandas ISDS absorben financiación pública necesaria para la mitigación y adaptación climáticas, especialmente en el Sur Global. El TCE protege más activos de petróleo y gas *upstream* que cualquier otro tratado, y ya se está utilizando para impugnar la acción climática (Tienhaara, 2022).

Para limitar el riesgo de demandas ISDS, los Estados deberían dejar de emitir permisos para nuevos proyectos de petróleo y gas, rescindir los tratados de inversión y redactar reglas para limitar el monto de compensación que se puede otorgar a los inversores.

Capítulo 8

Historia de la huella de carbono

British Petroleum y el nacimiento público de la huella de carbono

El concepto de «huella de carbono» *(carbon footprint)* se divulga públicamente a partir de una campaña publicitaria por parte de una de las grandes empresas petroleras: British Petroleum (BP). En 2000, la agencia publicitaria Ogilvy & Mather creó la nueva marca Beyond Petroleum («más allá del petróleo») para British Petroleum (Ogilvy, 2008), aunque se lanzó en 2011. La campaña, que costó inicialmente 200 millones de dólares, tenía como objetivo crear una nueva imagen. BP reemplazó su tradicional escudo verde por un nuevo logotipo que se parecía a un sol envuelto en hojas verdes. En 2004 utiliza el concepto de la «huella de carbono» para la campaña «Beyond Petroleum», que esencialmente lanzaba el mensaje a los consumidores de que generaban emisiones de carbono a través de sus actividades diarias.

Fue concebida por la agencia Ogilvy & Mather, que después de una refundación en 2018 pasó a denominarse únicamente Ogilvy y que pertenece desde el año 1989 al grupo WPP, el *holding* publicitario más grande del mundo por ingresos (DeSmog, 2023). La campaña de Beyond Petroleum tuvo tanto éxito que ganó ese año (2001) dos premios a la «campaña del año» de PRWeek y recibió en 2007 el premio EFFIE de Oro por el «éxito sostenido» de la Asociación Americana de Marketing (Ogilvy, 2007).

La campaña publicitaria «Beyond Petroleum» de BP ha sido elogiada por la prensa especializada como un modelo de responsabilidad social corporativa creíble, pero fuertemente criticada por el activismo climático, que la calificó de estrategia de «lavado de imagen ecológico», de *greenwhasing,* de ecopostureo, de *marketing verde* por parte de una empresa petrolera que no se diferencia en nada de sus competidores (Solman, 2008).

Con dicha campaña publicitaria para BP, Ogilvy logró introducir el concepto «huella de carbono» no solo en el vocabulario cotidiano de la población, sino como instrumento básico en la cuantificación de las emisiones de CO_2 y otros GEI. En principio el concepto «huella de carbono» no es problemático. Lo realmente grave en este caso es que la campaña promovía la idea de que la responsabilidad del cambio climático no recaía en la industria de los combustibles fósiles, sino en las personas de forma individual; transmitía la idea de que no era resultado de la actividad de las corporaciones y empresas, sino de la forma o estilo de vida de la gente, y especialmente del uso del coche.

Por este motivo, BP creó en 2004 la primera calculadora en línea de la huella de carbono, que figura en su propia página web y sigue estando activa todavía (BP, 2025a). Logró popularizar el concepto de huella de carbono mediante una gran campaña publicitaria (para comprobarlo, se puede consultar en Google Trends el término «huella de carbono») con la intención de que todo el mundo comprobara que con sus actividades cotidianas también contribuía a «calentar el mundo».

No obstante, el concepto de «huella» nace a principios de la década de 1990. Mathis Wackernagel y William E. Rees, a partir del debate suscitado en torno al concepto de «capacidad de carga humana», introdujeron un nuevo método de contabilidad ambiental, la «huella ecológica» *(ecological footprint),* para medir la demanda humana sobre la biosfera. Contaron con el factor oportunidad al publicar sus trabajos justo en el momento en que se celebró la Cumbre de la Tierra de Río en 1992 (Rees, 1992; Wackernagel y Rees, 1996).

Después de Río, la necesidad de reducir el impacto humano sobre la Tierra se convirtió en una exigencia indiscutible.

Lo definieron como la cantidad de naturaleza o recursos necesarios para producir los bienes y servicios esenciales para mantener el actual estilo de vida. Analizaron el uso de los recursos en comparación con la capacidad de la Tierra para renovarlos. Presentaron la «huella ecológica» como un método capaz de detectar los límites ecológicos globales y su capacidad regenerativa. Desarrollaron el concepto de «huella ecológica» *(our ecological footprint)* como una herramienta que permite medir y visualizar los recursos necesarios para sustentar nuestros hogares, comunidades, regiones y naciones y consiguieron así que conceptos aparentemente complejos, como «capacidad de carga», «uso de recursos», «eliminación de residuos» y similares, pudieran ser comprendidos y usados por todos al quedar reflejados de forma gráfica.

Pero volviendo a la campaña de BP, ¿cuál era la definición de la huella de carbono que utilizó BP en 2007?

> La huella de carbono es la cantidad de dióxido de carbono emitido debido a tus actividades diarias, desde lavar una carga de ropa hasta llevar a los niños al colegio en coche.

Wiedmann y Minx (2008), en su trabajo *A Definition of «Carbon Footprint»,* proponen la siguiente definición:

> «La huella de carbono es una medida de la cantidad total exclusiva de emisiones de dióxido de carbono que son causadas directa e indirectamente por una actividad o que se acumulan a lo largo de las etapas de vida de un producto». Esto incluye actividades de individuos, poblaciones, gobiernos, empresas, organizaciones, procesos, sectores industriales, etc. Los productos incluyen bienes y servicios. En cualquier caso, deben tenerse en cuenta todas las emisiones directas *(in situ,* internas) e indirectas (externas, incorporadas, aguas arriba, aguas abajo).

La propuesta de BP es objetivamente diferente y muy distinta de otras definiciones de la huella de carbono enunciadas en esa época, durante el año 2007 (Wiedmann y Minx, 2008), lo cual demuestra claramente la intencionalidad sesgada de BP, que expresamente la limita a la responsabilidad individual de las personas.

Debido a este enfoque de la campaña publicitaria de BP, la responsabilidad de la huella de carbono se mantuvo en gran medida centrada en los individuos, a pesar de que cualquier actividad, y especialmente la desarrollada por las empresas de petróleo, como BP, genera emisiones de GEI mucho más importantes. Hoy en día la huella de carbono es un indicador ambiental, ampliamente utilizado, que pretende reflejar la totalidad de los GEI emitidos por efecto directo o indirecto de un individuo, organización, evento o producto. Este impacto ambiental es valorado llevando a cabo un inventario de emisiones de GEI o un análisis de ciclo de vida según la tipología de la huella, siguiendo normativas internacionales reconocidas, tales como PAS 2050 o GHG Protocol, entre otras.

Entre 2000 y 2008, BP lanzó una serie de anuncios que dejaban muy claros su mensaje y su intención. En el marco de esta campaña publicitaria se realizaron, entre otras acciones, todo un conjunto de vídeos, con una duración de alrededor de treinta segundos, y que están todavía disponibles en YouTube (Best of Beyond Petroleum/ BP Commercial), con los siguientes mensajes (BP, 2025b):

- 2000 commercial: beyond petroleum BP.
- 2003 commercial: «convincing consumers to change the negative view of the oil industry...».
- 2004 BP Ad: Carbon Footprint: What size is your carbon footprint? → bp.com:carbonfootprint.
- 2004 Jun 11 BP Beyond Petroleum Cleaner Fuels Reduce Ozone Pollution.
- BP Advert (Revised) Beyond Petroleum Ad: «Over the past 200-year human activity has increase carbon dioxide to wee outside of nature range...».
- 2008 BP UK TV Commercial: oil, natural gas, wind, solar, biofuels → energy diversity.

La campaña publicitaria fue contratada y lanzada cuando Lord Browne era director ejecutivo de BP *(The New York Times,* 2002). El proceso de cambio de imagen fue un intento de BP de destacarse de las otras corporaciones petroleras globales difundiendo la idea de que la extracción y producción de combustibles fósiles podrían convertirse en algo limpio y agradable. Lord Browne fue sustituido en 2007 por Tony Hayward, quien en su informe anual de 2009 anunció que, si bien apoyaba una «evolución baja en carbono», BP «también debe seguir produciendo los hidrocarburos de alta calidad que requiere un mundo con una población en aumento, economías en crecimiento y mayor movilidad... La gente necesita que BP siga haciendo lo que mejor sabe hacer».

BP ha seguido insistiendo en sus campañas publicitarias. En 2019, las agencias subsidiarias de WPP, Ogilvy, Purple Strategies y Mindshare Media, lanzaron la campaña global más grande de BP desde la crisis del Deepwater Horizon, «Possibilities Everywhere». Fue una campaña multimedia que incluyó anuncios en televisión, vallas publicitarias, redes sociales y periódicos, entre ellos *Financial Times* y *The Wall Street Journal*.

La crisis conocida con el nombre de Deepwater Horizon se inició el 20 de abril de 2010 por la explosión e incendio de la plataforma de perforación Deepwater Horizon, que era propiedad de Transocean pero que perforaba para BP en el campo petrolero Macondo Prospect, aproximadamente a 64 km al sureste de la costa de Luisiana. La explosión provocó el hundimiento de la plataforma y la muerte de once trabajadores, así como un incendio en el pozo de petróleo y su derrame masivo en alta mar, en el golfo de México, considerado el mayor derrame accidental de petróleo marino ocurrido en todo el mundo y el mayor desastre ambiental en la historia de Estados Unidos.

Los anuncios de la campaña «Possibilities Everywhere» se centraron en la inversión de BP en energía renovable, incluso cuando el 96% de su gasto anual se destinaba a combustibles fósiles. Un anuncio creado por Ogilvy y Mindshare afirma: «Al producir gases naturales de combustión más limpia, energía solar y eólica y una carga más rápida para vehículos eléctricos, BP asegura que existen posibilidades en todas partes para un avance continuo».

Otro anuncio, que se publicó en Facebook, YouTube y Twitter, se centra en la asociación de BP con Fulcrum BioEnergy, una empresa dedicada, según afirma, a convertir la basura en combustible para aviones. La campaña se dirigió a políticos y otras audiencias influyentes con grandes vallas publicitarias en el aeropuerto de Dulles y anuncios en POLITICO EU en los que BP instaba a los lectores a concienciarse sobre «viajar de forma más sostenible».

En diciembre de 2019, el bufete de abogados ambientalistas Client Earth presentó una denuncia legal contra BP en el Reino Unido solicitando la retirada de la campaña «Possibilities Everywhere». La presentó ante la sede en el Reino Unido de la Organización para la Cooperación y el Desarrollo Económicos (OCDE), alegando que «Possibilities Everywhere» violaba las directrices de la OCDE para la comunicación entre empresas multinacionales y el público porque engañaba a los consumidores «al exponer un enfoque en inversiones en energía limpia cuando en realidad más del 96% del gasto anual de BP todavía se destina a petróleo y gas». Client Earth contrató a la firma de relaciones públicas Huddle Creative con el fin de recrear los anuncios de «Possibilities Everywhere» —en los que BP se exime de responsabilidad— para asegurar esta vez que los combustibles fósiles causan el cambio climático. En febrero de 2020 BP suspendió la campaña «Possibilities Everywhere».

La humanidad vive en una sociedad alimentada y sustentada principalmente por el uso de los combustibles fósiles. La mejor oportunidad para demostrar la huella de carbono individual, personal, se produjo durante la pandemia por el COVID-19 en 2020, que supuso una reducción drástica del uso de vehículos individuales y de vuelos. Sin embargo, lo más revelador es que las emisiones de CO_2 no mostraron una caída significativa: la Agencia Internacional de la Energía estimó en un 7-8% su reducción con respecto al año precedente, 2019. La cuestión —y el problema— es que los combustibles fósiles son la base energética del sistema.

«Antes del eslogan "más allá del petróleo", añadimos: "Es un comienzo". "Beyond Petroleum" es solo publicidad. Se ha convertido en mera publicidad». Son palabras de John Kenney, uno de los publicistas responsables de parte de dicha campaña (*The New York Times*, 2006). BP popularizó el término «huella de carbono» con la intención de blanquear su imagen y transferir su culpabilidad a la gente. La realidad está siendo muy dura, no hubo voluntad real de hacer un cambio, de proceder a una transformación del modelo energético. Y se sigue insistiendo en la misma estrategia *(The New York Times,* 2025).

La agencia publicitaria Ogilvy y su relación con las compañías petroleras

Como ya se ha indicado, Ogilvy creó en el año 2000 la nueva marca Beyond Petroleum para British Petroleum. Pero esta agencia publicitaria tiene un largo recorrido de relación con otras empresas del sector de los combustibles fósiles.

Ogilvy fue la agencia de relaciones públicas de Shell North America desde 1960 hasta 1999, y creó para ella campañas como «Count on Shell» de 1998 y «Shell Answer Man», que duró décadas.

En abril de 2003, el American Chemistry Council (ACC) contrató a Ogilvy para crear una campaña de relaciones públicas y publicidad que aumentara el apoyo público y político para las industrias químicas y del plástico.

Ogilvy creó en 2008 Ogilvy Earth, una rama de su trabajo de relaciones públicas y publicidad que describió como una «práctica holística de comunicaciones de sostenibilidad». Cuando Ogilvy Earth se lanzó por primera vez, su sitio web describió su misión como «reducir la huella de las empresas en el planeta al mismo tiempo que aumenta su rentabilidad». En dicho sitio web incluyó además *From Greenwash to Great* [Del lavado verde a la excelencia], una guía de *marketing* creada por Freya Williams, cofundadora de Ogilvy Earth (PR Newswire, 2010).

El departamento de relaciones gubernamentales de Ogilvy ha dominado el *lobby* climático. Un análisis del año 2009 del Centro para la Integridad Pública de Estados Unidos concluyó que el *lobby* de Ogilvy ocupaba el segundo puesto, después de Alpine Group, como representante de intereses comerciales poderosos en su lucha contra la legislación sobre límites máximos y comercio de emisiones. El departamento de relaciones gubernamentales de Ogilvy estaba haciendo *lobby* en nombre del Instituto Americano del Petróleo (API), el Consejo Americano de Química, Chevron, Reliant Energy, Monsanto y la Federación Nacional de Productores de Leche en relación con la Ley Estadounidense de Energía Limpia y Seguridad.

En 2014 presionó a favor del oleoducto Keystone XL en nombre de API. En 2021 presionó a la Cámara y al Senado contra las tarifas de metano en nombre de API. Y en 2022 lo hizo contra la Ley de Impuestos a las Ganancias Inesperadas de las Grandes Petroleras en nombre de API.

Como puede deducirse muy fácilmente de lo expuesto, la agencia publicitaria Ogilvy, desde el año 1960 hasta la actualidad, ha mantenido una continuada, intensa y estrecha relación profesional con las empresas y corporaciones de los combustibles fósiles.

Ogilvy y su relación con la Convención Marco de las Naciones Unidas sobre el Cambio Climático (CMNUCC)

En el año 2009, la Conferencia de las Naciones Unidas sobre el Cambio Climático contrató a Ogilvy Earth, antes de la COP15 de Copenhague, para crear apoyo público con vistas a alcanzar un acuerdo sobre el cambio climático. La COP15 fue especialmente importante porque se discutía la renovación del Protocolo de Kioto, que no se consiguió. Además, y simultáneamente, estaba teniendo lugar lo que se conoce como *Climagate* (véase el capítulo 10). Ogilvy creó la campaña «Hopenhagen», dirigida por Freya Williams (según su LinkedIn), que se implementó con la ayuda de las firmas de relaciones públicas Ketchum y Hill & Knowlton (Cartwell PR, 2009).

En la COP18 celebrada en 2012 en Doha, la Fundación Rockefeller y la Convención Marco de las Naciones Unidas sobre el Cambio Climático (CMNUCC) lanzaron «Momentum for Change: Women for Results», una iniciativa financiada por dicha fundación para mostrar el activo e importante papel que desempeñan las mujeres en la lucha contra el cambio climático (Rockefeller Foundation, 2013). Antes de la COP19 en Varsovia, la Conferencia de las

Naciones Unidas sobre el Cambio Climático, en 2013, volvió a contratar a Ogilvy para trabajar en la campaña «Momentum of Change» (UNFCCC, 2014). Según la revista de relaciones públicas *The Holmes Report,* se contrataron expertos en sostenibilidad de Ogilvy Earth para ayudar con el mensaje de la campaña.

Lo que sí llama la atención profundamente, resulta preocupante y produce una extraña y oscura sensación es la relación de Ogilvy —dado su historial de clientes dedicados a la extracción y producción de combustibles fósiles— con la Convención Marco de las Naciones Unidas sobre el Cambio Climático (CMNUCC).

Capítulo 9

Los subsidios a los combustibles fósiles

¿Cuánto reciben los combustibles fósiles en subsidios?

En este capítulo se hace un análisis de los subsidios que el uso de los combustibles fósiles y las empresas y corporaciones del sector están recibiendo. Este es otro de los éxitos que la industria de los combustibles fósiles ha conseguido: que los gobiernos la hayan subvencionado —y lo sigan haciendo—, tanto mediante subsidios explícitos o directos como asumiendo los implícitos o las externalidades debidas a la contaminación atmosférica y a la emisión de CO_2 y otros GEI, especialmente CH_4. Los combustibles fósiles, al estar subsidiados desde hace ya muchos años, reducen los incentivos económicos para su sustitución. Además, distorsionan los mercados energéticos e influyen en la oferta y el consumo que se hace de ellos.

Se consideran dos grandes grupos de subsidios. Los subsidios explícitos o directos son el «dinero que paga un gobierno o una organización para reducir los costes de los servicios o de la producción de bienes con el fin de que sus precios se puedan mantener bajos». Se articulan mediante pagos directos con el objetivo de abaratar el uso de los combustibles fósiles, en este caso, o bien en forma de reducción de impuestos. Estos pagos pueden ir directamente a los productores de los combustibles fósiles para que el coste de extracción y refino sea menor (como los subsidios a las centrales eléctricas de carbón) —son los llamados «subsidios a la producción»— o bien orientados a los consumidores para que puedan comprar combustibles fósiles más baratos de lo que marca el precio de mercado —son los llamados «subsidios al consumo».

Los subsidios al consumo implican la intervención de un gobierno para que la electricidad o el gas se vendan a precios más asequibles, por ejemplo, mediante la reducción del IVA; para subvencionar la gasolina o el diésel (gasóleo) de modo que los consumidores —o sectores enteros, como el pesquero o agrícola— paguen menos por ella, o bien para apoyar el uso de combustibles como el queroseno (que está exento de impuestos) para el sector de la aviación (se estima que esta exención pudo costarle a España 4.610 millones de euros en 2022 [Climática, 2025]). En resumen, los subsidios a la producción reducen el coste de producir carbón, petróleo o gas, mientras que los subsidios al consumo reducen los precios de los combustibles para el consumidor final.

Además de los subsidios explícitos, también se deben considerar los subsidios implícitos, es decir, los costes que comporta el uso de combustibles fósiles. Cuando quemamos combustibles fósiles, provocamos contaminación atmosférica local o regional que afecta a la salud humana y al medio ambiente y propiciamos a su vez el cambio climático, que también produce daños ambientales y sociales a otra escala espacial y temporal. El Fondo Monetario Internacional (FMI), además de tener en consideración estos costes sociales, también atribuye a los combustibles fósiles en sus cálculos los costes provocados por los accidentes de tráfico y los problemas de congestión.

Los economistas, en este caso, suelen hablar de costes indirectos que no se reflejan en los precios del mercado y los denominan «externalidades» en lugar de «subvenciones». El concepto de «externalidad» se utiliza para referirse a las ganancias o pérdidas que asume determinado agente económico o la sociedad como consecuencia de la actividad de otro sujeto, en este caso por el uso de los combustibles fósiles, cuando no existe un pago o una compensación por dicha acción. Se trata de costes enormes: se estima que más de ocho millones de personas murieron en 2021 (UN, 2024) a causa de la contaminación del aire causada únicamente por los combustibles fósiles. El FMI los ha convertido en costes monetarios. Esta conversión es útil para obtener una cifra total, pero no es simple. No hay una cifra universal que refleje estos costes, ya que son sensibles a las condiciones y supuestos que se utilizan para el cálculo de los daños causados por la contaminación y el cambio climático.

Cabe señalar que también hay otro tipo de subsidios o medidas de protección a los combustibles fósiles (que no se incluyen en las actuales valoraciones), como es el aval crediticio, por el cual los gobiernos o el sistema bancario y financiero ofrecen apoyo a la inversión en la producción de combustibles fósiles mediante el aumento del acceso al crédito o la reducción del coste de los préstamos a través de garantías o condiciones favorables. La ayuda crediticia que los gobiernos otorgan genera beneficios sustanciales a la infraestructura intensiva de la industria de los combustibles fósiles, obstaculizando así la transición hacia un mundo con cero emisiones de carbono. Por lo tanto, cuantificar este coste contribuye a mejorar la transparencia en el uso de los recursos públicos.

¿Qué cantidad de dinero representa?

Las estimaciones sobre la cantidad que representan los subsidios son complejas debido a que se pueden determinar y detallar con diferentes métodos y factores (producción, consumo...) y, en consecuencia, los resultados varían, por lo que se debe ser muy cuidadoso con ellos. Su estimación puede contemplar únicamente los subsidios explícitos o directos o bien incluir los subsidios implícitos, teniendo en consideración los costes externos debidos a los daños a la salud humana, al medio ambiente y al clima. Sin embargo, las estimaciones no cubren todos los subsidios dada la dificultad de disponer de los datos correspondientes, por lo que es probable que siempre estén por debajo de la cuantía real que representa la totalidad de subvenciones que recibe el sector de los combustibles fósiles (Timperley, 2017).

Las inconsistencias en las definiciones y los datos a veces se utilizan como excusa para posponer acciones para limitar o eliminar el consumo de combustibles fósiles. Por ello resulta fundamental y urgente una mayor transparencia respecto a conocer las cantidades reales que se están destinando a subvencionar a este sector. Si la gente no se pone de acuerdo sobre las cifras, es muy fácil para la industria o para otros intereses relacionados con los combustibles fósiles argumentar en contra de su eliminación. De momento la situación no permite disponer de un conocimiento suficientemente preciso de la magnitud de estos subsidios.

La Agencia Internacional de la Energía (IEA, 2023 y 2024) lleva más de una década haciendo un seguimiento de los subsidios explícitos a los combustibles fósiles durante el período 2010-2023. También analiza el impacto positivo que podría tener la eliminación de los subsidios en los mercados energéticos, en los presupuestos gubernamentales y en los esfuerzos para afrontar el cambio climático. Este seguimiento está también armonizado con la OCDE (2018).

La serie varía entre los 330 y los 616 billones de dólares anuales (los números están en dólares americanos; un billón americano equivale a mil millones). La cuantía disminuyó en 2020 debido a la pandemia por el COVID-19 y aumentó en 2022 porque el precio de la energía se disparó a causa de la invasión rusa de Ucrania. Los subsidios al consumo prácticamente se duplicaron entre 2021 y 2022 y volvieron a caer, aunque no totalmente, en 2023. Los subsidios al consumo de gas natural y electricidad se duplicaron con respecto a 2021, mientras que los subsidios al petróleo aumentaron alrededor del 85%.

Según el análisis de OWD (Ritchie, 2025), alrededor del 80% de estos subsidios explícitos se destinó a los consumidores, mientras que el 20% restante lo recibieron los productores de combustibles fósiles.

El FMI (IFM, 2024) estima los subsidios totales, pues considera tanto los explícitos (E) como los implícitos (I). En la siguiente tabla se puede evaluar la evolución desde el año 2010 de los subsidios explícitos, a partir de los cálculos de la AIE (IEA, 2024a), y desde el año 2015 la suma de explícitos e implícitos a partir de las estimaciones del FMI. El PIB mundial se ha obtenido de las series temporales del Banco Mundial (WB, 2025).

Los subsidios explícitos representan alrededor de un 8% del total e implican entre un 0,6-0,8% del PIB mundial. Si se considera la suma de los subsidios explícitos/directos y de los implícitos/externalidades, los valores se disparan de 4.400 a 6.500 billones de dólares anuales, lo que supone más del 6% del PIB mundial, con una predisposición al alza habida cuenta de que los costes por los daños en el clima ya presentan una clara tendencia a amplificarse a medida que la temperatura del aire sigue aumentando (Rennert, 2022). Por ejemplo, las compañías de seguros ya están reflejando los costes sobre desastres naturales desde 1980 (Munich Re, 2025).

	Banco Mundial	AIE	FMI			
billion USD	*PIB mundial*	Explícitos	Exp + imp	% E/E + I	E/PIBm	(E + I)/PIBm
2010	66610	466			0,7%	
2011	74080	538			0,7%	
2012	75710	596			0,8%	
2013	77870	547			0,7%	
2014	80020	490			0,6%	
2015	75470	376	4441	8%	0,5%	5,9%
2016	76700	328	4340	8%	0,4%	5,7%
2017	81710	367	4719	8%	0,4%	5,8%
2018	86880	512	5358	10%	0,6%	6,2%
2019	88150	423	5577	8%	0,5%	6,3%
2020	85760	263	5005	5%	0,3%	5,8%
2021	97850	588	5947	10%	0,6%	6,1%
2022	101770	1178	7035	17%	1,2%	6,9%
2023	106170	616	6519	9%	0,6%	6,1%

Los combustibles fósiles han recibido en los últimos años subsidios directos o explícitos a un ritmo de 1,2 millones de dólares por minuto (de doce si se incluyen los subsidios implícitos). Para contextualizar, los 6.519 billones de dólares del año 2023 equivalen a prácticamente el 6,1% del PIB mundial, una cantidad enorme de dinero. Es un porcentaje superior al que los gobiernos asignan anualmente a la educación (4,3%) y representa en torno a dos tercios de lo que destinan a la atención sanitaria (10,9%).

Según el último informe de la Agencia Internacional de Energías Renovables (IRENA, 2024), para cumplir los compromisos acordados en la COP28 de triplicar la capacidad de energía renovable a nivel mundial para 2030, se debe duplicar la potencia de generación de electricidad instalada en 2023 todos los años. Los gobiernos continuaron en 2023 destinando grandes subvenciones al sector de los combustibles fósiles: gastaron 616 billones de dólares en subsidios directos, especialmente en las economías emergentes y en desarrollo. Esta cantidad es claramente superior a los 70 billones de dólares destinados a respaldar inversiones en energía limpia orientadas al consumidor, incluidas subvenciones para los vehículos eléctricos, mejoras de eficiencia o bombas de calor.

Un requisito clave en el escenario de 1,5 °C es que el aumento del uso de energía renovable debe ir acompañado de una disminución de la dependencia de los combustibles fósiles. Por ello, las tendencias de apoyo e inversión de los gobiernos deben cambiar rápidamente por el compromiso asumido en la COP28 de ir abandonando los combustibles fósiles *(transition away from fossil fuels)*. Ambos aspectos están obstaculizados por la acción de las corporaciones y países productores de combustibles fósiles, que actúan como elementos de aplazamiento desplegando todo su arsenal de actividades negacionistas que les permiten perpetuar el uso de los combustibles fósiles. La nueva capacidad planificada de energía a base de petróleo y gas aumentó un 13% en 2022 (Martos y Joly, 2023), mientras Estados Unidos establecía un récord mundial de producción de petróleo por sexto año consecutivo en 2023 (EIA, 2024).

En el informe de la OCDE (2018) se señala que los resultados preliminares muestran que la asistencia crediticia gubernamental a proyectos relacionados con los combustibles fósiles podría alcanzar hasta el 20% del valor nominal de un préstamo, lo que implica que estas ayudas en los países del G20 y los bancos multilaterales de desarrollo podrían suponer hasta 14 billones de dólares anuales.

A su vez, en el inventario de la OCDE (2025) se muestran los subsidios directos a los combustibles fósiles en diferentes países. Las cantidades subsidiadas en España oscilan entre los 300 y los 700 millones de euros anuales en el período 2010-2020:

1. Desaparecen progresivamente las ayudas al carbón.
2. Entre 2010-2015 fueron principalmente subsidios a la ampliación de la capacidad eléctrica.
3. A partir de 2015 se incorpora una respuesta a la demanda eléctrica del sector industrial con subsidios al consumo.

Conviene de nuevo recordar que estos números son una estimación a la baja, ya que incluyen solo tres conceptos, tal y como están reflejados en el inventario efectuado por la OCDE, que no es un resumen exhaustivo de todo el apoyo a los combustibles fósiles.

No obstante, es necesario mencionar que, en el conjunto de la Unión Europea, los impuestos sobre la energía que gravan los combustibles suponen el 51%, frente al 26% que afrontan los demás, lo que representa el 77% del total de ingresos ambientales. El peso de los impuestos medioambientales en el conjunto de los países de la Unión Europea se sitúa en torno al 6% del total de ingresos impositivos (incluidas las cotizaciones sociales), según datos de Eurostat (CGE, 2023).

En el caso de España, según los datos de la Agencia Tributaria, la recaudación por el Impuesto Especial sobre Hidrocarburos es del orden de diez mil millones de euros anuales, y recae en general sobre el consumo de combustibles como gasolina y gasóleo. Pero su finalidad no ha sido la protección medioambiental, sino meramente recaudatoria al ser relativamente sencillos de aplicar. En el caso español, los tributos que gravan los combustibles tienen mayor peso dentro de los impuestos ambientales, el 61,1%, mientras que el peso de los demás se distribuye de la siguiente manera: sobre la energía (21,1%), transporte (13,4%) y población/recursos (4,4%), y genera menos recaudación en comparación con la media comunitaria. En España la recaudación de impuestos relacionados con el medio ambiente ha sido tradicionalmente menor que la media comunitaria: se sitúa en un 5% del total de ingresos tributarios y representa el 1,8% del PIB; sus valores, por tanto, son muy similares a la media de la OCDE. La comparación con los otros países comunitarios sitúa a España entre los tres o cuatro miembros de la Unión Europea en cuyos sistemas fiscales, de manera recurrente, los impuestos medioambientales tienen un menor peso recaudatorio (CGE, 2023).

Para ilustrar con un ejemplo el modo en que actúan las corporaciones del sector de los combustibles fósiles para obtener subsidios mediante la rebaja de impuestos, basta con recurrir al reciente caso de Repsol y sus presiones al gobierno español y a los grupos políticos respecto al impuesto a las energéticas, un asunto que ha sido ampliamente cubierto por los medios de comunicación *(La Vanguardia,* 2024). Este impuesto gravaba a las grandes empresas del sector con el fin de generar ingresos públicos adicionales y financiar políticas de apoyo a los ciudadanos. Repsol manifestó públicamente su preocupación por el impacto negativo del impuesto en sus operaciones y en la competitividad del sector energético español. Además, la compañía enfatizó que este impuesto podría desalentar la inversión en proyectos de transición energética y, por tanto, perjudicar los esfuerzos para cumplir con los objetivos climáticos establecidos por la Unión Europea. En este sentido, la empresa argumentó que una carga fiscal adicional dificultaba la capacidad de financiar la transición hacia las fuentes de energía renovables. Finalmente, este impuesto no ha sido aprobado en sede parlamentaria.

Cada vez se considera más importante para reducir las emisiones de GEI dejar de respaldar al sector de los combustibles fósiles (OCDE, 2018; IEA, 2024). Tanto el G7 como el G20 se han comprometido a eliminar los «subsidios ineficientes» a los combustibles fósiles. Su eliminación es beneficiosa para abordar los objetivos de política climática. La promesa del G20 de eliminar gradualmente los subsidios «ineficientes» a los combustibles fósiles a «medio plazo» sigue sin tener una fecha límite fijada y sin concretar qué tipo de apoyo debería y no debería incluirse en esa eliminación gradual. La promesa al respecto del G7 es igualmente vaga, aunque en este caso su fecha límite es 2025 (Timperley, 2018).

Pese a este compromiso de los países del G20, todavía no se sabe con certeza cómo afectaría la eliminación gradual de los subsidios a la producción y los rendimientos de las inversiones en combustibles fósiles, en particular en el caso de las subvenciones a los productores.

Los países del G20 apoyaron la producción de combustibles fósiles destinándole un promedio de 444.000 millones de dólares anuales entre 2013 y 2014 a través de subsidios nacionales —por valor de 70.000 millones de dólares—, inversiones de empresas estatales —por valor de 286.000 millones de dólares— y financiación pública —por valor de 88.000 millones de dólares. La magnitud de este apoyo no es coherente con el compromiso de eliminar los subsidios a los combustibles fósiles ni con los objetivos climáticos del Acuerdo de París (ODI, 2015).

La cuantía de los subsidios a la producción de combustibles fósiles del G20 pone en duda el compromiso de sus gobiernos con un acuerdo ambicioso sobre el cambio climático. Varios países han aumentado sus compromisos de reducción de las emisiones de GEI, pero la continuidad de los subsidios a la producción de combustibles fósiles plantea serias preocupaciones al respecto y podría socavar las perspectivas de un acuerdo climático ambicioso. Además de eliminar gradualmente los subsidios nacionales, los gobiernos del G20 tienen una gran oportunidad para afrontar el desafío climático al desviar la inversión de las empresas estatales y las finanzas públicas desde la producción de combustibles fósiles hacia las energías limpias. Sin embargo, una cosa es que las naciones se comprometan y otra muy distinta es que den el paso más importante y necesario: retirar su apoyo a la industria de los combustibles fósiles.

Erickson *et al.* (2017) evaluaron cómo podría influir la eliminación de los subsidios a la producción de petróleo en las decisiones de los inversores y evidenciaron que su impacto en la producción de petróleo y las emisiones asociadas en Estados Unidos sería potencialmente muy alto. De hecho, sin subsidios federales y estatales, casi la mitad de la futura producción petrolera de Estados Unidos no sería rentable a precios de cincuenta dólares por barril. Esto subraya la importancia de entender cómo afectan los subsidios a las decisiones de los inversores.

Los subsidios estadounidenses a los productores de petróleo, gas y carbón suman más de veinte billones de dólares cada año. Eso no es calderilla. De hecho, es suficiente para comprar mucha influencia política a través de contribuciones a las campañas electorales y gastar mucho en gestionar dicha influencia. Con la eliminación o reducción de los subsidios, los políticos estadounidenses podrían impulsar la acción climática de manera más amplia al remitir el dominio que la industria de los combustibles fósiles ejerce en los procesos políticos. Lamentablemente, la actual situación política en Estados Unidos, con un presidente que se ha declarado públicamente negacionista, va en la dirección totalmente contraria.

Según un nuevo estudio (ODI, 2018), los gobiernos del G7 siguen aportando al menos cien billones de dólares anuales para apoyar la producción y el consumo de petróleo, gas y carbón a pesar de las reiteradas promesas de suprimir los subsidios a los combustibles fósiles para 2025.

Como puede deducirse, los gobiernos de las principales economías mundiales no tienen ni demuestran mucho entusiasmo al abordar esta cuestión, al margen, como ya hemos visto, de la enorme presión que deben soportar de las compañías de petróleo y gas.

¿Qué países otorgan los mayores subsidios a los combustibles fósiles?

Existen enormes diferencias entre países (Ritchie, 2025). Los países que otorgan los subsidios más elevados son los grandes productores de combustibles fósiles. Los principales productores de petróleo, como Arabia Saudí, Turkmenistán, Libia y Argelia, gastan más de quinientos dólares por persona (a veces más de mil dólares) para apoyar la producción de combustibles fósiles. Estos subsidios pueden representar más del 10% del PIB. Los países de Europa, América del Norte y del Sur y Asia oriental suelen dar menos de cien dólares por persona. En África y Asia meridional, incluso menos de veinte dólares, y a veces casi cero.

Desde otra perspectiva, las cuantías de los subsidios pueden ser elevadísimas en comparación con otros gastos públicos. En muchos países los subsidios a la energía superan varias veces la totalidad del gasto destinado a la red de seguridad social.

El impacto en las emisiones de CO_2 de eliminar los subsidios a los combustibles fósiles

Hace mucho tiempo que se contempla la eliminación de los subsidios destinados por los gobiernos y el sistema bancario y financiero a los combustibles fósiles como una medida de gran impacto para contribuir a reducir las emisiones de GEI en el mundo, además de ahorrar cientos de miles de millones de dólares de dinero público.

Una investigación (Jewell *et al.*, 2018) concluyó que la eliminación de los subsidios reduciría las emisiones de CO_2 entre 0,5 y 2,2 Gt por año, tanto en escenarios de precios altos de petróleo como de precios bajos. La eliminación de los subsidios resultaría en mayores reducciones de emisiones en las regiones exportadoras de petróleo y gas, como Rusia, América Latina y Oriente Medio.

Otro informe, publicado por la Iniciativa Global de Subsidios (GSI) y el Instituto de Desarrollo de Ultramar (ODI), estima que la eliminación de los subsidios a los combustibles fósiles (IISD, 2017) reduciría las emisiones mundiales en 37 Gt de CO_2 entre 2017 y 2050. Esto supondría una media de 1,1 Gt de CO_2 al año, una estimación similar a la obtenida en el estudio anterior.

Las reducciones estimadas representarían una disminución de entre el 1 y el 5% de las emisiones globales de CO_2 en el año 2024, que se han calculado en 37,4 Gt de CO_2 (Friedlingstein *et al.*, 2024). Es probable que esta cantidad sea más elevada, ya que los estudios se basan en una estimación conservadora. Puede parecer una cantidad «pequeña», pero sería una más de las acciones coordinadas para eliminar la emisión de CO_2 a la atmósfera, y todas las actuaciones son necesarias porque no existe una solución milagro que aborde la totalidad de las emisiones globales de GEI.

Según el informe *AR6* del IPCC (2023), si los precios de los combustibles fósiles reflejaran su coste real, las emisiones mundiales de CO_2 se podrían reducir en un 10% para 2030.

No obstante, su eliminación también puede plantear inconvenientes. En algunos países, como la India, las emisiones podrían aumentar si se eliminan los subsidios a los combustibles fósiles porque en este caso la supresión de subvenciones al petróleo y el gas podría desembocar en un mayor consumo de carbón en lugar de en un aumento de la eficiencia energética o en la adopción de energías renovables.

También es necesario tener en consideración los impactos que la eliminación de los subsidios podría tener sobre la población con bajos ingresos dado que las subvenciones a los combustibles fósiles benefician más a los ricos debido, entre otras razones, a que estos viajan más en coche y sus vehículos consumen más. Cuando se eliminan, tienen una mayor afectación sobre la pobreza o precariedad energética, aunque también es cierto que todo ese dinero público puede destinarse ahora a implementar medidas de protección social que alivien especialmente la situación de la población más vulnerable, caso de Indonesia.

Relación Norte-Sur

La organización ActionAid (2018) ha examinado los fondos procedentes de los presupuestos de los gobiernos que se destinan a los sectores de los combustibles fósiles o la agricultura intensiva en el Sur Global (este término puede referirse tanto al tercer mundo como al conjunto de países en vías de desarrollo). Del análisis de las ayudas públicas, tanto nacionales como extranjeras, a estos sectores se deduce que su cuantía excede en mucho la asignada a políticas de desarrollo sostenible. El informe ha examinado los patrones de financiación pública y constata que:

— El sector de los combustibles fósiles ha estado recibiendo la asombrosa media de 438 billones de dólares anuales en subvenciones procedentes de fondos públicos de países del Sur Global entre 2016 y 2023. Las subvenciones para los combustibles fósiles se han ido incrementando durante estos años, y en 2023 alcanzaron los 495 billones de dólares.

— La financiación por parte del Norte Global a los países más afectados por el clima sigue siendo extremadamente insuficiente para apoyar la necesaria acción climática y la transición energética. Las ayudas económicas recibidas por el Sur Global representan una ínfima vigésima parte (el 5%) de la financiación pública que se destina a la industria de los combustibles fósiles y la agricultura industrial en esta zona del mundo.
— La falta de una financiación real para implementar medidas climáticas en el Sur Global significa que la energía renovable recibe cuarenta veces menos subvenciones públicas que el sector de los combustibles fósiles.
— Las inversiones públicas en energía renovable en el Sur Global ascienden a una media de solo 10,3 billones de dólares anuales. Y, lo que es aún más preocupante, la inversión en energía renovable en el Sur Global lleva tiempo a la baja. Se ha reducido a menos de la mitad entre 2016, con quince billones de dólares, y 2021, con siete billones de dólares.

Los sectores de los combustibles fósiles y la agricultura industrial son extractivos en el sentido más amplio de la palabra. No solo extraen los combustibles fósiles del terreno y la fertilidad de la tierra mediante monocultivos, sino que están consiguiendo extraer enormes cantidades de subvenciones públicas de los países del Sur Global. Las grandes corporaciones implicadas están empujando a estos países a niveles de crisis y pobreza cada vez más agobiantes, y a la vez están pagando entre poco y nada de impuestos gracias a normas mundiales y paraísos fiscales facilitados por los gobiernos del Norte Global.

Estos datos demuestran un patrón de flujos económicos tremendamente preocupante y dejan patente que la obtención corporativa de financiación pública está socavando activamente los intereses de los países más pobres y vulnerables al clima, así como los compromisos climáticos mundiales.

Los subsidios a los combustibles fósiles son muy elevados económicamente y tienen consecuencias negativas para la humanidad, el medio ambiente y el clima, pero en la sociedad actual el acceso a la energía es crucial, de modo que la solución no es tan simple como derogarlos sin más. Para poner fin a los subsidios que sostienen el consumo de los combustibles fósiles es necesario conseguir que la energía de fuentes limpias sea realmente asequible.

Este es precisamente uno de los argumentos de los negacionistas retardistas. El reto de todos los países es alcanzar un equilibrio entre descarbonización y seguridad energética, es decir, reducir las emisiones de CO_2 y a su vez garantizar el acceso a la energía a un precio razonable y de forma segura. Será la única forma de conseguir una transición energética justa para la sociedad. Pero nadie apoyará este proceso si tiene que renunciar a calentar su casa en invierno o si el coste de hacerlo es prohibitivo. El hecho de que los combustibles fósiles estén subsidiados dificulta enormemente la actual transición energética. Las alternativas limpias no solo tienen que ser más baratas que los combustibles fósiles, sino que deben ser más baratas que los combustibles fósiles con subsidios.

En la COP28 se determinaron tres barreras que limitan la posibilidad de eliminar los subsidios:

1. La falta de transparencia sobre los subsidios, que impide conocer cuáles son los que llegan de forma directa e indirecta a través de la exención de impuestos.
2. El entramado de los mercados con efectos en distintos países con otros marcos regulatorios.
3. El obstáculo al diálogo, que impide a los países actualizar sus acciones de forma simultánea con un «calendario claro».

Cuando se trata de la eliminación de los subsidios a los combustibles fósiles, no se está hablando de cuánto costarán estas reducciones a los gobiernos, sino de cuánto dinero se pueden ahorrar estos y también de hasta qué punto disminuirán los riesgos y los costes que genera la contaminación atmosférica y las emisiones de CO_2 y otros GEI, lo que contribuiría a frenar el calentamiento global. La eliminación de los subsidios a los combustibles fósiles debería ser parte de la acción climática de los gobiernos, ya que podría tener un impacto positivo en los mercados energéticos, los presupuestos públicos y los esfuerzos para abordar el cambio climático.

Aunque muchos de los subsidios habitualmente tienen como objetivo y orientación conseguir que la energía sea más asequible para los consumidores, la necesidad precisamente de garantizar que todo el mundo tenga acceso a la energía es una de las razones que llevan a muchos gobiernos a intervenir para mantener bajos los precios de los combustibles y la electricidad. Pero muchos están mal orientados y benefician de forma desproporcionada a los grupos con ingresos más elevados.

La AIE (IEA, 2024) indica que «los altos precios de los combustibles fósiles afectan más a los pobres, pero los subsidios rara vez están destinados a proteger a los grupos vulnerables y tienden a beneficiar a los segmentos más acomodados de la población». Muchos economistas recomiendan reemplazar gradualmente los subsidios al consumo con pagos directos dirigidos a las personas u hogares más vulnerables. Sin embargo, la eliminación de estos subsidios es políticamente difícil porque suscita mucha oposición, a veces violenta.

Según la AIE, si no se acomete una eliminación progresiva de los subsidios a los combustibles fósiles, los países no lograrán sus objetivos de lucha contra el cambio climático. La eliminación de los subsidios a los combustibles fósiles podría tener un impacto positivo en los mercados energéticos, los presupuestos públicos y los esfuerzos para abordar el cambio climático.

Al otorgar subsidios a la producción de combustibles fósiles, los países están creando un escenario de pérdidas para todos. Están invirtiendo grandes cantidades de dinero en activos con alto contenido de carbono que no pueden explotarse sin impulsar el planeta mucho más allá del objetivo acordado internacionalmente de limitar el aumento de la temperatura global a no más de 1,5 °C. Al mismo tiempo, están desviando fondos que sería necesario invertir en alternativas económicas bajas en carbono, como la energía solar, eólica e hidroeléctrica.

La persistencia de los subsidios a los combustibles fósiles es completamente absurda porque los países gastan miles de millones en fomentar su consumo mientras, al mismo tiempo, destinan también miles de millones (aunque muchos menos) a luchar contra el cambio climático provocado por dicho consumo. A ello hay que sumar, finalmente, los miles de millones para reparar los daños causados por el cambio climático, y, dado que este se está acelerando, la factura de sus efectos ya está creciendo exponencialmente (Munich Re, 2025). Urge por tanto poner fin cuanto antes a los subsidios sobre los combustibles fósiles.

Capítulo 10

Climagate

La COP15 de Copenhague

El término *Climagate* o «*Watergate* climático» hace referencia a un escándalo que estalló el 20 de noviembre de 2009, cuando cerca de mil correos electrónicos y tres mil documentos del Climatic Research Unit (CRU) de la Universidad de East Anglia (UEA) del Reino Unido fueron pirateados y publicados en internet. Estos documentos contenían conversaciones entre destacados científicos del clima, lo que generó una fuerte controversia y alegaciones sobre la manipulación de datos y la falta de transparencia en la investigación sobre el cambio climático.

Este incidente ocurrió pocos días antes de la Conferencia de las Partes (COP15) de las Naciones Unidas sobre el Cambio Climático en aplicación del CMNUCC, que ese año se celebraba en Copenhague y que suscitó un intenso debate sobre la credibilidad de la ciencia climática, la imparcialidad del IPCC y la validez del denominado «gráfico del palo de hockey» *(hockey stick graph)*, que en ese momento fue crucial en las evaluaciones de confirmación de la existencia del actual cambio climático.

La UEA ha sostenido que los correos electrónicos y los documentos fueron pirateados ilegalmente. Se han formulado diversas hipótesis y se han vertido acusaciones sobre los supuestos autores de este hecho (o de la posible filtración), desde agencias de inteligencia extranjeras hasta grupos de *lobby* de los Estados Unidos, pero no se ha podido descubrir al/a los responsable(s) de dicho jaqueo.

Los correos pirateados incluían comunicaciones entre científicos de alto perfil, como Phil Jones, director del CRU, y Michael Mann, creador del gráfico del palo de hockey. Los críticos del cambio climático utilizaron estos correos para argumentar que los científicos habían manipulado datos, suprimido información contradictoria y conspirado para evitar la publicación de investigaciones que refutaban el consenso sobre el calentamiento global.

Algunas de las frases extraídas de los correos hacían referencia a un *trick* («truco») para «ocultar el declive» y fueron interpretadas como pruebas de que los científicos estaban manipulando datos para hacer que el calentamiento global pareciera más dramático de lo que realmente era. Sin embargo, investigaciones posteriores han aclarado que el término «truco» se refería al uso de una técnica estadística legítima, y no a una manipulación de los datos.

Hubo numerosas investigaciones independientes sobre el *Climagate,* incluida una del Comité de Ciencia y Tecnología de la Cámara de los Comunes del Reino Unido y dos de comités independientes encargados por la UEA y que se centraron en los trabajos que se estaban realizando en la CRU (Lord Oxburgh, 2010) y en el comportamiento de los científicos involucrados (dirigidos por sir Russell Muir, *The Independent Climate Change E-mails Review,* 2010). Estas investigaciones no encontraron evidencia de mala praxis científica deliberada y exculparon en gran medida a los científicos. Se concluyó que su rigor y honestidad como científicos no estaban en duda. Y, sobre todo, no se descubrió ninguna prueba que pudiera socavar las conclusiones de las evaluaciones del IPCC.

Lord Oxburgh afirmó que su equipo no había encontrado «absolutamente ninguna evidencia de irregularidad alguna» y que, «fuera lo que fuera lo que se dijera en los correos, la ciencia básica parece haberse realizado de manera justa y correcta». Dijo que muchas de las críticas y acusaciones de mala praxis científica habían sido vertidas por personas «a las que no les gustan las implicaciones de algunas de las conclusiones alcanzadas por los científicos de la CRU». Las reiteradas peticiones de libertad de información hechas por el escéptico del cambio climático Steve McIntyre y otros «podrían considerarse una campaña de acoso».

El *Climagate,* no obstante, tuvo un impacto negativo y significativo en la opinión pública y en el discurso político. Muchos negacionistas y escépticos del cambio climático lo vieron como una validación de sus argumentos en contra del consenso y de la manipulación científica sobre el calentamiento global. Por otro lado, muchos defensores de la ciencia climática consideraron la filtración un ataque coordinado destinado a desacreditar la ciencia climática justo antes de una cumbre internacional clave.

El palo de hockey

Una de las principales piezas de controversia en el *Climagate* fue el gráfico del «palo de hockey», desarrollado por Michael Mann y sus colegas, publicado en 1998 y complementado por otro artículo en 1999. Este gráfico mostraba una reconstrucción de las temperaturas globales de los últimos seiscientos años (1400-1995) que adoptaba una forma relativamente plana durante gran parte de ese período, seguida de un aumento brusco de las temperaturas en el siglo XX. La forma del gráfico se asemeja a un palo de hockey, con un «mango» plano y una «hoja» que se dispara hacia arriba, lo que sugiere un calentamiento rápido y sin precedentes en los tiempos recientes.

Dado que solo se cuenta con datos climáticos instrumentales generalizados fiables desde 1850, la ciencia del clima debe utilizar indicadores climáticos indirectos combinados con cualquier registro instrumental extenso que esté disponible para obtener una descripción empírica de la variabilidad climática a gran escala durante los siglos pasados. Este fue el enfoque metodológico que adoptaron, con una nueva orientación estadística para reconstruir patrones globales de temperatura anual desde principios del siglo XV, basados en la calibración de múltiples datos indirectos *(proxy data* se utiliza en su sentido de indicador indirecto, del cual se puede inferir el comportamiento de otra variable) por los patrones dominantes de variabilidad de temperatura en el registro instrumental. Se utilizó información de los anillos de crecimiento de los árboles, que sirven como aproximación —o *proxy*— a la temperatura de la región donde crecieron, de modo que cuantas más regiones se incluyan, más global será la reconstrucción. En este caso se emplearon árboles de diversas regiones del hemisferio norte.

El gráfico del palo de hockey fue incluido en el *Tercer Informe de Evaluación* del IPCC de 2001 (TAR) y se convirtió en un símbolo visual sobre la realidad del calentamiento global. Sin embargo, fue objeto de fuertes críticas por parte de los escépticos del cambio climático, que cuestionaron las metodologías empleadas por Mann y afirmaron que el gráfico exageraba el aumento de la temperatura en el siglo XX.

Una de las críticas más destacadas fue la de Stephen McIntyre y Ross McKitrick, quienes argumentaron que los métodos estadísticos utilizados para crear el gráfico eran defectuosos. Su análisis fue respaldado en parte por un informe del Comité de Energía y Comercio de la Cámara de Representantes de Estados Unidos en 2006, conocido como «Informe Wegman», que sugirió que había errores en las técnicas estadísticas utilizadas por Mann. No obstante, otras revisiones, como la llevada a cabo por el National Research Council (NRC, 2006) y por la Pennsylvania State University (2010), confirmaron que, a pesar de que había ciertas incertidumbres en los detalles debido esencialmente a la limitación de datos disponibles, la principal conclusión seguía siendo válida: que el calentamiento en el siglo XX era inusual.

En 2008, Mann y colaboradores, siguiendo las sugerencias del informe de la NRC, extendían su análisis a los últimos dos mil años utilizando para ello un conjunto muy extenso de datos indirectos, datos instrumentales actualizados y métodos complementarios probados y validados. Los resultados amplían las conclusiones anteriores de que los recientes aumentos de la temperatura superficial del hemisferio norte son probablemente anómalos en un contexto de largo plazo; es decir, que los resultados obtenidos en los trabajos previos quedaban confirmados y ampliados, y serían corroborados por múltiples estudios realizados posteriormente.

El gráfico del palo de hockey ha sido una pieza clave de la controversia del *Climagate*. Para muchos críticos, el gráfico plasmaba el alarmismo en la ciencia del clima, mientras que, para la ciencia del clima, era una representación legítima de los datos disponibles.

Cuestionamiento de la imparcialidad del IPCC

El IPCC es un organismo intergubernamental creado por las Naciones Unidas para evaluar la ciencia relacionada con el cambio climático. Desde su fundación en 1988, ha publicado siete informes de evaluación que sintetizan el estado del conocimiento científico sobre el cambio climático. Sin embargo, el *Climagate* también puso en tela de juicio la imparcialidad del IPCC.

Una de las críticas más significativas fue que el IPCC podría estar sesgado hacia conclusiones que apoyaban la teoría del calentamiento global antropogénico (causado por el hombre) y que ignoraba o minimizaba los estudios que ofrecían conclusiones alternativas. Algunos científicos y analistas, en especial aquellos que mantienen posturas escépticas sobre el cambio climático, argumentaron que el IPCC priorizaba estudios que confirmaban el consenso sobre el calentamiento global y desestimaba investigaciones contrarias.

Un ejemplo clave fue el tratamiento del gráfico del palo de hockey. Los críticos señalaron que el IPCC había adoptado este gráfico sin una revisión exhaustiva y que dependía demasiado de reconstrucciones de datos históricos que podrían haber sido cuestionadas. Tras el *Climagate,* se incrementaron los llamamientos a reformar el IPCC, mejorar la transparencia de sus procesos y asegurar que las evaluaciones fueran equilibradas y no selectivas en cuanto a las fuentes científicas utilizadas.

Sin embargo, las investigaciones independientes sobre el IPCC y sus procedimientos determinaron que, en general, sus procesos eran sólidos y que sus conclusiones seguían siendo válidas. Un informe del Consejo InterAcademy (IAC) de 2010 reconoció algunos problemas en la gestión del IPCC, pero no encontró evidencia de manipulación deliberada o parcialidad sistémica en su trabajo.

El *Climagate* fue un episodio de gran calado en el debate sobre el cambio climático en el que se pusieron en duda la integridad de algunos científicos y la validez de estudios claves. Si bien las investigaciones posteriores no hallaron pruebas de manipulación deliberada de datos o de mala praxis, el episodio ha tenido un impacto duradero sobre la percepción pública de la ciencia del clima.

El gráfico del palo de hockey, aunque objeto de críticas, sigue siendo reconocido como una representación válida y concluyente de la tendencia general de calentamiento en los siglos XX y XXI. A su vez, el IPCC, aunque ha tenido que hacer frente a críticas sobre su imparcialidad, ha seguido siendo el principal organismo internacional para la evaluación científica del estado del actual cambio climático.

Este incidente resalta la importancia de la transparencia y el rigor en la ciencia y la necesidad de una comunicación clara y efectiva entre la comunidad científica y el público para mantener la confianza en las investigaciones sobre el cambio climático.

Consecuencias del *Climagate*

En la mencionada COP15, que tuvo lugar del 7 al 18 de diciembre de 2009, se debía proceder a la renovación del Protocolo de Kioto, pero esto no sucedió. Dicho protocolo había sido aprobado en diciembre de 1997 y no fue ratificado hasta febrero de 2005. Su objetivo era reducir las emisiones de los GEI al menos un 5,2% con respecto a las del año 1990 en el período de compromiso, comprendido entre 2008 y 2012. Solo los países más emisores recogidos en el anexo B tenían la obligación de efectuar dicha reducción.

El objetivo de la conferencia de Copenhague era «la conclusión de un nuevo acuerdo jurídicamente vinculante sobre el clima, válido en todo el mundo y aplicable a partir de 2012». Se pretendía la reducción mundial de las emisiones de CO_2 en al menos un 50% en 2050 respecto a 1990, y para conseguirlo los países debían marcarse objetivos intermedios. Así, los países industrializados deberían reducir sus emisiones de GEI entre un 25-40% respecto a los niveles de 1990 en el año 2020 para conseguir entre el 80-95% en 2050.

Las consecuencias del *Climagate* han sido muy importantes. Finalmente, el Protocolo de Kioto fue renovado en la COP18 de 2012, celebrada en Doha (Qatar) tres años más tarde, y su duración se extendió con objetivos más reducidos hasta el año 2020. Implicó también un cambio en la estrategia de aplicación del CMNUCC, pues se dejó de utilizar un objetivo de causa: reducir las emisiones de GEI, y se sustituyó por un objetivo de efecto: limitar el aumento de la temperatura. Esto condujo a la aprobación, durante la COP21 de 2015 celebrada en París, del llamado Acuerdo de París, que, pese a ser ratificado rápidamente en el año 2016, no entraba en vigor hasta que acabara el Protocolo de Kioto en 2020; es decir, un retraso sustancial de más de diez años.

¿Cuál es la situación ahora? Según el *UNEP EGR24 Emissions Gap Report* (2024), publicado por el PNUMA (Programa de las Naciones Unidas para el Medio Ambiente, UNEP en sus siglas en inglés), las emisiones deberían disminuir un 9% cada año hasta 2030 para limitar el aumento de la temperatura global a 1,5 ºC, pero las políticas actuales nos encaminan hacia un catastrófico incremento de la temperatura de 3,1 ºC a finales de siglo XXI. En el año 2024 ya se ha alcanzado un aumento de 1,55 ºC (WMO, 2025).

El Protocolo de Kioto acordó una reducción de la emisión de GEI del 5,2% que se realizaría en un período de quince años, pero en la actualidad ya es necesario conseguir un 9% anual. La diferencia del esfuerzo es abismal, pues la cantidad emitida actualmente de GEI es mucho mayor: hemos pasado de 37,8 Gt de CO_{2equiv} en 1990 a 57,1 en 2023, esto es, un 51% más.

Las consecuencias del efecto negacionista del *Climagate* o *Watergate* climático son fáciles de imaginar. Su objetivo se había conseguido: seguir consumiendo combustibles fósiles, sembrando la duda sobre la ciencia del clima y desprestigiando a los científicos dedicados a ella.

Todo ello dentro de una estrategia planificada y continuada, pues en el año 2011, antes de la COP17 de Durham (*El País,* 2011), se intentó provocar otro *Climagate* con una nueva difusión de correos electrónicos de la Climatic Research Unit (CRU) de la Universidad de East Anglia (UEA), organismo asesor de la ONU en materia de cambio climático. La universidad consideró que los correos difundidos en esta ocasión eran parte de los sustraídos en 2009. Objetivo: seguir desprestigiando y poniendo en duda la ciencia climática para condicionar las decisiones sobre la política climática mundial.

Capítulo 11

¿Las COP están sirviendo para algo?

Ya llevamos veintinueve COP, que son las reuniones que mantienen las partes que firmaron la Convención Marco de Naciones Unidas sobre el Cambio Climático (CMNUCC) en 1992 y que la ratificaron en 1994 —por eso la primera COP1, en Berlín, no se celebró hasta 1995—, y cuyo objetivo último es la «estabilización de las concentraciones de gases de efecto invernadero en la atmósfera a un nivel que impida interferencias antropogénicas peligrosas en el sistema climático».

Hay dos preguntas frecuentes que siempre surgen cuando se celebran estas reuniones anuales: ¿sirven para algo?, ¿hay que modificar su formato? Este tipo de pregunta no tiene una respuesta única, pues depende de cómo se quiera ver el vaso, si medio vacío o medio lleno. Son habituales las críticas de ecologistas y entidades sociales a la ineficacia y lentitud de estos encuentros. A pesar de ser críticos, otros analistas resaltan su valor para situar la agenda climática en el centro del debate global, en particular a partir de la COP3 de Kioto de 1997 y especialmente de la COP21 de París en 2015.

¿Qué ha pasado con las emisiones? La respuesta es que las COP han servido para muy poco, pues las emisiones de CO_2 y de otros GEI debido al uso de los combustibles fósiles han seguido creciendo, un 8%

desde la firma del Acuerdo de París en 2015 durante la COP21 (UNEP, 2024). En consecuencia, la concentración de CO_2 en la atmósfera ya ha llegado a 428 ppm (NOAA, 2025) desde las 280 ppm que se registraban antes de la Revolución Industrial, de lo cual se sigue que la temperatura media del planeta acaba de alcanzar el valor umbral de los 1,5 °C, límite marcado por el Acuerdo de París de 2015 (Copernicus, 2024). Este calentamiento es solo la punta del iceberg.

Con estos datos, se puede hablar de un claro fracaso de la CMNUCC y sus COP, ya que no se ha conseguido estabilizar las concentraciones de GEI en la atmósfera terrestre. Pero surge otra pregunta: ¿cuáles serían estos valores en el caso de que las COP no hubieran existido? Obviamente no hay una respuesta cuantitativa, pero sí cualitativa: claramente serían mayores, lo que permite enunciar una primera conclusión: su existencia es de absoluta necesidad. No obstante, ello no impide realizar un análisis crítico del recorrido de estos más de treinta años. El tiempo de una generación.

La travesía desde la COP1 de Berlín hasta el Acuerdo de París es considerada por muchos como un proceso. No se logran grandes cambios de una cumbre a otra, sino que se van dando pasos, más bien pequeños pasitos. Antes de la COP21 de París se temía un aumento de un 16% de las emisiones para el año 2030, mientras que ahora se espera que sea solo del 3%. Positivo, pero claramente insuficiente, ya que incluso los actuales compromisos de los gobiernos de reducción de emisiones de GEI nos llevarían a aumentos de 2,1 a 3,2 °C para final de siglo (CAT, 2024).

En las primeras COP la cuestión principal era cómo mitigar el actual cambio climático, es decir, cómo reducir las emisiones de los GEI, y tomar decisiones para la adopción de compromisos firmes, particularmente en la década de los años noventa del siglo XX y especialmente por parte de los países industrializados, principales emisores de GEI en ese momento y responsables también de su acumulado histórico. De la COP1 surgió el Mandato de Berlín que derivó en el Protocolo de Kioto (PK) de 1997 durante la celebración de la COP3. Después vino el fracaso de la COP15 de Copenhague, con su *Climagate* asociado, y el Protocolo de Kioto se alargó desde 2012 hasta 2020, durante la COP18 celebrada en Doha en 2012.

Dada la dificultad de asumir la disminución de las emisiones de todos los países, pero especialmente de los grandes contaminadores históricos (Estados Unidos, Reino Unido, etc.), así como de los nuevos grandes emisores (China, India, Rusia, etc.), se tomó una decisión muy diplomática pero muy grave para el propósito de reducir las emisiones que son el origen del problema: orientar el objetivo a limitar el incremento de la temperatura a un máximo de 2 °C, lo que suponía desviar el objetivo de la causa y centrarlo en el efecto. Gran estrategia del *lobby* fósil esta de no explicitar claramente la relación causa-efecto y que conlleva posponer *sine die* la necesidad urgente de limitar las emisiones de CO_2.

Se atribuye al climatólogo alemán Schellnhuber el inicio, en 1995, de un proceso que desembocó, quince años después, en fijar los 2 °C como objetivo límite asumido por las sucesivas COP a partir de 2010. Aunque Nordhaus (Premio BBVA Fronteras del Conocimiento 2017 y Nobel 2018), economista de la Universidad de Yale, también sugirió que nunca debería superarse un aumento de 2 °C con respecto al año 1800 (valor preindustrial). Fue durante la COP15 de Copenhague (2009) cuando se mencionó «que el aumento de la temperatura mundial debería permanecer por debajo de 2 °C», un planteamiento que en la siguiente COP16, en Cancún (2010), se convirtió ya en un objetivo, aunque no se especificó el período de referencia para medir este incremento de la temperatura, lo que nos lleva al informe específico del IPCC del año 2018 (IPCC, 2018).

La responsabilidad de reducir las emisiones se transfirió a las partes, es decir, a los respectivos gobiernos, aunque luego fue necesario un largo y complejo proceso diplomático de cinco años para poder llegar en 2015 al Acuerdo de París durante la COP21.

Otra de las características sistemáticas en la toma de decisiones son los largos plazos que se establecen para cumplir los acuerdos adoptados, de modo que las medidas e iniciativas aprobadas siempre se dilatan mucho en el tiempo:

— Protocolo de Kioto: adoptado en 1997, en vigor desde 2005, con fecha de cumplimiento fijada en 2012 y prorrogado hasta 2020.

— Acuerdo de París: adoptado en 2015 y en vigor desde 2016, aunque su período de cumplimiento se inicia en 2020.
— NDC (Contribuciones Determinadas a Nivel Nacional, que representan los esfuerzos voluntarios —no obligatorios— de cada país por reducir sus emisiones y adaptarse a los impactos del cambio climático): definidas en 2013, con una primera versión en 2015, una primera revisión fijada para 2020 y, posteriormente, una cada cinco años a partir de entonces: 2025, 2030... (están teniendo un alto nivel de incumplimiento).
— FVC/GCF (Fondo Verde del Clima): establecido en la COP16 y creado en 2011, su pretensión era elevar la financiación climática a cien mil millones de dólares anuales para 2020.
— NCQG (Nuevo Objetivo Colectivo Cuantificado sobre Financiación Climática): establecido en la COP29, contempla un fondo de trescientos mil millones de dólares anuales para 2035.
— Abandono de los combustibles fósiles: únicamente se mencionó «la reducción progresiva del carbón» en la COP26 (2021) y la «transición hacia el abandono de los combustibles fósiles en los sistemas energéticos» durante la COP28 (2023), simples valoraciones cualitativas.

Como puede comprobarse, los plazos de ejecución siempre son largos, lo que demuestra una incapacidad de respuesta a corto y medio plazo, y ello solo contribuye a agravar la magnitud del problema en lugar de remediarlo.

Las COP han aumentado en tamaño y complejidad. Una cuestión digna de reseñar es el incremento progresivo de asistentes, aspecto que en un principio se podría considerar positivo pero que ha contribuido, con todo un conjunto de actos complementarios celebrados en paralelo, a desnaturalizar el objetivo principal de estas reuniones. Baste señalar que el número de asistentes ha pasado de menos de 5.000 en las primeras COP a más de 70.000 delegados y concurrentes en las últimas. El proceso multilateral de decisión y aprobación entre los 197 países es especialmente complejo y representa una gran limitación para alcanzar acuerdos, lo que muestra que el consenso necesario para tomar decisiones pone al multilateralismo climático en un difícil y complicado escenario.

Además, las dos últimas COP se han celebrado en países que basan su economía en los combustibles fósiles (la COP28 de 2023 en Dubái, Emiratos Árabes Unidos, y la COP29 de 2024 en Bakú, Azerbaiyán), aunque ya había algún precedente (la COP18 de Qatar en 2012).

La inclusión y la transparencia son las bases de la gobernanza climática. Sin embargo, persisten las preocupaciones en torno a la influencia de los grupos de interés empresarial en las COP. La influencia de los intereses del sector del petróleo siempre ha estado presente. Las empresas y países petroleros han tenido una presencia controvertida en las COP, pues se han mostrado como actores clave y a la vez como obstáculos al progreso de las políticas climáticas. Siempre han manifestado su deseo de contribuir a una transición energética sostenible, pero su influencia ha sido criticada por priorizar sistemáticamente sus intereses económicos sobre una acción climática efectiva. Estas naciones y corporaciones suelen bloquear los acuerdos climáticos ambiciosos presionando para continuar con el uso de los combustibles fósiles. Su participación ha generado fuertes tensiones a la hora de suscribir compromisos globales para limitar el calentamiento global y ha suscitado preguntas sobre el verdadero grado de independencia de las COP y su capacidad para garantizar un futuro sostenible frente a la presión de estos actores.

El creciente número de delegados vinculados a empresas y países petroleros en las COP ha provocado alarma sobre el equilibrio de poder en las negociaciones y en la formulación de políticas climáticas globales, con 2.347 delegados en la COP28 de Dubái de 2023 y 1.770 en la COP29 de Bakú de 2024. En las últimas ediciones, estos grupos han superado en cantidad a delegaciones de países más vulnerables, lo que refleja una desproporción preocupante y su consolidación como uno de los *lobbies* más grandes. Su presencia masiva evidencia no solo su capacidad financiera para participar en estos foros, sino también su estrategia para moldear la narrativa climática, abogando por soluciones negacionistas que perpetúan el uso de los combustibles fósiles. Mientras tanto, las voces de las comunidades más afectadas por el cambio climático quedan relegadas, lo que lleva a cuestionar la legitimidad de estas cumbres como espacios inclusivos y efectivos para la acción climática. Esto plantea interrogantes sobre la equidad de las negociaciones y la capacidad de las COP para priorizar las soluciones climáticas y atender las demandas de justicia climática.

Xi *et al.* (2025) han analizado la evolución de los debates sobre energía, alimentos y bosques, así como las redes de actores en los eventos paralelos desde la COP9 de 2003 en Berlín hasta la COP28 de 2023 en Dubái. Sus resultados muestran que los *lobbies* de combustibles fósiles obtienen acceso a la COP a través de organizaciones no gubernamentales (ONG) empresariales de países desarrollados y gobiernos de países en desarrollo. De los 4.688 eventos paralelos realizados en dicho período 2003-2023, predominan los referentes a la gestión forestal (343 eventos), con una frecuencia irregular, los dedicados a la energía (221 eventos), habituales desde las primeras COP y que aumentan exponencialmente, y finalmente los centrados en sistemas agrícolas y alimentarios (212 eventos), con un crecimiento también exponencial pero solo desde la COP20 del año 2014.

Si hay un país que ha desempeñado un papel crucial en su objetivo de minar el progreso de las negociaciones climáticas globales, año tras año, ese es Arabia Saudí, uno de los grandes productores de petróleo. El gigante de los combustibles fósiles tiene un historial de más de treinta años de obstrucción y demora en la defensa de su sector nacional de petróleo y gas y en sus intentos de garantizar que las conversaciones sobre el clima de la ONU logren lo menos posible lo más lentamente posible. Esta estrategia se ha denominado «obstruccionismo sistemático» y consiste en «el uso sostenido y agresivo a lo largo del tiempo de tácticas obstruccionistas aplicadas no solo a uno o dos temas, sino al impulso general del proceso de negociación». Y a pesar del aumento de las temperaturas en Arabia Saudí y de la disminución de los suministros de agua subterránea, no ha mostrado señales de cambio de estrategia (Depledge *et al.*, 2023). Incluso podría estar yendo más allá de la obstrucción (Depledge, 2008).

Hay otro elemento importante que distorsiona enormemente la toma de decisiones, y es el recorrido del tiempo, es decir, que el mundo de los años noventa del siglo XX es muy diferente del de los años veinte del siglo XXI. Ha continuado el aumento de la población mundial y se han producido profundos cambios geopolíticos, caso de la emergencia principalmente de China, el mayor emisor de GEI hoy día en valor absoluto, no per cápita. Ha cambiado totalmente el escenario inicial.

En la última COP29 se ha hablado de objetivos financieros, como pólizas de seguro —que obviamente son necesarias— o mercado de carbono, con largos plazos de aplicación. Pero no se ha hablado de la causa, de fijar un plazo de tiempo para dejar de consumir combustibles fósiles.

¿Cuántas COP más nos podemos permitir? Pues, como hemos revisado, estas se mueven:

- Con mucha inercia frente a la urgencia del cambio.
- Entre la evidencia científica y los intereses económicos.
- Entre las necesidades y el poder real de intervención y los intereses geoestratégicos de los Estados.
- Con el aumento de la población mundial, el consumo de energía, el desarrollismo y el consumismo.

A pesar de que la credibilidad de las COP está cuestionada y es cada vez menor, es vital movilizar acuerdos que aceleren de forma urgente las políticas de mitigación y adaptación al actual cambio climático. Muchas personas ya sufren las consecuencias de este inmovilismo a la hora de implantar medidas. La distancia entre dónde estamos y dónde deberíamos estar sigue siendo enorme. La ambición de su respuesta no refleja la situación de emergencia climática en la que se encuentra la humanidad.

Reflexiones finales

El negacionismo climático continúa totalmente activo, en toda su magnitud y esplendor, manteniendo como razón de ser, después de más de setenta años, su objetivo de que sigamos usando los combustibles fósiles. Que se traduce en mantener la civilización de los combustibles fósiles para que siga dominando la geopolítica del planeta y continúe acumulando poder y dinero. Desde que terminó la Segunda Guerra Mundial, ha habido importantes cambios sociales, ideológicos, económicos, etc., y, sin embargo, el modelo energético sigue basándose en los combustibles fósiles como un principio sagrado que se debe defender siempre a pesar de las externalidades negativas que genera.

Todo ello a pesar del aumento de los fenómenos meteorológicos extremos, como testimonio de una situación de bruscas alteraciones climáticas, y de la evolución exponencial de los indicadores climáticos como prueba de cambios climáticos lentos. A pesar, también, de las conclusiones acumuladas en los sucesivos informes del IPCC (2023) y de que la WMO (Organización Meteorológica Mundial, 2025) nos comunica de forma reiterada y continua, con series de observaciones y datos cada vez más extensos en el tiempo y que se traducen en evidencias y conclusiones robustas, que no dejan lugar a dudas sobre lo que le está pasando al clima de nuestro planeta, de que estamos forzando un cambio climático de origen antrópico, es decir, por causa humana, debido a nuestro empeño en extraer y quemar de manera totalmente intensiva los combustibles fósiles —carbón, petróleo y gas— en un período de tiempo de 275 años, desde el comienzo de la Revolución Industrial en el año 1750, cuando llevaban millones de años enterrados.

Por ello estamos alterando el ciclo del carbono e inyectando en la atmósfera terrestre gases de efecto invernadero (GEI) que a su vez modifican el balance energético del planeta, que es el que regula su temperatura y sus condiciones climáticas de habitabilidad.

Las estrategias, narrativas y acciones negacionistas para difundir desinformación con el objetivo de generar incertidumbre y dudas en la ciudadanía sobre un tema determinado tienen dos precedentes claros e importantes durante la segunda mitad del siglo XX. El primero se centraba en el consumo de tabaco y si podía provocar o no cáncer; y el segundo, ya referente a una cuestión ambiental, debatía acerca de la lluvia ácida y su causa debido al contenido de azufre de los combustibles fósiles y los óxidos de nitrógeno que se producen en su combustión. En ambos casos, la intención clara era retrasar su regulación, y la estrategia funcionó. Fueron dos lecciones bien aprendidas.

En lo que respecta al actual cambio climático, se volvió a utilizar la misma estrategia, pero en este caso se ha ido más lejos, pues no solo se ha hecho todo lo posible por minimizar su gravedad, negar su existencia, atacar a la ciencia climática y presionar y demandar a los gobiernos para que no impidan el uso de los combustibles fósiles, sino que se ha conseguido imponer una polarización ideológica sobre esta cuestión.

El negacionismo del cambio climático es una amalgama de intereses que une especialmente a grandes empresas y corporaciones con cargos políticos, científicos solitarios y organizaciones ultraliberales y libertarias. En principio subyace un trasfondo económico y de poder, pero en otros casos lo que hay detrás es un rechazo ideológico. Muchos consideran que estas corrientes ideológicas son los útiles de que se valen los verdaderos responsables del negacionismo: las grandes corporaciones que manejan las reservas de los combustibles fósiles. La industria del petróleo fue la primera que empezó a generar informes alternativos al consenso científico y a las evidencias del actual cambio climático.

Arrhenius, en 1896, ya había avisado de que el uso de combustibles fósiles comportaría un aumento de la concentración de CO_2 en la atmósfera terrestre y que duplicar sus niveles preindustriales podría elevar la temperatura de la Tierra entre 5 y 6 grados centígrados. Y en 1938 Callender señaló que ya estaba sucediendo, y fue claramente ratificado a finales de la década de 1950. Las empresas y corporaciones de los combustibles fósiles sabían la causa —la emisión de CO_2 y otros GEI— de lo que estaba pasando y cómo podía evolucionar, que promover y seguir con la quema y uso de los combustibles fósiles solo podía empeorarlo.

El CO_2 procedente de la quema de combustibles fósiles constituye, con diferencia, la mayor fuente de emisiones de GEI, pues representa alrededor del 85% del total. Las compañías petroleras tienen la clave para hacer o deshacer este camino, para evitar que la Tierra se caliente hasta un punto de no retorno en sus condiciones de habitabilidad.

De las emisiones históricas acumuladas desde 1854 hasta 2023 son responsables básicamente 180 empresas y/o corporaciones vinculadas al sector de los combustibles fósiles y al cemento, lo que equivale al 67,5% de las emisiones globales de CO_2 desde el año 1750, es decir, desde el comienzo de la Revolución Industrial. Más de un tercio de estas emisiones globales de CO_2 históricas se puede asignar únicamente a veintiséis de estas empresas (InfluenceMap, 2024).

La atribución de estas emisiones a empresas individuales, muchas de las cuales son de propiedad estatal, enfatiza aún más el papel dominante de las corporaciones públicas, de modo que la responsabilidad no recae únicamente en las compañías privadas, a pesar de su activismo a la hora de desarrollar y aplicar el negacionismo climático. Las entidades estatales fueron las mayores emisoras en 2023: sesenta y siete de ellas generaron 22,3 $GtCO_{2equiv}$, más del doble de los 10,2 $GtCO_{2equiv}$ atribuidos a noventa y nueve empresas propiedad de inversores privados.

Estas compañías, conocidas como las «grandes empresas del carbono», se beneficiaron enormemente del petróleo, gas, carbón y cemento, cuyas emisiones están desestabilizando el sistema climático terrestre a una escala global. Muchas de estas empresas también participaron en un esfuerzo coordinado y continuado para difundir información errónea sobre los peligros y consecuencias del cambio climático y sembrar dudas sistemáticas sobre la ciencia climática.

A pesar de su enorme contribución a la emisión de GEI, hasta la fecha ninguna «gran empresa del carbono» ha sido responsabilizada por las sustanciales y crecientes pérdidas económicas y no económicas resultantes del cambio climático. Ni por su comportamiento negacionista con respecto a la sociedad e intervencionista con respecto a los gobiernos.

Al contrario, porque han adoptado una actitud que puede calificarse de fuertemente agresiva con respecto a los Estados que implantan medidas de política climática en respuesta al cumplimiento de los acuerdos internacionales —primero el Protocolo de Kioto y luego, más tarde, el Acuerdo de París—, que se ha saldado con demandas multimillonarias para impedir que los países eliminen gradualmente el uso de los combustibles fósiles. También con litigios a organizaciones ecologistas, como Greenpeace, con el objetivo de silenciar el derecho a la libertad de expresión, caso de la reciente sentencia de un jurado popular del tribunal del condado de Morton, en Dakota del Norte, Estados Unidos (*El País,* 2025a).

Los datos presentados y analizados ofrecen una visión integral del papel histórico y actual de las principales empresas y corporaciones de combustibles fósiles. Proporcionan pruebas sólidas para atribuir la responsabilidad de los impactos climáticos actuales a un pequeño grupo de entidades que participan activamente en el negacionismo, el retardismo, la oposición, el obstruccionismo o simplemente el rechazo a la necesidad de las políticas climáticas.

Todo ello indica la necesidad urgente de una rendición de cuentas específica y la adopción de cambios sistémicos en el modelo socioeconómico-energético y en las políticas actuales para alinearse con los objetivos climáticos globales.

La argumentación sobre la existencia de un calentamiento global antropogénico y del actual cambio climático no está basada en una votación a mano alzada ni tampoco en una cuestión de fe, sino en la observación y recogida de datos y en la modelización, es decir, en la acumulación de evidencias científicas. No debemos olvidar que el clima es una ciencia basada en la observación, y para conocer su evolución o su pasado tenemos que modelizarla. Multitud de evidencias independientes apuntan en la misma dirección. Hay un consenso contundente sobre el hecho de que el hombre está aumentando los niveles de CO_2 y otros GEI en la atmósfera, lo que altera el balance energético del planeta Tierra. Esta confirmación se ha obtenido midiendo el tipo de carbono en el aire: los resultados muestran claramente la presencia de más carbono proveniente de los combustibles fósiles.

Los negacionistas y escépticos del cambio climático nos quieren hacer creer que el calentamiento global es una idea relativamente reciente, elaborada por un grupo de científicos empeñados en destruir la economía y la sociedad. Sin embargo, las raíces del pensamiento científico sobre la temperatura de la Tierra y sus causas derivan del desarrollo del conocimiento a lo largo de los siglos XIX y XX.

Entre los científicos climáticos hay un consenso total —en los términos en que este se entiende en ciencia—, a tenor del conjunto acumulado de evidencias, de que el incremento de CO_2 y otros GEI está causando el actual calentamiento global (Myers *et al.*, 2021). Los satélites demuestran con mediciones que hay menos calor escapando al espacio. Y mediciones de superficie detectan más calor retornando a la Tierra. Esto ocurre exactamente en las longitudes de onda donde el CO_2 atrapa el calor: una clara huella humana. Los balances radiativos, de entrada y salida de energía radiativa en la atmósfera terrestre, confirman que estamos acumulando energía.

A la pregunta de si el ser humano está causando en estos momentos un cambio climático, solo hay un consenso entre los científicos: el basado en las evidencias, no en la creencia.

Hay consenso sobre la evidencia de lo que está ocurriendo actualmente y viene sucediendo desde los últimos 275 años —no es un futurible—: un cambio climático de origen claramente humano debido al uso intensivo de los combustibles fósiles. Los termómetros y los satélites están midiendo la misma tendencia térmica. Otros signos del calentamiento que se observan son: reducción de las capas de nieve, contracción de glaciares, aumento del nivel del mar y alteraciones en las estaciones, por solo citar algunos de los indicadores climáticos más significativos. El patrón de calentamiento muestra evidencias de un aumento del efecto invernadero natural. Las noches se calientan más rápido que los días. Los inviernos se templan más rápido que los veranos. La baja atmósfera se calienta mientras que la alta se enfría.

Las partes heladas de la superficie de la Tierra, conocidas como criosfera, se están derritiendo a un ritmo alarmante. El Servicio Mundial de Monitorización de Glaciares (WGMS, por sus siglas en inglés) ha estimado que los glaciares del mundo pierden de media desde el año 2000 unos 273.000 millones de toneladas de hielo anuales, el equivalente a tres piscinas olímpicas por segundo (The GlaMBIE Team, 2025). A este ritmo de deshielo, muchos glaciares no sobrevivirán al siglo XXI. Sin embargo, los efectos son muy diversos, pues los glaciares actúan como gigantescos depósitos de agua, y de ahí el elevado riesgo de una «avalancha de impactos en cascada».

En estos momentos el mar está subiendo a un ritmo de 3,6 milímetros al año a causa de su expansión térmica y de un deshielo acelerado (NOAA, 2025). La subida del nivel del mar también provoca que las tormentas y marejadas en las costas sean mucho más graves. Los glaciares son uno de los signos más claros de la actual crisis climática, aunque solo sean una pieza del sistema climático de la Tierra. Junto con las capas de hielo de Groenlandia y la Antártida, los glaciares albergan cerca del 70% de las reservas mundiales de agua dulce. Con el aumento de las temperaturas, se están derritiendo a una velocidad sin precedentes, que en muchos casos puede ser irreversible. El deshielo de los glaciares tiene repercusiones inmediatas locales y globales, especialmente para la disponibilidad de recursos hídricos, y a gran escala, para la economía, los ecosistemas y las comunidades.

El último índice de riesgo climático global de Germanwatch (2025), presentado en febrero de 2025, ha puesto cifras importantes sobre la mesa. Estima que cerca de 765.000 personas perdieron la vida en todo el mundo debido a más de 9.400 fenómenos meteorológicos extremos entre los años 1993 y 2022. Desde el punto de vista económico, estos eventos causaron daños por un total de 4,2 trillones de dólares estadounidenses ajustados a la inflación (unos 4 billones de euros, según el cambio actual). España es el octavo país más afectado del mundo de los 171 países analizados por este índice global; las olas de calor de 2003 y 2022 se cobraron un alto número de víctimas mortales y causaron enormes daños como consecuencia de las sequías y los incendios forestales. La región mediterránea es una de las zonas más afectadas por el incremento de las temperaturas. Los estudios aportan evidencias cada vez más claras de que el cambio climático antropogénico desempeña un papel importantísimo en el aumento de las pérdidas humanas y económicas.

Detrás de estas cifras se encuentran las cada vez más numerosas olas de calor extremo, las inundaciones, las sequías, las tormentas, los incendios forestales, la reducción de los rendimientos agrícolas, la tensión de las infraestructuras y la abrumadora presión que este clima más extremo ejerce sobre el sistema sanitario. «Estamos sufriendo ya lo que el IPCC lleva años advirtiendo; no hacer caso a la ciencia tiene unos elevados costes sociales y económicos» (IPCC, 2023).

Científicamente se sabía desde hace más de 125 años, y su plena confirmación tiene ya más de setenta años, que, si seguíamos la senda de los combustibles fósiles, podía producirse un cambio del sistema climático, como está ocurriendo. Y era una información conocida tanto por los científicos como por las empresas y corporaciones de los combustibles fósiles.

El problema es que la humanidad, en este período de tiempo, ha sido metódicamente empujada a desarrollarse e instalarse de forma sistémica en la civilización de los combustibles fósiles, con los beneficios obvios que ha tenido para la humanidad, pero también con unas consecuencias negativas y graves cuyas causas, conociéndolas o negándose a reconocerlas, el sistema socioeconómico-energético no ha querido ni ha tenido la voluntad de abordar y corregir.

El negacionismo climático es un fenómeno profundamente enraizado en intereses económicos, políticos e ideológicos, cuya influencia ha moldeado el debate público y retrasado la acción climática. Ha desempeñado un rol crucial en la falta de respuesta global ante las consecuencias del actual cambio climático para la humanidad. Desde sus inicios, ha sido impulsado por poderosos intereses corporativos y ha explotado las debilidades de los sistemas políticos y mediáticos para sembrar confusión y retrasar las acciones esenciales. A medida que los efectos del cambio climático se vuelven más visibles y destructores, es fundamental que la sociedad, los gobiernos y las empresas reconozcan la manipulación que hay detrás de las campañas negacionistas y actúen de manera decidida para frenar el avance de la crisis climática.

La industria de los combustibles fósiles y otros sectores industriales, junto con grupos sociales conservadores, han movilizado —y lo continúan haciendo— una estrategia sistemática para sembrar dudas sobre la ciencia climática y bloquear la regulación ambiental. Sus primeros movimientos no solo frenaron el progreso en la lucha contra el cambio climático, sino que establecieron un patrón de desinformación y negación que continúa afectando a la política climática mundial en nuestros días.

El negacionismo climático ha tenido su proceso, lógicamente, sobre todo porque lleva más de setenta años actuando. Empezó diciendo que el cambio climático no existía, luego reconoció que algo había pero que no tendría apenas efectos, después asumió que era real, aunque sus causas eran exclusivamente naturales y no vinculadas a la acción humana, y ahora lo considera un posicionamiento alarmista que le permite articular discursos proteccionistas y de defensa de sus intereses económicos y sus planteamientos ideológicos. Tiene todas las características propias de un proceso de huida hacia delante.

La transición de la década de 1980 a la de 1990 representa un hito importante pues constituye el paso de la ciencia climática a la política climática, su aceptación pública y política y, en consecuencia, su mayoría de edad. Pasó de ser una predicción futurible a convertirse en una realidad presente. El Grupo Intergubernamental de Expertos sobre el Cambio Climático (IPCC: Intergovernmental Panel on Climate Change) fue creado en 1988 bajo el marco de las Naciones Unidas como un organismo estrictamente científico para que facilitara evaluaciones integrales del estado de los conocimientos científicos, técnicos y socioeconómicos sobre el cambio climático, sus causas, repercusiones posibles y estrategias de respuesta. En 1992 se aprueba la Convención Marco de las Naciones Unidas sobre el Cambio Climático (CMNUCC, 1992), que entró en vigor el 21 de marzo de 1994, y en diciembre de 1997 se suscribe el Protocolo de Kioto (PK, 1997). Parecía que se comenzaba a avanzar en el camino de dar una respuesta política y global a la cuestión climática.

Rápidamente el negacionismo climático se organiza, se refuerza y reacciona, lo que representó un salto importante en sus estrategias de actuación. Uno de los mayores esfuerzos en esta dirección fue la creación en 1989 de la Global Climate Coalition (GCC, 2025), pero también fue determinante la fundación de *think tanks* con la misión de constituir una contrainteligencia activista para librar una eficaz «guerra de ideas» contra quienes proponían políticas climáticas y regulaciones ambientales. Es decir, se entró en una nueva etapa de la organización de la negación: el desarrollo de centros de pensamiento conservadores y de escepticismo ambiental. El Instituto George C. Marshall publicó el primer informe de su *Climate Change Policy Program* (CMC, 2012), un programa diseñado para promover la incertidumbre en relación con el consenso científico generalizado de que el clima global estaba siendo forzado y en consecuencia cambiando.

La publicación de informes y libros escépticos se multiplicó en la década de 1990 de forma totalmente exagerada, a pesar del consenso científico existente (Dunlap y Jacques, 2013), y tuvo como consecuencia una influencia negativa en los medios políticos y en el apoyo popular al tema. Que continúa, a día de hoy, de una forma explícita y abierta, pero lo que es peor, también subterránea y sutil.

Además, en 1989 tiene lugar también un suceso trascendental: el 9 de noviembre de ese año fue derribado el Muro de Berlín, que representó el fin de la Guerra Fría y en consecuencia también la razón de una política anticomunista. Había que buscar otra amenaza, y la encontraron fácilmente en las políticas ambientales y climáticas, entre otras. De ahí que sus defensores sean tildados de «comunistas» y se los compare con las sandías: «verdes por fuera y rojos por dentro», que se los describa como «rojos vestidos de verde» o que se diga que el ecologismo es «un árbol verde con raíces rojas», expresiones que continúan utilizándose todavía.

El negacionismo climático suele llamar «comunistas» a los defensores de las políticas climáticas tanto por razones ideológicas como políticas, aunque no por razones científicas:

1. La acción climática se asocia con el control estatal: muchas políticas para combatir el cambio climático —como regulaciones sobre la industria, impuestos al carbono, subsidios para energías renovables, etc.— implican más intervención del Estado en la economía. Para algunas corrientes de pensamiento, especialmente las de derecha o libertarias, esto suena a «colectivismo» o «socialismo», y rápidamente lo etiquetan como «comunismo».
2. Temor a perder privilegios económicos: algunos sectores económicos muy poderosos (combustibles fósiles, industrias intensivas en carbono) ven las políticas climáticas como una amenaza a sus modelos de negocio. Por ello financian estas narrativas con el claro objetivo de desacreditarlas y evitar su implementación y usan términos como «comunismo» para despertar y generar rechazo.
3. Narrativa de «libertad» versus «autoritarismo»: parte del negacionismo sostiene que aceptar la crisis climática sería justificar restricciones a la libertad individual (qué consumir, qué producir, cómo vivir, etc.). Presentar a los ambientalistas como comunistas refuerza la idea de que detrás del discurso climático hay un proyecto autoritario.
4. Herencia de la Guerra Fría: todavía en muchos lugares, especialmente en Estados Unidos y América Latina, el término «comunismo» se usa como insulto genérico contra cualquier propuesta que implique más regulación o justicia social, incluso si no tiene nada que ver realmente con él.

Este planteamiento representa un ataque ideológico y emocional y no un argumento basado en evidencias o en una lectura seria de lo que realmente proponen las políticas climáticas y de su necesidad y urgencia para limitar las externalidades que el uso de los combustibles fósiles conlleva. Este tipo de discurso no debate la ciencia del cambio climático, sino que ataca la motivación política que ellos atribuyen a quienes impulsan políticas ambientales.

El año 2015 también fue importante para la cuestión climática. Veintiún años más tarde de la ratificación de la CMNUCC, se aprobó el Acuerdo de París. Antes se había publicado la encíclica *Laudato si* (CE, 2015), del papa Francisco, que tuvo y ha tenido un gran impacto porque el texto rechazaba cualquier manifestación de negacionismo climático. En 2023 la exhortación apostólica *Laudate deum* (EA, 2023) la actualizó para reprobar la postura de los países que no abandonaban el uso de los combustibles fósiles.

La gestación del Acuerdo de París fue un largo proceso de preparación desde el fracaso de la COP15 de Copenhague en 2009. Se necesitaron más de seis años de diplomacia climática para concluir en la COP21 de París. Todo ello a pesar del ataque que supuso el *Climagate* en 2009 y el activismo continuado por parte del negacionismo para seguir influyendo en las políticas climáticas.

Es necesario señalar un acontecimiento un tanto extraño, y es que, en 2009, con el fin de crear apoyo público para alcanzar un acuerdo sobre el cambio climático, la Conferencia de las Naciones Unidas sobre el Cambio Climático, que como responsable del CMNUCC/UNFCCC estaba organizando la COP15 en Copenhague, especialmente importante porque se discutía la renovación del Protocolo de Kioto —que no se consiguió—, contrató a la agencia publicitaria Ogilvy Earth (Ogilvy, 2008). Este hecho se repitió en 2013, durante la preparación de la COP19 de Varsovia, para promocionar la campaña «Momentum of Change», también con el objetivo de fomentar la acción internacional sobre el cambio climático. Casualmente Ogilvy Earth era la misma agencia publicitaria que había sido contratada por British Petroleum, a principios de la década 2000, y que concibió y lanzó la campaña sobre la huella de carbono individual, personal, que suponía transferir toda la responsabilidad de las compañías productoras al consumidor, y que durante décadas ha trabajado para corporaciones de petróleo y químicas, tales como BP, Shell, Chevron, el American Petroleum Institute y el American Chemistry Council.

Tampoco el IPCC ha sido inmune a las presiones políticas. Las instituciones tienden a ser prudentes en sus predicciones, y por esa razón es muy probable que incluso estemos subestimando los riesgos. En el proceso de elaboración de sus informes, los expertos son designados bien por instituciones científicas, bien directamente en función de su relevancia científica, pero también por los gobiernos, que pueden dirigir o bloquear ciertas nominaciones, situación que ya se ha dado. En lo que respecta a sus informes, estos también son revisados por los gobiernos antes de su aprobación final. El IPCC siempre ha hecho gala de una extrema moderación expresiva en su vocabulario, lo que ha provocado en ocasiones una reacción política que no se corresponde con una lectura científica de los resultados considerados.

La influencia de la industria de los combustibles fósiles también se ha hecho extensiva al IPCC, y ha sido especialmente relevante a la hora de marginar a determinados expertos climáticos. Además, ha organizado grandes campañas de desprestigio de los informes emitidos por dicho organismo. En algunos casos, a través de una alianza entre la industria y el gobierno, caso de ExxonMobil, que se opuso a la reelección por parte del gobierno de Estados Unidos del presidente del IPCC en el año 2002; y, efectivamente, el gobierno respaldó a R. Pachauri en lugar de renovar a R. Watson después de un mandato de cinco años (Lawler, 2002). En otros casos, con ataques falsos y directos de desprestigio tanto privados como especialmente públicos (Oreskes y Conway, 2010), como le sucedió a Ben Santer, responsable del capítulo 8 del *WGI: la ciencia del cambio climático* en el segundo informe de evaluación: SAR (IPCC, 1995).

El Acuerdo de París (2015), que debemos recordar que es un pacto político y diplomático sobre la cuestión climática en el marco de desarrollo y aplicación del CMNUCC/UNFCCC, tiene como principal objetivo:

> Mantener la temperatura media mundial «muy por debajo» de 2 °C respecto a los niveles preindustriales, aunque los países se comprometen a llevar a cabo «todos los esfuerzos necesarios» para que no rebase los 1,5 °C y evitar así «los impactos más catastróficos del cambio climático».

Implica tener que definir dos cuestiones claves para su aplicación:

1. ¿Cuáles eran los niveles preindustriales de la temperatura media del planeta?
2. ¿Cuándo se considerará que dicho incremento ha rebasado claramente los 1,5 ºC?

La primera cuestión tuvo respuesta en el informe específico del IPCC del año 2018, titulado *Calentamiento global de 1,5 °C*, donde quedó establecido que los niveles preindustriales de referencia son las condiciones de temperatura del período de cincuenta años comprendido entre 1850 y 1900 (IPCC, 2018).

Respecto a la segunda cuestión, no hay una respuesta explícitamente definida ni acordada, más cuando el incremento de la temperatura media del planeta en 2024 ya ha alcanzado el valor de 1,55 ºC (WMO, 2025). El IPCC ha adoptado, en su sexto informe AR6 (IPCC, 2023), el siguiente criterio: cuando dicho incremento se rebase durante un período de veinte años, aunque existe discusión científica sobre dicho valor.

Desde un punto de vista científico, este período de tiempo tiene sentido para poder discriminar claramente la influencia de las variaciones climáticas naturales del sistema climático terrestre versus las variaciones climáticas tendenciales debidas a forzamientos externos, en este caso el forzamiento antrópico debido al uso de los combustibles fósiles. Pero, a su vez, tiene una importante consecuencia negativa: alargar su consumo frente a la emergencia climática y la urgencia de abandonarlos.

Además, debemos recordar que el incremento de 1,55 ºC es el valor promedio planetario, porque sobre las superficies de suelo ya se ha alcanzado un valor de 1,8 ºC, y de 0,9 ºC sobre las superficies oceánicas. Además, en algunas partes del planeta, especialmente en la zona ártica, el valor ya es superior a los 3 ºC (Copernicus, 2025).

Las COP tampoco han estado exentas del activismo negacionista. Xie *et al.* (2025) han analizado la evolución de los debates sobre energía, alimentos y bosques y sus resultados muestran que los *lob-*

bies de los combustibles fósiles acceden a las COP a través de organizaciones no gubernamentales (ONG) empresariales de países desarrollados y de gobiernos de países en desarrollo. Un país que ha desempeñado un papel clave minando el avance de las negociaciones climáticas globales, año tras año, es Arabia Saudí, entre otros países petroleros. El gigante de los combustibles fósiles tiene un historial de más de treinta años de obstrucción y demora, protegiéndose y tratando de garantizar que las conversaciones sobre el clima de la ONU logren avances mínimos y lo más lentamente posible. Para ello han aplicado una estrategia de obstruccionismo sistemático. Incluso podría estar yendo más allá de la obstrucción (Depledge, 2008).

Una prueba más del éxito del negacionismo climático es que en las veintinueve COP realizadas, la renuncia al uso de los combustibles fósiles únicamente se menciona por primera vez en la COP26 (2021): «la reducción progresiva del carbón», y en la COP28 (2023) se dice «transición hacia el abandono de los combustibles fósiles en los sistemas energéticos», que no dejan de ser simples valoraciones cualitativas cargadas de voluntarismo. Las palabras del presidente de Azerbaiyán, pronunciadas en la inauguración de la última COP29 en Bakú: «No se nos debe juzgar por nuestros recursos naturales, que son un regalo de Dios [...]. El petróleo y el gas, el viento, el sol, el oro, la plata, el cobre... todos son recursos naturales. Los países no deben ser culpados por poner recursos naturales a disposición del mercado porque este los necesita. Las personas los necesitan», son toda una declaración clara y evidente de intenciones.

Las encuestas sobre la cuestión climática en España indican una elevada preocupación sobre el tema, pero esta es más una posición teórica que real. Entre la ciudadanía española el escepticismo climático está muy presente, y en general se muestra poco dispuesta a hacer cambios en su estilo de vida. España no ha estado aislada del negacionismo climático, ni tampoco de campañas de desinformación sobre la cuestión climática, aunque en los últimos años la ultraderecha, las redes sociales y la onda expansiva de Trump (que data de antes del año 2016) han aumentado su actividad para sembrar la incertidumbre y suscitar dudas entre los ciudadanos.

Los *think tanks* neoliberales en España también se han expandido. El más representativo es el Instituto Juan de Mariana (2025), uno de los más influyentes y activos de España. Se define como «un laboratorio de ideas comprometido con la defensa de la libertad individual, la economía de mercado y el análisis de políticas públicas desde una perspectiva liberal». Es el segundo mayor de los ocho *think tanks* negacionistas de la ciencia climática en Europa (Ayala, 2020), y según Corporate Europe Observatory (CEO, 2010) mantiene estrechos vínculos con el núcleo duro del negacionismo estadounidense, incluyendo la financiación de la industria de los combustibles fósiles. Pero también es necesario mencionar el blog de Fernando del Pino Calvo-Sotelo (fpcs, 2025), con una pronunciada actividad negacionista.

El partido político en España más explícito del negacionismo climático es Vox, con un posicionamiento totalmente militante. En su programa electoral para las elecciones generales del 23 de julio de 2023 (Vox, 2023), señala en el apartado «España Verde», punto 223: «Derogación de la Ley de cambio climático que impide que exploremos nuestros recursos, carga sobre los hombros de los españoles el peso de la transición ecológica en forma de "impuestos verdes" y criminaliza a nuestros trabajadores y agricultores». Su acción política es clara, determinante y continua en los gobiernos autonómicos y municipales en los que ha participado, poniendo su posición negacionista climática como una exigencia ineludible. Es altamente activo y agresivo en la propagación de bulos climáticos, para lo cual usa todos los medios disponibles, desde las redes sociales hasta ciertas cadenas de televisión, con el objetivo claro de influir y generar dudas infundadas, ansiedad e incertidumbre en la sociedad.

La posición del Partido Popular también ha sido y continúa siendo negacionista, aunque desde un posicionamiento menos explícito. Para el expresidente Aznar el cambio climático era una hipótesis. Incluso fue invitado a dar una conferencia por el Heartland Institute en el año 2009 (HI, 2025), y sus declaraciones al respecto son muy indicadoras. A su vez el expresidente Mariano Rajoy en 2007 hacía declaraciones del siguiente tipo: «Si nadie garantiza ni qué tiempo hará mañana en Sevilla, ¿cómo van a decir lo que va a pasar dentro de trescientos años?» —puro argumento negacionista—, restando importancia al problema del cambio climático. Para ello utilizó como referencia a su primo científico, asegurando que no se podía convertir este asunto «en el problema mundial». No obstante, posteriormente ha admitido haberse equivocado al cuestionar los efectos y el alcance del calentamiento global y ha reconocido que «el cambio climático es un problema grave».

También es necesario recordar las declaraciones de Rafael Hernando, portavoz del Partido Popular en el Congreso de los Diputados, a la hora de dirigirse a quienes defendían las medidas para luchar contra la crisis climática: «Esos son postulados que responden a ese ecocomunismo...» (La Sexta, 2021).

La posición actual del Partido Popular sigue siendo ambigua. En su programa electoral para las elecciones generales del 23 de julio de 2023 (PP, 2023) no existen propuestas integrales de acción climática, sino solo aisladas y siempre supeditadas a sectores económicos. Algunas frases de sus candidatos lo confirman; por ejemplo esta:

> Negar la existencia del cambio climático sería absurdo. Pero ¿es correcto usarlo como excusa para implementar medidas restrictivas y disuasorias que solo parecen recaer sobre los ciudadanos de a pie? En un mundo globalizado, donde la competencia es feroz, esta falta de equilibrio internacional nos deja en desventaja...

Para el PSOE no hay en la actualidad discusión con respecto a la cuestión climática: señala claramente que existen razones más que suficientes para actuar frente al cambio climático y ha instado a responder con responsabilidad, determinación y confianza en la ciencia. Muestra de ello son la Ley de cambio climático y transición energética y el Plan Nacional Integrado de Energía y Clima (PNIEC, 2023-2030). En cualquier caso, se le debe criticar su limitada falta de ambición en el alcance de las medidas. Además, existen voces discordantes con planteamientos negacionistas.

Del análisis de lo escrito en los principales periódicos, hay dos trabajos que conviene destacar al respecto. Uno primero de E. Lopera y C. Moreno (2014), que cubre el período 2000-2010 y donde indican que:

> la cobertura mediática de la ciencia del clima en España se centró principalmente en las consecuencias más que en las causas o las fuentes naturales, y la atención mediática prestada fue limitada. La coincidencia con los problemas sociales y macroeconómicos del país también contribuyó a la comunicación de la ciencia del clima como una ciencia controvertida e incierta a través de encuadres informativos.

Y un segundo trabajo de I. Jiménez-Gómez y S. Martín-Sosa (2022) que cubre el período 2015-2021, donde destacan que:

> el encuadre argumental es prioritariamente ideológico, con una idea de libertad de opinión que funciona como vector principal. Mientras, el encuadre económico guía el posicionamiento escéptico sobre las medidas a adoptar ante el cambio climático.

Para comprender las razones del enfoque de los medios sobre las diferentes cuestiones relativas al cambio climático hay que conocer la evolución que ha experimentado su estructura financiera. Además, conviene señalar que los principales emisores de GEI (sector energético, transporte, etc.) tienen intereses en los medios de comunicación, también en el caso de España (Mancinas, 2013).

Es obligado mencionar el buen trabajo realizado en España en el ámbito académico —aunque no solo—, que registra una fuerte actividad respecto al estudio del negacionismo climático. Conviene citar el proyecto THINKClima (2025), liderado por los profesores N. Almiron (coautora del libro *Repensar los think tanks* en colaboración con Xifra, 2021) y J. A. Moreno, del Departamento de Comunicación de la Universitat Pompeu Fabra, y a la profesora M.ª Á. Abellán, de la Universidad de Valencia (2021).

La velocidad y la intensidad a las que se desconecte la economía mundial de los combustibles fósiles son clave para evitar que el calentamiento global, que ya se sufre, sea más o menos catastrófico. El problema es que, pese al avance de las energías renovables, las emisiones mundiales de GEI no solo no acaban de desaparecer lo rápido que se requiere, sino que siguen aumentando porque la humanidad continúa dependiendo en gran medida del petróleo, el gas y el carbón. Vamos en una dirección incorrecta y equivocada, y lo peor es que sabemos la causa y no actuamos, pero la ruta que estamos recorriendo no es casual, está totalmente forzada y orientada por los intereses económicos e ideológicos que defiende el negacionismo climático, que no son otros que mantenernos en el camino de la civilización de los combustibles fósiles.

Debemos entender que la transición energética no es una simple elección «caprichosa» entre opciones tecnológicas o económicas, no es o no debería ser una cuestión ideológica, sino que constituye una necesidad vital para reequilibrar nuestra relación con los sistemas naturales que sostienen a la humanidad. La población no es consciente de que aún no hemos comenzado a reducir el uso de combustibles fósiles y que nuestra dependencia de ellos ha aumentado en el último medio siglo más de un 50%: su participación actual en el consumo mundial de energía primaria es superior al 75%.

La realidad es mucho más compleja. La transición hacia otra economía más verde implica invertir en energías renovables, promover la eficiencia energética y la movilidad sostenible, adoptar tecnologías limpias, etc. La infraestructura energética es una infraestructura básica fundamental. Por lo tanto, es esencial construir un sistema eléctrico descentralizado, flexible y ciberseguro. Representa un cambio de modelo socioeconómico-energético en el que renunciar al uso de los combustibles fósiles es condición necesaria —ya que debemos dejar de emitir CO_2 y los otros GEI— pero no suficiente.

No es suficiente pasar de una civilización cimentada en los combustibles fósiles a una basada en los minerales. También es necesario sustituir una economía sustentada en el incremento continuo, es decir, lineal, por una economía circular o, mejor aún, en espiral, no fundamentada en un consumo exponencial de crecimiento infinito, en un modelo desenfrenado de comprar y tirar. Y ello en aras de conseguir tanto una adecuada gestión de los recursos como una sociedad sustentada en la justicia social.

Las grandes empresas de los combustibles fósiles mantienen al mundo cautivo de su uso, sin planes reales de reducir su extracción y producción. Además, recurren a métodos de extracción cada vez más agresivos, impulsadas por el continuado aumento de la demanda global de energía y la necesidad de garantizar el suministro de recursos. Sin abandonar la extracción convencional, utilizan otras técnicas más complejas, como las grandes minas a cielo abierto, la fracturación hidráulica *(fracking)* y la perforación en aguas oceánicas profundas.

Mientras tanto, los Estados demoran el cumplimiento de los compromisos asumidos y firmados en el Acuerdo de París. Las empresas estatales dominan las emisiones globales, ignorando las necesidades de sus ciudadanos. Cuando los datos y las evidencias nos indican que debemos avanzar hacia un sistema económico descarbonizado que funcione para las personas y el planeta. Necesitamos urgentemente una transición hacia modelos económicos y energéticos más sostenibles, justos y asequibles para todos. Un cambio global no solo es urgente, es esencial.

No debemos distraernos con discusiones sobre si ya es demasiado tarde para actuar con técnicas de eliminación-captura del CO_2 añadido a la atmósfera. Necesitamos urgentemente centrarnos en la transición para dejar atrás los combustibles fósiles. Muchos de los esfuerzos de descarbonización están orientados al mantenimiento del sistema más que a su superación.

Una de las estrategias manejadas y utilizadas por el negacionismo climático ha sido la desinformación. Implica confundir a la opinión pública con una información deformada o falsa y conseguir que los rumores se conviertan en hechos y realidades, todo ello basado en mentiras, tergiversación y manipulación de los datos. Uno de los efectos más perniciosos de que la mentira posea ahora mayor capacidad de difusión que nunca es el descrédito de la verdad y la extensión del cinismo y la confusión. Todo ello potenciado en las últimas décadas por la revolución digital. La gestión de las ideas tiene consecuencias.

La conciencia de la industria de los combustibles fósiles y otros sectores asociados sobre el actual cambio climático —y su conspiración de engaño y obstrucción— va más allá de cualquier compañía en particular. Toda la estrategia del negacionismo climático «ha estado orientada en un marco social y cultural a la producción de la ignorancia», y dicha ignorancia se debe entender como resultado de un trabajo organizado y promovido, y no como mera ausencia de conocimiento.

Pero estamos en el año 2025, no en 1990. En consecuencia, se debe tener constancia, en aras de la claridad y de la valoración histórica de las decisiones tomadas y del camino recorrido, de lo que implica este posicionamiento negacionista. En 1990 la población mundial era de 5.500 millones de habitantes; en 2023 superamos los 8.000 millones. En 1990 el número de coches que circulaban a nivel mundial se estimaba en 700 millones; en este momento hay más de 1.400 millones de vehículos circulando. Esto significa que las medidas que han de implantarse deben tener otra dimensión y son mucho más complicadas de materializar. La transición que es ahora necesaria no tiene equivalencia en velocidad y escala. Esta es una de las graves consecuencias del bloqueo negacionista: la dimensión y magnitud de las necesarias y obligadas políticas climáticas que la industria y los países de los combustibles fósiles han forzado a adoptar, tanto por la evolución exponencial del problema climático como por el alcance de sus consecuencias socioeconómicas.

En el capítulo 3 hemos analizado el crecimiento progresivo y exponencial del consumo mundial de energía primaria. Además, el desarrollismo tecnológico nos está llevando a la expansión de la inteligencia artificial (IA) y de centros de datos, lo que supone un incremento significativo de la demanda de energía y agua. Los sistemas de IA, especialmente aquellos basados en un aprendizaje profundo y grandes modelos de lenguaje, requieren una enorme capacidad de computación, lo que se traduce en un consumo energético cada vez mayor.

Ya es demasiado tarde para detener la gran cantidad de cambios en el clima de nuestro planeta que están teniendo lugar. Ya llevamos acumulada una emisión de 2.650 $GtCO_2$ desde el año 1850, y el presupuesto de carbono restante para limitar el calentamiento global a 1,5 °C y 2 °C es de 235 $GtCO_2$ y 1.110 $GtCO_2$ respectivamente, equivalentes a seis y veintisiete años a partir de 2025, según datos del Global Carbon Project (Friedlingstein *et al.*, 2024).

Para entender lo que significa la cantidad de CO_2 emitida —que permanecerá en la atmósfera cerca de mil años—, y con objeto de tener un referente ilustrativo de lo que esto supone, únicamente el acumulado de CO_2 en la atmósfera en los últimos 275 años, desde la Revolución Industrial, equivaldría a haber añadido una capa de CO_2 sobre la esfera terrestre de un espesor de 87 cm.

Si queremos frenar el cambio climático, debemos dejar de usar lo antes posible los combustibles fósiles, manteniendo el carbono geológico fuera de la atmósfera y en el subsuelo, donde ha estado durante millones de años. Las industrias del sector harían bien en encontrar formas innovadoras de reducir su huella de carbono en lugar de emplear enormes cantidades de dinero en manipularnos y continuar invirtiendo en combustibles fósiles.

El éxito del negacionismo climático está muy bien reflejado en el reciente análisis del expresidente Tony Blair *(El País,* 2025b) que, con el título «La paradoja climática: por qué necesitamos reiniciar la acción contra el cambio climático», afirma con rotundidad en su introducción:

> La mayoría de las personas que admiten que el cambio climático es una realidad causada por la actividad humana están a su vez alejándose de las políticas desplegadas en esta materia porque creen que las soluciones propuestas no están basadas en un buen criterio.

Esta afirmación puede interpretarse de diferentes maneras, pero, conociendo la larga historia de la influencia política del negacionismo climático, como mínimo genera las siguientes preguntas: ¿qué significado tiene «que las soluciones propuestas no están basadas en un buen criterio»?, ¿a qué buen criterio se está refiriendo?

Uno de los recorridos argumentales negacionistas más habituales ha sido refutar la existencia del actual cambio climático y su importancia —lo que no se nombra no existe—, luego retrasar las opciones de solución y, llegado el momento —al cual nos falta poco para llegar—, afirmar que ya es demasiado tarde y, entonces, para qué cambiar. Una de las ideas básicas del negacionismo climático corporativo es seguir refutando la existencia del actual cambio climático. Si es posible, hablar lo menos posible de él. Si nadie habla del cambio climático, es poco probable que la gente lo saque a colación porque se percibe como un tema tabú o inexistente; por el contrario, hablar del cambio climático implica despertar interés y acción. Cuanto menos se habla del cambio climático, menos se lo considera un problema, lo que a su vez deriva en menos iniciativas porque a la gente no le importa o no sabe qué hacer al respecto. Es un ciclo que se retroalimenta. Por eso es importante y fundamental romper el silencio climático y hablar de la situación y del estado del planeta.

Un ejemplo presente de esta estrategia es el gobierno en Argentina de Milei, que se autodefine como «libertario» y que ha impuesto una censura que restringe el uso de términos como «cambio climático» y «sostenibilidad» y de otros conceptos asociados en los organismos públicos, caso del Servicio Meteorológico Nacional (SMN) y del Instituto Nacional de Tecnología Agropecuaria (INTA). Este cambio se produce en un contexto en que la administración argentina se ha presentado como defensora de la libertad pero está promoviendo una postura más restrictiva en lo que respecta a los temas ambientales. En el informe sobre el clima en Argentina del año 2024, las expresiones «cambio climático» y «calentamiento global» no figuran ni una sola vez, a diferencia de lo que decía el mismo texto en una versión preliminar.

Entre estas reflexiones, es necesario también incluir una sobre la situación actual, dominada por un populismo político que está ganando terreno agitando discursos negacionistas contra las políticas climáticas y medioambientales. En clara oposición, lógicamente, a la comunidad científica y a organismos internacionales como las Naciones Unidas y la Agencia Internacional de la Energía, entre otras, que advierten de la necesidad urgente de intensificar las políticas climáticas, indicando que las medidas adoptadas hasta el momento son manifiestamente insuficientes para alcanzar los objetivos de reducción de emisiones para 2030 y 2050.

La irrupción manifiesta de la segunda administración Trump se ha saldado con la adopción de un discurso radicalmente negacionista y que pone freno a las iniciativas climáticas, con el señalamiento de la lucha contra el cambio climático como una «ideología» que perjudica a Estados Unidos, con la eliminación de normativas medioambientales, con la supresión, sin precedentes, de la financiación a las agencias científicas (NOAA, NASA, EPA) y a las universidades en áreas como el cambio climático y las energías renovables e incluso con el ataque a las políticas «verdes» de ciertos Estados.

Una vez más, Trump ha vuelto a retirar a Estados Unidos del Acuerdo de París (como ya sucedió en su primer mandato), ha dado pasos para fomentar la producción de petróleo y gas y ha firmado órdenes ejecutivas para aumentar el uso de carbón para generar electricidad. Los inversores empiezan a no considerar las finanzas verdes, sociales e inclusivas ante el nuevo ciclo de Trump. Sus políticas de penalización de energías renovables y de fomento de las fósiles pueden traducirse en un aumento de las emisiones de GEI.

Una parte significativa de la política de Trump en este segundo mandato está basada en el denominado Project 2025 «Mandate for Leadership», impulsado precisamente por el *think tank* Heritage Foundation, que ha negado y obstruido el cambio climático durante décadas. De las 110 organizaciones sin ánimo de lucro que apoyan formalmente Proyect 2025, casi cincuenta recibieron importantes donaciones de las mismas seis fuentes desde 2020 (Fassler, 2024).

¿Lo verde ya no vende? En estos tiempos convulsos cargados de lemas de toda índole, la palma se la lleva la senadora de Wyoming (Estados Unidos) Cheri Steinmetz. En enero de 2025 presentó una propuesta de ley titulada *Make Carbon Dioxide Great Again* («Hagamos que el dióxido de carbono vuelva a ser grande otra vez»). El objetivo era declarar que el dióxido de carbono no es un contaminante, sino un nutriente esencial para la vida, y prohibir cualquier medida que promoviera la reducción de emisiones. La propuesta no fue aprobada, pero, más allá de la anécdota, refleja un cambio de sensibilidad hacia la sostenibilidad, en consonancia con las ideas trumpistas del *drill, baby, drill (La Vanguardia*, 2025).

Nos enfrentamos a un movimiento internacional populista y a una industria de la mentira que utiliza los bulos para mantener su *statu quo,* que necesita seguir produciendo, vendiendo y consumiendo combustibles fósiles para alimentar al sistema en su forma actual y que además se ha sumado a una guerra ideológica que empezó en la década de 1950 del siglo xx y que todavía está muy vigente y activa a costa de transformar la habitabilidad del clima del planeta Tierra, tanto para la especie humana como para el resto de especies, y acarrear consecuencias negativas para una parte muy importante de la humanidad.

La actual crisis climática genera un estado de agitación, ansiedad, trastorno y desorganización, y nos vemos desbordados a la hora de afrontar su situación y dimensión. Se produce cuando descubrimos que los métodos que utilizamos usualmente para afrontarla no son suficientes ni adecuados, lo que nos lleva a experimentar inadaptación e insatisfacción. Seguimos sin adoptar las medidas que la crisis climática exige, e incluso, al contrario, continuamos recorriendo la senda trazada de forma imperturbable, no haciendo caso o despreciando los avisos que ya nos están llegando. Y es que seguimos sin considerar y valorar el problema como lo que es: un problema de gobernanza global.

Las llamadas del secretario general de las Naciones Unidas tanto a las compañías de este sector para que dejen de invertir en petróleo, gas y carbón como a los gobiernos son una muestra manifiesta de la incapacidad actual de limitar la dinámica climática iniciada.

Y en gran parte ello es debido a la existencia de un negacionismo y un retardismo organizados (con numerosas variantes) en torno a intereses mayormente económicos, y a planteamientos políticos-ideológicos que, en este caso, además, sí tienen una perspectiva global. Sus intereses no son los intereses de la humanidad, sino ganar dinero y adquirir poder. Y si para ello han de emitir CO_2 y otros GEI, no les importa. Es esta la verdadera situación actual después de más de setenta años de viaje.

Como hemos podido comprobar a lo largo de este libro, lo que se ha dado en llamar «crisis climática» responde bien a la definición de «crisis» de la RAE (Real Academia Española de la Lengua): «cambio profundo y de consecuencias importantes en un proceso o una situación, o en la manera en que estos son apreciados»; «intensificación brusca de los síntomas de una enfermedad», y «situación mala o difícil», en sus tres primeras acepciones. Se ha permitido que la actual crisis climática adquiriese una gran dimensión y velocidad, esencialmente por el negacionismo climático, cuyo objetivo es mantener a la humanidad en la civilización de los combustibles fósiles, y por la incapacidad del sistema político mundial de adoptar y aplicar las medidas de política climática necesarias. No hay voluntad de cambiar de dirección: el sistema está dispuesto a morir matando.

Tenemos la obligación moral de luchar para detener el actual cambio climático lo antes posible y descubrir cómo hemos llegado hasta aquí. Hay lecciones que aprender.

La reflexión final de este libro es muy simple pero muy grave para el planeta, y especialmente para los seres humanos: la codicia humana ha conseguido alargar la civilización de los combustibles fósiles durante un tiempo equivalente a casi tres generaciones, y lo ha hecho conociendo perfectamente las tremendas implicaciones que ello tiene para la habitabilidad del planeta Tierra y para la humanidad, y hay una voluntad absoluta de seguir en ese camino.

Glosario

AIE/IEA (International Energy Agency), Agencia Internacional de la Energía: Organización intergubernamental que actúa como asesora en política energética para sus veintiocho países miembros en su esfuerzo por garantizar una energía responsable, asequible y limpia para sus ciudadanos. La AIE se fundó en 1974 para garantizar la seguridad del suministro de petróleo. La seguridad energética sigue siendo una parte fundamental de su misión, pero hoy la AIE tiene un mandato más amplio para centrarse en una extensa gama de cuestiones energéticas, incluidas el cambio climático y la descarbonización, el acceso y la eficiencia energéticos, la inversión y la innovación y la garantía de sistemas energéticos fiables, asequibles y sostenibles.

API (American Petroleum Institute): El Instituto Estadounidense del Petróleo, conocido comúnmente como API, es la principal asociación comercial de Estados Unidos y representa a cerca de cuatrocientos corporaciones implicadas en la producción, el refino, la distribución y muchos otros aspectos de la industria del petróleo y del gas natural. A esta asociación se alude a menudo como AOI (en inglés, American Oil Industry), o industria del petróleo estadounidense

Calentamiento global ***(global warming):*** La emisión a la atmósfera de gases de efecto invernadero —los principales son el dióxido de carbono (CO_2), el metano (CH_4), el óxido nitroso (N_2O) y el vapor de agua— por el uso de los combustibles fósiles como fuente de energía genera un incremento de la retención de la radiación infrarroja terrestre que provoca la acumulación de calor en la atmósfera terrestre y, en consecuencia, el aumento de su temperatura, lo que a su vez implica una serie de cambios importantes en los patrones meteorológicos y climáticos de la Tierra.

Cambio climático *(climate change):* Es la variación global del clima de la Tierra y se refiere a los cambios a largo plazo de los patrones climáticos. Estos cambios pueden ser naturales, debido a razones astronómicas, a variaciones en la actividad solar o a grandes erupciones volcánicas. Pero desde el siglo XIX, las actividades humanas han sido el principal motor del actual cambio climático, debido principalmente al uso de los combustibles fósiles.

CMNUCC/UNFCCC: Convención Marco de las Naciones Unidas sobre el Cambio Climático (en inglés, UNFCCC: United Nations Framework Convention on Climate Change); entró en vigor el 21 de marzo de 1994 (https://unfccc.int/es/process-and-meetings/que-es-la-convencion-marco-de-las-naciones-unidas-sobre-el-cambio-climatico).

Colapsismo climático *(climate collapse):* También llamado «final climático» (en inglés, *climate endgame),* «apocalipsis climático», «distopía climática» y «catastrofismo climático», entre otros nombres, es un escenario hipotético que implica el derrumbamiento global de la civilización humana y la alta posibilidad de causar la extinción de la humanidad como resultado directo o indirecto del calentamiento global y el colapso ecológico. El colapsismo es una corriente ideológica con una influencia creciente. Su postulado de base es considerar que el colapso ecosocial es un hecho consumado o muy probable. Además de sus efectos desmovilizadores, se caracteriza por comprometer la capacidad para transformarlo. Su relato alimenta el desastre que trata de evitar.

CO_{2equiv}: Unidad estandarizada que mide el potencial de calentamiento global de un determinado gas de efecto invernadero en relación con el dióxido de carbono (CO_2), tomado como referencia.

Crisis climática *(climate crisis):* Término utilizado para describir la gravedad del actual cambio climático y sus consecuencias, y la amenaza que representa el calentamiento global para la humanidad y el planeta, y para instar a una mitigación del problema más agresiva.

Derrotismo climático *(climate defeatism):* Variante de un nuevo negacionismo. Implica eludir las decisiones que obligan a adoptar los cambios necesarios para evitar las consecuencias, del actual cambio climático, entre otras razones, porque esas medidas urgentes chocan de frente con los intereses creados.

Ecopostureo *(greenwashing):* Práctica de *marketing* verde destinada a crear una apariencia ilusoria de responsabilidad ecológica que promueve una imagen verde, de «lavado verde», de preocuparse por el medio ambiente. Es una estrategia de mercado que utilizan algunas empresas o entidades para aparentar ser más respetuosas con el medio ambiente o el cambio climático de lo que son en realidad. Recurren a mensajes falsos o proporcionan información engañosa con fines comerciales para tratar de blanquear su actividad y mejorar su reputación.

El dilema del prisionero climático *(the climate prisoner's dilemma):* Problema fundamental de la teoría de juegos que analiza cómo y por qué las personas cooperan o compiten entre sí. En el caso de la reducción de gases de efecto invernadero, los países tienen un conflicto de intereses similar al que plantea el dilema del prisionero: la desconfianza hacia el otro justifica la propia inacción.

Emergencia climática *(climate emergency):* También llamada «estado de emergencia climática», es el reconocimiento de que todos los actos emprendidos hasta este momento para paliar las consecuencias antrópicas que afectan al clima no son suficientes y, en consecuencia, deben aumentar y acelerarse. Es una medida adoptada por diversas entidades, ciudades y gobiernos como respuesta a la crisis climática. Supone adoptar medidas para lograr cero emisiones de carbono en un plazo determinado y ejercer presión política a los gobiernos para que tomen conciencia de la actual situación de crisis ambiental.

EPA (U.S. Environmental Agency, US EPA): La Agencia de Protección Ambiental de Estado Unidos, es la agencia ejecutiva independiente del gobierno federal encargada de los temas ambientales.

Escepticismo climático *(climate change skepticism):* Posicionamiento de un grupo de personas que insisten en que los actuales cambios en el clima y el calentamiento global no son causados, en absoluto, por las acciones humanas. Aseguran que el cambio climático es un proceso natural que ha ocurrido mucho antes de que el ser humano existiera y que la Tierra ha sufrido eventos de calentamiento y enfriamiento sin la influencia humana (https://issuu.com/seagrantpr/docs/manual-para-estudiantes-cambio-climatico/s/17970594).

GEI (gases de efecto invernadero): Un gas de efecto invernadero es el que absorbe y emite radiación dentro del rango infrarrojo terrestre. Este proceso es la causa fundamental del efecto invernadero. Los principales GEI en la atmósfera terrestre son el vapor de agua (H_2O), el dióxido de carbono (CO_2), el metano (CH_4), el óxido nitroso (N_2O), el ozono (O_3) y los CFC (clorofluorocarburos, gases artificiales que se emplean en diversas aplicaciones). Sin los gases de efecto invernadero, la temperatura media de la superficie terrestre sería de –18 °C en lugar de los 15 °C que tiene ahora.

Gt (gigatoneladas): Unidad de medida que equivale a 10 elevado a la novena potencia en toneladas, o sea, 1.000.000.000 (mil millones de toneladas).

IPCC: El Grupo Intergubernamental de Expertos sobre el Cambio Climático (IPCC, en inglés: The Intergovernmental Panel on Climate Change) es el órgano internacional de las Naciones Unidas encargado de evaluar los conocimientos científicos relativos al cambio climático (https://www.ipcc.ch/).

Negacionismo climático *(climate denial* o *global warming denial):* Negación del actual cambio climático que supone refutar o dudar injustificadamente del consenso científico que afirma que es causado por los seres humanos, principalmente por el uso de los combustibles fósiles, y también cuestiona sus efectos en la naturaleza y en la sociedad humana (https://es.wikipedia.org/wiki/Negaci%C3%B3n_del_cambio_clim%C3%A1tico) (https://en.wikipedia.org/wiki/Climate_change_denial).

Neutralidad tecnológica *(technological neutrality):* Principio que debe inspirar la actividad reguladora y que supone que la regulación tecnológica debe prestar atención a los efectos de las acciones y no a las acciones y a los medios por sí mismos. Su objetivo consiste en evitar que, a través de la imposición de una determinada tecnología, se pueda influir en las condiciones de libre competencia. El principio de neutralidad tecnológica dicta que los responsables de las políticas no deben «elegir ganadores» en la competencia entre tecnologías alternativas; más bien, los mecanismos de mercado deberían determinar qué tecnologías logran ser ampliamente adoptadas, ya que esto garantizará las soluciones más rentables.

OMM/WMO: Organización Meteorológica Mundial/World Meteorological Organitation (https://wmo.int/).

Radiación infrarroja terrestre: Energía electromagnética de onda larga emitida en forma de radiación por la superficie terrestre.

Retardismo climático *(climate delay):* Tipo de desinformación negacionista del cambio climático que pretende retrasar la acción y la promoción de políticas climáticas. Aunque no niega que exista un cambio climático o que esté provocado por los seres humanos, afirma sin evidencia científica que «hay tiempo de sobra» para hacerle frente o que realmente los medios de comunicación o la comunidad científica «exageran» su alcance.

Bibliografía

Introducción

Almiron, N., y Moreno, J. A., «Más allá del negacionismo del cambio climático. Retos conceptuales al comunicar la obstrucción de la acción climática», *Ámbitos. Revista Internacional de Comunicación,* 55: 9-23, 2022 (http://dx.doi.org/10.12795/Ambitos.2022.i55.01).

Fletcher, C., *et al.,* «Earth at risk: An urgent call to end the age of destruction and forge a just and sustainable future», *PNAS Nexus,* 3(4): 106, 2 de abril de 2024 (https://doi.org/10.1093/pnasnexus/pgae106).

Fundación Naturgy, *Las amenazas físicas del cambio climático y su impacto social en España,* 2025, pág. 60 (https://www.fundacionnaturgy.org/publicacion/las-amenazas-fisicas-del-cambio-climatico-y-su-impacto-social-en-espana/).

Tripathy, K. P., *et al.,* «Climate change will accelerate the high-end risk of compound drought and heatwave events», *PNAS,* 120(28): e2219825120, 11 de julio de 2023 (https://www.pnas.org/doi/10.1073/pnas.2219825120).

WEF, *Quantifying the Impact of Climate Change on Human Health,* 2024, pág. 49 (https://www.weforum.org/publications/quantifying-the-impact-of-climate-change-on-human-health/).

WMO, *State of the Global Climate 2024,* 2025 (https://wmo.int/publication-series/state-of-global-climate-2024).

Arrhenius, S. A., «On the Influence of Carbonic Acid in the Air upon the Temperature of the Ground», *Philosophical Magazine,* 5: 41-276, 1896 (https://www.rsc.org/images/Arrhenius1896_tcm18-173546.pdf).

Baker, S., *et al.,* «Distinct roles for precession, obliquity, and eccentricity in Pleistocene 100-kyr glacial cycles», *Science,* 387(6737), 28 de febrero de 2025 (https://www.science.org/doi/10.1126/science.adp3491).

Bolin, B., y Eriksson, E., «Changes in the carbon dioxide content of the atmosphere and sea due to fossil fuel combustion», en Bert Bolin, *The Atmosphere and the Sea in Motion: Scientific Contributions to the Rossby Memorial Volume,* Nueva York, The Rockefeller Institute Press, 1959 (https://geosci.uchicago.edu/~archer/warming_papers/bolin.1958.carbon_uptake.pdf).

Budiko, M. I., *The heat balance of the earth's surface,* vol. 35, U.S. Dept. of Commerce, Weather Bureau, 1958, pág. 259 [Тепловой баланс земной поверхности, Л., 1956] (https://babel.hathitrust.org/cgi/pt?id=uc1.31822012729216&seq=7).

Callendar, G. S., «The artificial production of carbon dioxide and its influence on temperature», *Quarterly Journal of the Royal Meteorological Society,* 64(275): 223-240, 1938 (https://www.rmets.org/sites/default/files/qjcallender38.pdf).

Chamberlin, T. C., «An Attempt to Frame a Working Hypothesis of the Cause of Glacial Periods on an Atmospheric Basis», *Journal of Geology,* 7: 545-584, 667-685, 751-787, 1899 (https://archive.org/details/jstor-30055497/page/n1/mode/2up).

Charney, J., *et al., Carbon Dioxide and Climate: A Scientific Assessment. Report of an Ad Hoc Study Group on Carbon Dioxide and Climate,* Woods Hole (MA), Climate Research Board, National Research Council, Washington D.C., National Academies Press, 23-27 de julio de 1979 (https://nap.nationalacademies.org/catalog/12181/carbon-dioxide-and-climate-a-scientific-assessment).

Crutzen, P. J., «Atmospheric chemical processes of the oxides of nitrogen, including nitrous oxide», en C. C. Delwiche, *Denitrification, nitrification, and atmospheric nitrous oxide,* Hoboken (NJ), John Wiley & Sons, 1981, págs. 17-44.

Crutzen, P. J., y Ehhalt, D. H., «Effects of Nitrous Oxide on Stratospheric Ozone», *Nature,* 265: 726-729, 1977.

Foote, E., «Circumstances affecting the Heat of the Sun's Rays», en *Proceedings of the American Association for the Advancement of Science,* 10.º Encuentro de la AAAS (1857), celebrado en Albany, Nueva York, agosto de 1856, Cambridge, Joseph Lovering.

Fourier, J. B. J., *Théorie analytique de la chaleur,* París, F. Didot, 1822.

Friedlingstein, P., *et al.,* «Global Carbon Budget 2024», *Earth System Science Data Discuss,* 2024 (https://doi.org/10.5194/essd-2024-519).

Houghton, R. A., y Woodwell, G. M., «Global Climatic Effects of Aerosols and Methane», *Science,* 186(4174): 1165-1167, 1974.

Hulburt, E. O., «The Temperature of the Lower Atmosphere of the Earth», *Physical Review,* 38: 1876, 1931 (doi:10.1103/PhysRev.38.1876).

IPCC, *FAR, Primer Informe de Evaluación,* 1990 (https://www.ipcc.ch/site/assets/uploads/2018/02/ipcc_90_92_assessments_far_full_report_sp.pdf).

— *SAR, Segundo Informe de Evaluación,* 1995 (https://www.ipcc.ch/site/assets/uploads/2018/02/2nd-assessment-sp.pdf).

— *TAR, Tercer Informe de Evaluación. Informe de síntesis,* 2001 (https://www.ipcc.ch/site/assets/uploads/2018/08/TAR_syrfull_es.pdf).

— *AR4, Cuarto Informe de Evaluación. Informe de síntesis,* 2007 (https://www.ipcc.ch/site/assets/uploads/2018/02/ar4_syr_sp.pdf).

— *AR5, Quinto Informe de Evaluación. Informe de síntesis,* 2014 (https://www.ipcc.ch/site/assets/uploads/2018/02/SYR_AR5_FINAL_full_es.pdf).

— *Global Warming of 1.5 °C,* 2018 (https://www.ipcc.ch/sr15/).

— *AR6, Sexto Informe de Evaluación. Informe de síntesis,* 2023 (https://www.ipcc.ch/ar6-syr/).

Keeling, Ch. D., «The Concentration and Isotopic Abundances of Carbon Dioxide in the Atmosphere», *Tellus,* 12(2): 200-203, 1960 (doi:10.3402/tellusa.v12i2.9366).

Manabe, S., y Bryan, K., «Climate calculations with a combined ocean-atmosphere model», *Journal of the Atmospheric Sciences,* 26: 786-789, 1969 (https://doi.org/10.1175/1520-0469(1969)026<0786:CCWACO>2.0.CO;2).

Manabe, S.; Smagorinsky, J., y Strickler, R. F., «Simulated climatology of a general circulation model with a hydrologic cycle», *Monthly Weather Review,* 93(12): 769-798, 1965 (doi:10.1175/1520-0493(1965)093<0769:scoagc>2.3.co;2).

Manabe, S., y Strickler, R. F., «Thermal equilibrium of the atmosphere with a convective adjustment», *Journal of the Atmospheric Sciences,* 21: 361-385, 1964 (doi.org/10.1175/1520-0469(1964)021%3C0361:TEOTAW%3E2.0.CO;2).

Manabe, S., y Wetherald, R. T., «Thermal Equilibrium of the Atmosphere with a Given Distribution of Relative Humidity», *Journal of the Atmospheric Sciences,* 24(3): 243-259, 1967 (doi.org/10.1175/1520-0469(1967)024<0241:TEOTAW>2.0.CO;2).

Milankovitch, M., *Handbuch der Klimatologie,* Berlín, W. Koppen y R. Geiger, 1930, págs. 1-176.

Myers, K. F., *et al.,* «Consensus revisited: quantifying scientific agreement on climate change and climate expertise among Earth scientists 10 years later», *Environmental Research Letters,* 16, 104030, 2021 (doi.org/10.1088/1748-9326/ac2774).

NOAA, *Trends in Atmospheric Carbon Dioxide (CO_2),* 2025 (https://gml.noaa.gov/ccgg/trends/mlo.html).

Plass, G. N., «The Carbon Dioxide Theory of Climatic Change», *Tellus,* 8(2): 140-154, 1956 (doi.org/10.1111/j.2153-3490.1956.tb01206.x).

Ramanathan, V., «Greenhouse Effect Due to Chlorofluorocarbons: Climatic Implications», *Science,* 190: 50-52, 1975 (http://www.jstor.org/stable/1740877).

Ramanathan, V.; Cicerone, R. J.; Singh, H. B., y Kiehl, J. T., «Trace gas trends and their potential role in climate change», *Journal of Geophysical Research,* 90(D3): 5547-5566, 1985 (https://doi.org/10.1029/JD090iD03p05547).

Revelle, R., y Suess, H. E., «CO_2 Exchange between Atmosphere and Ocean and the Question of an Increase of Atmospheric CO_2 during the past decades», *Tellus,* 9: 1-27, 1957 (https://geosci.uchicago.edu/~archer/warming_papers/revelle.1957.CO2_buffer.pdf).

Simpson, G., «Some studies in terrestrial radiation», *Memoirs of the Royal Meteorological Society,* 2(16): 69-95, 1928 (https://empslocal.ex.ac.uk/people/staff/gv219/classics.d/climate.html).

Suess, H. E., «Radiocarbons concentration in modern wood», *Science,* 122: 415-417, 1955 (https://www.science.org/doi/10.1126/science.122.3166.415.b).

Wang, W. C.; Yung, Y. L.; Lacis, A. A.; Mo, T., y Hansen, J. E., «Greenhouse Effects Due to Man-Made Perturbations of Trace Gases», *Science,* 194: 685-690, 1976 (DOI: 10.1126/science.194.4266.685).

WMO (World Meteorological Organization), *The Physical Basis of Climate and Climate Modelling,* GARP Publ. ser. núm. 16, Ginebra, World Meteorological Organization, 1975 (https://books.google.es/books/about/The_Physical_Basis_of_Climate_and_Climat.html?id=JDLQzwEACAAJ&redir_esc=y).

— *Greenhouse Gas Bulletin,* núm. 20, 2024, pág. 11 (https://wmo.int/publication-series/wmo-greenhouse-gas-bulletin-no-20).

WORDSWORTH, R.; SEELEY, J. T., y SHINE, K. P., «Fermi Resonance and the Quantum Mechanical Basis of Global Warming», *Planet Science Journal,* 5: 67, 2024 (DOI 10.3847/PSJ/ad226d).

CAPÍTULO 2

BROECKER, W., «Climatic change: are we on the brink of a pronounced global warming?», *Science,* 189(4201): 460-463, 8 de agosto de 1975 (doi: 10.1126/science.189.4201.460).

CONSERVATION FOUNDATION, conference (https://www.documentcloud.org/documents/24032600-charles-david-keeling-papers-box-6-folder-15#document/p9/a2407537).

DESMOG, *History Lessons: How Polluters Took Control of Pollution Laws From The Start,* 2025 (https://www.desmog.com/history-lessons-polluters-control-pollution-laws-1960s/).

FRANTA, B., «On its 100th birthday in 1959, Edward Teller warned the oil industry about global warming», *The Guardian,* 1 de enero de 2018 (https://www.theguardian.com/environment/climate-consensus-97-per-cent/2018/jan/01/on-its-hundredth-birthday-in-1959-edward-teller-warned-the-oil-industry-about-global-warming).

GBC, 2024 (https://globalcarbonbudget.org/).

JOHN, R., *1963 Conference Put Carbon Dioxide and Climate Change in the Spotlight,* 2024 (https://www.desmog.com/2024/01/30/conservation-foundation-conference-1963-big-oil-co2-climate-change/).

JOHNSON, B., «A Timeline of Climate Science and Policy», *Medium,* 2016, pág. 311 (https://climatebrad.medium.com/climate-hearings-af27a38 86a43).

JOHNSON, Lyndon B., *Statement by the President in Response to Science Advisory Committee Report,* 1965 (https://www.presidency.ucsb.edu/documents/statement-the-president-response-science-advisory-committee-report-pollution-air-soil-and).

KEELING, C. D., «The Concentration and Isotopic Abundances of Carbon Dioxide in the Atmosphere», *Tellus,* 12: 2, 1960 (https://doi.org/10.1111/j.2153-3490.1960.tb01300.x).

NOAA, *Trends in CO_2, CH_4, N_2O, SF_6,* 2025 (https://gml.noaa.gov/ccgg/trends/).

PSAC, *Restoring the Quality of Our Environment,* report of the Environmental Pollution Panel, President's Science Advisory Committee, La Casa Blanca, noviembre de 1965 (https://www.documentcloud.org/documents/3227654-PSAC-1965-Restoring-the-Quality-of-Our-Environment).

WMO, *State of the Global Climate 2024,* 2025 (https://wmo.int/publication-series/state-of-global-climate-2024).

Capítulo 3

Canadell, J., *et al., Global Carbon and other biogeochemical cycles and feedbacks. Climate Change 2021: The Physical Science Basis,* contribution of WG I-IPCC to the AR6, Cambridge, Cambridge University Press, 2021 (https://doi.org/10.1017/9781009157896).

Carbon Majors, 2024 (https://carbonmajors.org/).

— 2025 (https://carbonmajors.org/).

Depledge, J.; De Pryck, K., y Roberts, J. T., «Decades of Systematic Obstructionism: Saudi Arabia's Role in Blocking Progress in the UN Climate Negotiations», *Climate Social Science Network Issue Paper,* 2023: 1 (https://cssn.org/wp-content/uploads/2023/11/Decades-of-Systematic-Obstructionism-CSSN-Issue-Paper3.pdf).

Energy Institute, *Statistical Review of World Energy 2024,* 2024, pág. 76 (https://www.energyinst.org/statistical-review).

Euronews, 2024 (https://es.euronews.com/green/2024/04/17/cada-vez-que-culpan-a-las-vacas-por-el-cambio-climatico-los-ejecutivos-petro leros-se-rien).

FAO, *Livestock's Long Shadow,* 2006 (https://www.fao.org/4/a0701e/a0701e00.htm).

— *Pathways towards lower emissions – A global assessment of the greenhouse gas emissions and mitigation options from livestock agrifood systems,* Roma, 2023, pág. 77 (https://doi.org/10.4060/cc9029en).

Forster, P. M., *et al.,* «Indicators of Global Climate Change 2023: annual update of key indicators of the state of the climate system and human influence», *Earth System Science Data,* 16: 2625-2658, 2024 (doi.org/10.5194/essd-16-2625-2024).

Friedlingstein, P., *et al.,* «Global Carbon Budget 2024», *Earth System Science Data Discuss,* 2024 (https://doi.org/10.5194/essd-2024-519).

GCB, 2024 (https://globalcarbonbudget.org/).

GMP, 2023 (https://www.globalmethanepledge.org/).
Heede, R., «Tracing anthropogenic carbon dioxide and methane emissions to fossil fuel and cement producers, 1854-2010», *Climatic Change,* 122: 229-241, 2014 (https://link.springer.com/article/10.1007/s10584-013-0986-y).
Hoesly, R. M., *et al.,* «Historical (1750-2014) anthropogenic emissions of reactive gases and aerosols from the Community Emissions Data System (CEDS)», *Geoscientific Model Development,* 11: 369-408, 2018 (https://doi.org/10.5194/gmd-11-369-2018).
Howarth, R. W., «Ideas and perspectives: is shale gas a major driver of recent increase in global atmospheric methane?», *Biogeosciences,* 16(15): 3033-3046, 2019.
IEA, 2024 (https://www.iea.org/reports/global-methane-tracker-2024).
InfluenceMap, 2024 (https://influencemap.org/index.html).
IPCC (Intergovernmental Panel on Climate Change), *Sixth Assessment Report: The Physical Science Basis (AR6),* 2021 (https://www.ipcc.ch/report/ar6/wg1/).
Levitus, S., *et al.,* «World ocean heat content and thermosteric sea level change (0-2000m), 1955-2100», *Geophysical Research Letters,* 29(10): L10603, 2012 (file:///C:/Users/jmbalda/Downloads/Levitus_2012_GRL.pdf).
LobbyMap, 2024 (https://lobbymap.org/LobbyMapScores).
Mcneill, J. R., y Engelke, P., *The Great Acceleration an environmental history of the Anthropocene since 1945,* Cambridge (MA), The Belknap Press of Harvard University Press, 2016, pág. 224 (https://www.hup.harvard.edu/books/9780674545038).
Mitloehmer, F., *Methane, Cows, and Climate Change,* 2020 (https://dear.ucdavis.edu/sites/...).
Owid, 2024 (https://ourworldindata.org/grapher/cattle-livestock-count-heads?tab=chart&country=~OWID_WRL).
Ritchie, H., *Wild mammals have declined by 85% since the rise of humans, but there is a possible future where they flourish (online),* OurWorldInData.org, 2021 (https://ourworldindata.org/wild-mammal-decline).
Sherwin, E. D., *et al.,* «US oil and gas system emissions from nearly one million aerial site measurements», *Nature,* 627: 328-334, 2024 (https://doi.org/10.1038/s41586-024-07117).
Tamames, R., *Frente al apocalipsis del clima,* Barcelona, Profit editorial, 2016, pág. 271 (https://www.institutocoordenadas.com/es/lineas-de-actuacion/libros/frente-al-apocalipsis-del-clima_20014_102.html).

USGS, 2019 (https://www.usgs.gov/mission-areas/water-resources/science/hydraulic-fracturing).
WHO, *Contaminación del aire ambiente (exterior) y salud*, 2024 (https://www.who.int/es/news-room/fact-sheets/detail/ambient-(outdoor)-air-quality-and-health).
WMO, *WMO Greenhouse Gas Bulletin*, núm. 20, 2024, pág. 11 (https://wmo.int/publication-series/wmo-greenhouse-gas-bulletin-no-20).

Capítulo 4

AAAS, *AAAS Reaffirms Statement on Climate Change*, 2009 (https://www.aaas.org/resources/aaas-reaffirms-statement-climate-change).
— *AAAS letter to Los Alamitos Unified School District encouraging them to remove the AP Environmental Science class from its «controversial issue» policy*, 2011 (https://www.aaas.org/resources/aaas-letter-los-alamitos-unified-school-district-encouraging-them-remove-ap-environmental).
Allen, B., *California Struggles to Out-Dumb Texas*, Huffpost, 2011 (https://www.huffpost.com/entry/california-struggles-to-o_b_861655?ir=Los+Angeles).
Almiron, N., y Moreno, J. A., «Más allá del negacionismo del cambio climático. Retos conceptuales al comunicar la obstrucción de la acción climática», *Revista Internacional de Comunicación*, 55: 9-23, 2022 (http://dx.doi.org/10.12795/Ambitos.2022.i55.01).
Andrés, R., *Negacionismo climático: estas son las principales técnicas de desinformación*, 2023 (https://climatetrackerlatam.org/herramientas/las-principales-tecnicas-del-negacionismo-climatico/).
Banco Mundial, *Climate Change and Jobs: What do we know?*, 2017 (https://documents.worldbank.org).
Boykoff, M. T., «Consensus and contrarianism on climate change: How the USA case informs dynamics elsewhere», *Mètode Revista de difusió de la investigació*, 6: 89-95, 2016 (https://doi.org/10.7203/metode.85.4182).
Boykoff, M. T., y Boykoff, J. M., «Balance as bias: Global warming and the US prestige press», *Global Environmental Change*, 14(2): 125-136, 2004 (https://www.sciencedirect.com/science/article/abs/pii/S0959378003000669).
Brulle, R. J.; Roberts, J. T., y Spencer, M. C., *Climate Obstruction across Europe*, Oxford, Oxford University Press, 2024, pág. 401 (https://academic.oup.com/book/57571).

Carbon Brief, 2024 (https://www.carbonbrief.org/analysis-record-opposition-to-climate-action-by-uks-right-leaning-newspapers-in-2023/).

CCDH (Center for Countering Digital Hate), *The New Climate Denial,* 2024 (https://counterhate.com/research/new-climate-denial/).

Challen, C., *Too Little, Too Late: The Politics of Climate Change, paperback,* 2009, pág. 256.

Cinco Días, 18 de enero de 2024 (https://cincodias.elpais.com/companias/2024-01-18/ribera-acusa-al-ceo-de-repsol-de-negacionismo-y-retardismo-en-su-discurso-sobre-la-transicion-energetica.html).

Cook, J., 2025 (https://lens.monash.edu/@john-cook).

Cooper, E., y Berger, I., *Climate denial fuels right-wing attacks on vice presidential debate moderators,* MediaMatters, 2024 (https://www.mediamatters.org/fox-news/climate-denial-fuels-right-wing-attacks-vice-presidential-debate-moderators).

CSSN, *The Structure of Obstruction: Understanding Opposition to Climate Change Action in the United States,* 2021, pág. 5 (https://cssn.org/wp-content/uploads/2021/04/CSSN-Briefing_-Obstruction-2.pdf).

Dimiero, B., *FOXLEAKS: Fox boss ordered staff to cast doubt on climate science,* Media Matters, 2010 (https://www.mediamatters.org/fox-news/foxleaks-fox-boss-ordered-staff-cast-doubt-climate-science).

Dunlap, R. E., «Climate change skepticism and denial: An introduction», *American Behavioral Scientist,* 57(6): 691-698, 2013 (https://doi.org/10.1177/0002764213477097).

Dunlap, R. E., y McCright, A. M., «Organized climate change denial», en J. S. Dryzek, R. B. Noorgard y D. Schlosberg (eds.), *The Oxford Handbook of Climate Change and Society,* Oxford, Oxford University Press, 2011, págs. 144-160 (https://www.researchgate.net/profile/Riley-Dunlap/publication/284261736_Organized_Climate_Change_Denial/links/5652077b08aeafc2aaba80c3/Organized-Climate-Change-Denial.pdf).

— «Challenging Climate Change: The Denial Countermovement», en R. E. Dunlap y R. J. Brulle (eds.), *Climate Change and Society: Sociological Perspectives,* Oxford, Oxford University Press, 2015, págs. 300-332 (https://www.researchgate.net/publication/291353557_Challenging_Climate_Change_The_Denial_Countermovement).

ECODES, *Aproximación a la contraargumentación ante el negacionismo y el retardismo climáticos,* 2024 (https://ecodes.org/hacemos/cambio-climatico/presentacion-informe-aproximacion-a-la-contraargumentacion-ante-el-negacionismo-y-el-retardismo-climaticos).

El Español, 4 de abril de 2022 (https://www.elespanol.com/wakeupspain/foro-economico-2022/20220404/imaz-repsol-dentro-vamos-seguir-usando-petroleo/662434037_0.html).
Holton, G., *Ciencia y anticiencia,* Madrid, Nivola, 2003 [1993], página 224.
Hoofnagle, M., 2007 (https://scienceblogs.com/denialism/2007/04/30/hello-to-scienceblogs).
La Vanguardia, «Repsol pide a la UE reconsiderar el papel del gas y el petróleo», 7 de mayo de 2022 (https://www.lavanguardia.com/economia/20220507/8249227/repsol-pide-ue-reconsiderar-papel-gas-petroleo.html).
Lahsen, M., «Anatomy of dissent: A cultural analysis of climate skepticism», *American Behavioral Scientist,* 57(6): 732-753, 2013 (https://doi.org/10.1177/0002764212469799).
Lamb, W. F., *et al.,* «Discourses of climate delay», *Global Sustainability,* 3: e17, 2020 (https://doi.org/10.1017/sus.2020.13).
McCright, A. M., «Dealing with climate change contrarians», en S. C. Moser y L. Dilling (eds.), *Creating a Climate for Change: Communicating Climate Change and Facilitating Social Change,* Cambridge, Cambridge University Press, 2007, págs. 200-212 (https://www.cambridge.org/core/books/abs/creating-a-climate-for-change/dealing-with-climate-change-contrarians/C8A2FF203702CB067BDDDE9BB79407B5).
McGirk, J., «Climate change in US classrooms», *Dialogue Earth,* 2012 (https://dialogue.earth/en/climate/4911-climate-change-in-us-classrooms/).
McKie, R. E., *Rebranding the climate change counter movement: A critical examination of counter movement messaging through a criminological and political economic lens* (tesis doctoral), Newcastle, Northumbria University, 2017 (https://www.researchgate.net/publication/323685965_Rebranding_the_Climate_Change_Counter_Movement_through_a_Criminological_and_Political_Economy_Lens).
— «Climate change obstruction, criminal negligence and ecological collapse», *The Peace Chronicle. The Magazine of the Peace and Justice Studies Association,* 2021 (https://bit.ly/3dVp0ok).
Meadows, D. H.; Meadows, D. L.; Randers, J., y Behrens III, W. W., *The Limits to Growth: A Report for the Club of Rome's Project on the Predicament of Mankind,* Nueva York, Universe Books, 1972.
NOAA, 2025 (https://gml.noaa.gov/ccgg/trends/).
OCR, «Los Alamitos class must present both views of global warming», *The Orange County Register,* 2011a (https://www.ocregister.

com/2011/05/16/los-alamitos-class-must-present-both-views-of-global-warming/).

— «Denial of evolution, climate change: Linked?», *The Orange County Register,* 2011b (https://www.ocregister.com/2011/10/13/denial-of-evolution-climate-change-linked/).

Oreskes, N., y Conway, E. M., *Merchants of Doubt: How a Handful of Scientists Obscured the Truth on Issues from Tobacco Smoke to Global Warming,* Londres, Bloomsbury Publishing, 2010 (merchantsofdoubt.org).

Painter, J., *Poles Apart: The international reporting of climate scepticism,* Reuters Institute for the Study of Journalism, Oxford, University of Oxford, 2011.

Plutzer, E., *et al.,* «Climate confusion among USA teachers», *Science,* 351(6274): 664-665, 2016 (DOI: 10.1126/science.aab3907).

Sagan, C., *El mundo y sus demonios,* Barcelona, Planeta, 1995.

The Guardian, «Rightwing group seeks to strip climate change from US classrooms», 2010 (https://www.theguardian.com/environment/blog/2010/may/28/rightwing-group-climate-change).

— «US school board teaches "the controversy" on global warming», 2011 (https://www.theguardian.com/environment/blog/2011/may/17/global-warming-school-teaching-controversy).

Trumbo, C., «Constructing climate change: Claims and frames in US news coverage of an environmental issue», *Public Understanding of Science,* 5(3): 269-283, 1996 (https://doi.org/10.1088/0963-6625/5/3/006).

WMO, 2025 (https://wmo.int/es/media/news/la-organizacion-meteorologica-mundial-confirma-que-2024-fue-el-ano-mas-calido-jamas-registrado-al).

Capítulo 5

Almiron, N., «Favoring the Elites: Think Tanks and Discourse Coalitions», *International Journal of Communication,* 11: 4350-4369, 2017 (https://ijoc.org/index.php/ijoc/article/view/6670/2171).

Almiron, N., y Moreno, J. A., «El negacionismo del cambio climático en Europa es equiparable al de Estados Unidos», *The Conversation,* 24 de septiembre de 2020 (https://theconversation.com/el-negacionismo-del-cambio-climatico-en-europa-es-equiparable-al-de-estados-unidos-146592).

API, *AQ-9-Task-Force. CO2 and Climate Task Force. The CO2 Problem Addressing Research Agenda Development,* 1980 (https://embed.documentcloud.org/documents/3483045-AQ-9-Task-Force-Meeting-1980/?embed=1).

BANERJEE, N., «Exxon's Oil Industry Peers Knew About Climate Dangers in the 1970s, Too», *Inside Climate News,* 22 de diciembre de 2015 (https://insideclimatenews.org/news/22122015/exxon-mobil-oil-industry-peers-knew-about-climate-change-dangers-1970s-american-petroleum-institute-api-shell-chevron-texaco/).

BANERJEE, N.; SONG, L., y HASEMYER, D., «Exxon's Own Research Confirmed Fossil Fuels' Role in Global Warming Decades Ago», *Inside Climate News,* 16 de septiembre de 2015 (https://insideclimatenews.org/news/16092015/exxons-own-research-confirmed-fossil-fuels-role-in-global-warming/).

BONNEUIL, C.; CHOQUET, P. L., y FRANTA, B., «Early warnings and emerging accountability: Total's responses to global warming, 1971-2021», *Global Environmental Change,* 71: 102386, 2021 (https://doi.org/10.1016/j.gloenvcha.2021.102386).

BOYKOFF, M. T., y BOYKOFF, J. M., «Balance as bias: global warming and the US prestige press», *Global Environmental Change,* 14(2): 125-136, 2004 (https://www.sciencedirect.com/science/article/abs/pii/S0959378003000669).

BRIGHT, S., *Heritage Foundation and Allies Discuss Dismantling the EU,* DeSmog, 2025 (https://www.desmog.com/2025/03/14/heritage-foundation-project-2025-allies-mcc-ordo-iuris-discuss-dismantling-the-eu-european-union/).

BRULLE, R. J., «Institutionalizing delay: foundation funding and the creation of U.S. climate change counter-movement organizations», *Climatic Change,* 122: 681-694, 2014 (https://doi.org/10.1007/s10584-013-1018-7).

— «The climate lobby: a sectoral analysis of lobbying spending on climate change in the USA, 2000 to 2016», *Climatic Change,* 149: 289-303, 2018 (https://doi.org/10.1007/s10584-018-2241-z).

— «Networks of opposition: a structural analysis of U.S. climate change countermovement coalitions 1989-2015», *Sociological Inquiry,* 91(3): 603-624, 2019 (https://onlinelibrary.wiley.com/doi/10.1111/soin.12333).

— «Denialism: organized opposition to climate change action in the United States», en D. Konisky (ed.), *Handbook of U.S. Environmental Policy,* Northampton (MA), Edward Elgar Publishing, 2020, págs. 328-341.

— «Advocating inaction: a historical analysis of the Global Climate Coalition», *Environmental Politics,* 32 (2): 185-206, 2022 (https://doi.org/10.1080/09644016.2022.2058815).

Brulle, R. J., y Downie, C., «Following the money: trade associations, political activity and climate change», *Climatic Change,* 175(11), 2022 (https://doi.org/10.1007/s10584-022-03466-0).

Carbon Brief, *Analysing the '900 papers supporting climate scepticism': 9 out of top 10 authors linked to ExxonMobil,* 2011 (https://www.carbonbrief.org/analysing-the-900-papers-supporting-climate-scepticism-9-out-of-top-10-authors-linked-to-exxonmobil/).

CATO, página web del Cato Institute, 19 de enero de 2018 (https://archive.is/WrWU1#selection-1351.0-1353.193).

Chretien, S., *Project 2025,* The Heritage Foundation, 2023 (https://archive.ph/pQWhc).

CIC, 2025 (https://climateinvestigations.org/who_we_are/).

Climate Files, 2025 (https://www.climatefiles.com/collection-index/).

CMC, *Climate Change Policy,* George C. Marshall Institute, 2012 (https://archive.ph/QFxN6).

CSSN, *The Structure of Obstruction: Understanding Opposition to Climate Change Action in the United States,* 2021, pág. 5 (https://cssn.org/wp-content/uploads/2021/04/CSSN-Briefing_-Obstruction-2.pdf).

De Correspondent, 2025 (https://decorrespondent.nl/jelmermommers).

De Melle, B., *Heartland Institute Exposed: Internal Documents Unmask Heart of Climate Denial Machine,* DeSmog, 2012 (https://www.desmog.com/2012/02/14/heartland-institute-exposed-internal-documents-unmask-heart-climate-denial-machine/).

Dembicki, G., *Revealed: Shell Oil Nonprofit Donated to Anti-Climate Groups Behind Project 2025,* DeSmog, 2024 (https://www.desmog.com/2024/08/15/revealed-shell-oil-non-profit-donated-to-anti-climate-groups-behind-project-2025/).

DeSmog, *ExxonMobil's Funding of Climate Science Denial,* 2015 (https://www.desmog.com/exxonmobil-funding-climate-science-denial/).

— *CATO Institute,* 2025a (https://www.desmog.com/cato-institute/).

— *Climate Disinformation Database,* 2025b (https://www.desmog.com/climate-disinformation-database/).

— *Competitive Enterprise Institute,* 2025c (https://www.desmog.com/competitive-enterprise-institute/).

— *George C. Marshall Institute,* 2025d (https://www.desmog.com/george-c-marshall-institute/).

— *Heritage Foundation,* 2025e (https://www.desmog.com/heritage-foundation/).
DUNLAP, R. E., y JACQUES, P. J., «Climate change denial books and conservative think tanks», *American Behavioral Scientist,* 57(6): 699-731, 2013 (https://pmc.ncbi.nlm.nih.gov/articles/PMC3787818/).
DUNLAP, R. E., y MCCRIGHT, A. M., «Organized climate change denial», en J. S. Dryzek, R. B. Norgaard y D. Schlosberg (eds.), *The Oxford Handbook of Climate Change and Society,* Oxford, Oxford University Press, 2011, págs. 144-160 (https://www.researchgate.net/profile/Riley-Dunlap/publication/284261736_Organized_Climate_Change_Denial/links/5652077b08aeafc2aaba80c3/Organized-Climate-Change-Denial.pdf).
— «Challenging Climate Change: The Denial Countermovement», en R. E. Dunlap y R. J. Brulle (eds.), *Climate Change and Society: Sociological Perspectives,* Oxford, Oxford University Press, 2015, págs. 300-332 (https://www.researchgate.net/publication/291353557_Challenging_Climate_Change_The_Denial_Countermovement).
EXXON, *Exxon Memo on Potential Impact of Fossil Fuel Combustion,* 1979 (https://www.climatefiles.com/exxonmobil/1979-exxon-memo-on-potential-impact-of-fossil-fuel-combustion/).
— *Exxon Memo on Potential Impact of Fossil Fuel Combustion,* 1981 (https://www.climatefiles.com/exxonmobil/1981-exxon-memo-on-possible-emission-consequences-of-fossil-fuel-consumption/).
— *1982 Memo to Exxon Management about CO2 Greenhouse Effect,* 1982 (https://www.climatefiles.com/exxonmobil/1982-memo-to-exxon-mana gement-about-co2-greenhouse-effect/).
FAR, *FAR Climate Change: Scientific Assessment of Climate Change,* IPCC, 1990 (https://www.ipcc.ch/report/ar1/wg1/).
FASSLER, *6 Billionaire Fortunes Bankrolling Project 2025,* DeSmog, 2024 (https://www.desmog.com/2024/08/14/project-2025-billionaire-donor-heritage-foundation-donald-trump-jd-vance-charles-koch-peter-coors/).
FORBES, «"Drill, Baby, Drill": Donald Trump Declares U.S. Energy Emergency», 20 de enero de 2025 (https://www.forbes.com/sites/gauravsharma/2025/01/20/drill-baby-drill-donald-trump-declares-us-energy-emergency/).
fpcs, 2025 (https://www.fpcs.es/categoria/cambio-climatico/).
FRANTA, B., «Early oil industry knowledge of CO_2 and global warming», *Nature Climate Change,* 8: 1024-1025, 2018a (https://doi.org/10.1038/s41558-018-0349-9).

— «On its 100th birthday in 1959, Edward Teller warned the oil industry about global warming», *The Guardian,* 1 de enero de 2188b (https://www.theguardian.com/environment/climate-consensus-97-per-cent/2018/jan/01/on-its-hundredth-birthday-in-1959-edward-teller-warned-the-oil-industry-about-global-warming).

— «Early oil industry disinformation on global warming», *Environmental Politics,* 30(4): 663-668, 2021 (https://doi.org/10.1080/09644016.2020.1863703).

— «Weaponizing economics: Big Oil, economic consultants, and climate policy delay», *Environmental Politics,* 31 (4): 555-575, 2022 (https://doi.org/10.1080/09644016.2021.1947636).

Fresco, P., y Saldaña, E., «¿Se puede ganar la lucha contra el cambio climático sin Estados Unidos?», *El País,* 13 de noviembre de 2024 (https://elpais.com/opinion/2024-11-13/el-debate-se-puede-ganar-la-lucha-contra-el-cambio-climatico-sin-ee-uu.html).

GCC, *1989 GCC Membership,* 2025a (https://www.climatefiles.com/denial-groups/global-climate-coalition-collection/1989-membership/).

— *Global Climate Coalition Membership,* 2025b (https://embed.documentcloud.org/documents/5674022-1989-GcC-Membership/?embed=1).

— *1997 Newspaper Advertisements by ClimateFacts.org, Global Climate Coalition, trade associations and unions,* 2025c (https://www.climatefiles.com/denial-groups/global-climate-coalition-collection/1997-anti-kyoto-ads/).

Goldenberg, S., y Bengtsson, H., «Biggest US coal company funded dozens of groups questioning climate change», *The Guardian,* 13 de junio de 2016 (https://www.theguardian.com/environment/2016/jun/13/peabody-energy-coal-mining-climate-change-denial-funding).

Greenpeace, *Denial and deception: A Chronicle of ExxonMobil's Efforts to Corrupt the Debate on Global Warming,* 2002 (https://storage.googleapis.com/planet4-usa-stateless/2024/11/bdb86e84-exxon-denial-and-deception.pdf).

— *Denial and Deception: A Chronicle of ExxonMobil's Efforts to Corrupt the Debate on Global Warming. Appendix,* 2003 (https://web.archive.org/web/20070609165355/http:/www.greenpeace.org/usa/assets/binaries/leaked-api-comms-plan-1998).

HF, *Project 2025 Reaches 75 Coalition Partners, Continues to Grow in Preparation for Next Conservative President,* 2023 (https://www.heritage.org/press/project-2025-reaches-75-coalition-partners-continues-grow-preparation-next-conservative).

HHRG, «Fueling the Climate Crisis: Exposing Big Oil's Disinformation Campaign to Prevent Climate Action», *Hearing Before the Committee on Oversight and Reform House of Representatives,* serial núm. 117-150, 28 de octubre de 2021 (https://docs.house.gov/meetings/GO/GO00/20211028/114185/HHRG-117-GO00-Transcript-20211028.pdf).

ICN, «Exxon The Road Not Taken», *Inside Climate News,* 2025 (https://insideclimatenews.org/project/exxon-the-road-not-taken/).

InfluenceMap, *An Investor Enquiry: How Much Big Oil Spends on Climate Lobbying,* 2016 (https://influencemap.org/report/Climate-Lobbying-by-the-Fossil-Fuel-Sector).

— *Big Oil's Real Agenda on Climate Change,* 2019 (https://climatecasechart.com/wp-content/uploads/non-us-case-documents/2019/20190919_Case-No.-CHR-NI-2016-0001_na-1.pdf).

— *Big Oil's Real Agenda on Climate Change 2022,* 2022 (https://influencemap.org/report/How-Big-Oil-Continues-to-Oppose-the-Paris-Agreement-38212275958aa21196dae3b76220bddc).

Jacques, P. J., *et al.,* «The organisation of denial: Conservative think tanks and environmental scepticism», *Environmental Politics,* 17(3): 349-385, 2008 (https://www.tandfonline.com/doi/full/10.1080/09644010802055576).

Kelly, S., *Congress Grills ExxonMobil, Shell, BP, Chevron and the American Petroleum Institute on Their Roles in Spreading Climate Disinformation,* 2021 (https://www.desmog.com/2021/10/29/congress-exxonmobil-shell-bp-chevron-american-petroleum-institute-climate-disinformation/).

— *Trump Plan to Use EPA to Promote AI Could Harm the Climate and Drive Up Electric Bills,* DeSmog, 2025 (https://www.desmog.com/2025/03/14/trump-plan-to-use-epa-to-promote-ai-could-harm-the-climate-and-drive-up-electric-bills/).

Lawler, A., «Battle Over IPCC Chair Renews Debate on U.S. Climate Policy», *Science,* 296(5566): 232-233, 2002 (doi: 10.1126/science.296.5566.232a).

Mayer, J., *Dark Money: The Hidden History of the Billionaires Behind the Rise of the Radical Right,* Nueva York, Doubleday, 2016, pág. 464 (https://www.amazon.com/Dark-Money-History-Billionaires-Radical/dp/0385535597).

McCright, A. M., y Dunlap, R. E., «The politicization of climate change and polarization in the American public's views of global warming,

2001-2010», *The Sociological Quarterly,* 52(2): 155-194, 2011 (https://www.tandfonline.com/doi/full/10.1111/j.1533-8525.2011.01198.x).
MONBIOT, G., «The denial industry», *The Guardian,* 19 de septiembre de 2006 (https://www.theguardian.com/environment/2006/sep/19/ethicalliving.g2).
NATURE, «Heart of the matter», 475: 423-424, 2011 (https://doi.org/10.1038/475423b).
OP, *Oregon Petition,* 1997 (https://www.oism.org/pproject/).
ORESKES, N., y CONWAY, E. M., *Mercaderes de la duda,* Madrid, Capitán Swing, 2010, pág. 472 (https://capitanswing.com/libros/mercaderes-de-la-duda/).
PROCTOR, R. N., *Golden holocaust: Origins of the cigarette catastrophe and the case for abolition,* Berkeley (CA), University of California Press, 2012, pág. 774 (https://www.ucpress.edu/books/golden-holocaust/hardcover).
PSAC, *Restoring the Quality of Our Environment,* report of the Environmental Pollution Panel, President's Science Advisory Committee, La Casa Blanca, noviembre de 1965 (https://www.documentcloud.org/documents/3227654-PSAC-1965-Restoring-the-Quality-of-Our-Environment).
SAR, *Second Assessment Report Climate Change 1995,* IPCC, 1995 (https://www.ipcc.ch/report/ar2/syr/).
SHANKLEMAN, J., «Peabody strikes deal with New York attorney general over climate risk filings», *The Guardian,* 12 de noviembre de 2015 (https://www.theguardian.com/environment/2015/nov/12/peabody-strikes-deal-with-new-york-attorney-general-over-climate-risk-filings).
SHELL, *1988 Shell Confidential Report «The Greenhouse Effect»,* 1988 (https://www.climatefiles.com/shell/1988-shell-report-greenhouse/).
STERN, N., *Informe Stern,* 2006 (https://es.wikipedia.org/wiki/Informe_Stern).
SUPRAN, G., y ORESKES, N., «Addendum to "Assessing ExxonMobil's climate change communications (1977-2014)" Supran and Oreskes (2017 Environ. Res. Lett. 12 084019)», *Environmental Research Letters,* 15(119401), 2020 (https://iopscience.iop.org/article/10.1088/1748-9326/ab89d5).
SUPRAN, G.; RAHMSTORF, S., y ORESKES, N., «Assessing ExxonMobil's global warming projections», *Science,* 379(eabk0063): 1-9, 2023 (DOI: 10.1126/science.abk0063).
TTNRI, *Think Tank Network Research Initiative,* 2025 (https://www.upf.edu/web/thinkclima/database).

UE, *Pacto Verde Europeo,* 2025 (https://www.consilium.europa.eu/es/policies/european-green-deal/).
UN, *La ONU lamenta la salida de Estados Unidos de la cooperación mundial en salud y cambio climático,* 2025 (https://news.un.org/es/story/2025/01/1535856).
UNCC, 2025 (https://unfccc.int/es/kyoto_protocol).
Van den Hove, S.; Le Menestrel, M., y De Bettignies, H. C., «The oil industry and climate change: strategies and ethical dilemmas», *Climate Policy,* 2(1): 3-18, 2002 (https://doi.org/10.3763/cpol.2002.0202).

Capítulo 6

Abellán López, M. A., «El cambio climático: negacionismo, escepticismo y desinformación», *Tabula Rasa,* 37: 283-301, 2021 (https://doi.org/10.25058/20112742.n37.13).
Alexander, L. V., *et al.,* «Global observed changes in daily climate extremes of temperature and precipitation», *Journal of Geophysical Research,* 111(D05109), 2006 (doi:10.1029/2005JD006290).
Berkeley Earth, 2025 (https://berkeleyearth.org/dv/changes-in-earths-surface-temperature-distribution-3/).
Brindley, H. E., y Bantges, R. J., «The Spectral Signature of Recent Climate Change», *Current Climate Change Reports,* 2: 112-126, 2016 (doi 10.1007/s40641-016-0039-5).
CCDH (Center for Countering Digital Hate [Centro para Contrarrestar el Odio Digital]), *YOUTUBE'S Climate Denial Dollars,* 2023 (https://counterhate.com/research/google-climate-change-disinformation-youtube-videos/).
CFI, 2015 (https://centerforinquiry.org/news/deniers_are_not_skeptics/).
Cheng, L.; Abraham, J.; Trenberth, K. E., *et al.,* «Another Year of Record Heat for the Oceans», *Advances in Atmospheric Sciences,* 40: 963-974, 2023 (https://doi.org/10.1007/s00376-023-2385-2).
Cook, J., *Guía científica ante el escepticismo sobre el calentamiento global,* Skepticalscience.com, 2010, pág. 16 (https://skepticalscience.com/docs/ScientificGuideA5_Spanish.pdf).
Copernicus, 2024 (https://climate.copernicus.eu/climate-indicators/sea-ice).
DeSmog, 2024 (https://www.desmog.com/2024/03/21/climate-the-movie-martin-durkin-co2-coalition-heartland-institute-cfact-climate-denial/).

DING, S., *et al.*, «A Review on the Arctic-Midlatitudes Connection: Interactive Impacts, Physical Mechanisms, and Nonstationary», *Atmosphere,* 15(9): 1115, 2024 (https://doi.org/10.3390/atmos15091115).
DONAT, M. G.; ALEXANDER, L. V.; YANG, H.; DURRE, I.; VOSE, R., y CAESAR, J., «Global land-based datasets for monitoring climatic extremes», *Bulletin of the American Meteorological Society,* 94: 997-1006, 2013 (https://journals.ametsoc.org/view/journals/bams/94/7/bams-d-12-00109.1.xml).
DUNLAP, R., y MCCRIGHT, A., «Organized Climate Change Denial», en J. S. Dryzek, R. B. Norgaard y D. Schlosberg (eds.), *Oxford Handbook of Climate Change and Society,* Oxford, Oxford University Press, 2011, págs. 144-160 (https://www.researchgate.net/publication/284261736_Organized_Climate_Change_Denial).
DUNNE, J. P., *et al., An evolving Coupled Model Intercomparison Project phase 7 (CMIP7) and Fast Track in support of future climate assessment,* 2024 (https://egusphere.copernicus.org/preprints/2024/egusphere-2024-3874/).
EL DEBATE, 2024a (https://www.eldebate.com/sociedad/sociedad-medio-ambiente/20241221/cientificos-responden-catastrofistas-hielo-artico-solo-funde-modelos_254798.html#utm_source=rrss-comp&utm_medium=wh&utm_campaign=fixed-btn).
— 2024b (https://www.eldebate.com/sociedad/sociedad-medio-ambiente/20241212/aumento-calor-artico-esta-relacionado-brotes-extremos-frio-regiones-sur_252635.html).
EL PAÍS, 2007 (https://elpais.com/diario/2007/10/12/ultima/1192140001_850215.html?event_log=oklogin).
— 2020 (https://elpais.com/sociedad/2020/01/15/actualidad/1579104783_557583.html).
— 2024 (https://elpais.com/tecnologia/2024-11-18/mas-de-800-organizaciones-sociales-y-medioambientales-firman-un-manifiesto-de-apoyo-al-cientifico-fernando-valladares.html).
FRESCO, P., *Energy Fakes. Mitos y bulos sobre la transición energética,* Valencia, Barlin Libros, 2024, pág. 240 (https://www.barlinlibros.org/energy-fakes).
GOOGLE, 2021 (https://support.google.com/google-ads/answer/11221321).
GRIGGS, J. A., y HARRIES, J. E., «Comparison of spectrally resolved outgoing longwave data between 1970 and present», *Proceedings of SPIE,* vol. 5543, 164 2004 (https://www.researchgate.net/publication/31589444_Comparison_of_spectrally_resolved_outgoing_longwave_data_between_1970_and_present).

Hausfather, Z., *Factcheck: No, global warming has not «paused» over the past eight years,* Carbon Brief, 2022 (https://www.carbonbrief.org/factcheck-no-global-warming-has-not-paused-over-the-past-eight-years/).

Heuzé, C., y Jahn, A., «The first ice-free day in the Arctic Ocean could occur before 2030», *Nature Communications,* 15(10101), 2024 (https://doi.org/10.1038/s41467-024-54508-3).

IPCC, *Climate Change 2013: The Physical Science Basis (AR5),* 2013 (https://www.ipcc.ch/report/ar5/wg1/).

— *Climate Change 2021: The Physical Science Basis (AR6),* 2023 (https://www.ipcc.ch/report/ar6/wg1/).

Judd, E. J., *et al.,* «A 485-million-year history of Earth's surface temperature», *Science,* 385(eadk3705), 2024 (DOI: 10.1126/science.adk3705).

Keeling, C. D., «The Concentration and Isotopic Abundances of Carbon Dioxide in the Atmosphere», *Tellus,* 12(2), 1960 (https://doi.org/10.1111/j.2153-3490.1960.tb01300.x).

Kim, Y. H., *et al.,* «Observationally-constrained projections of an ice-free Arctic even under a low emission scenario», *Nature Communications,* 14, 3139, 2023 (https://doi.org/10.1038/SH467-023-38511-8).

Kinol, A.; Si, Y.; Kinol, J., y Stephens, J. C., «Networks of climate obstruction: Discourses of denial and delay in US fossil energy, plastic, and agrichemical industries», *PLOS Climate,* 4(1): e0000370, 2025 (https://doi.org/10.1371/journal.pclm.0000370pclm.0000370).

La Tribuna del País Vasco, 2024 (https://latribunadelpaisvasco.com/art/21226/el-hielo-del-artico-solo-se-funde-en-los-modelos).

Larrañaga, A., *El bulo sobre dinosaurios que triunfa desde hace décadas,* The Conversation, 2025 (https://theconversation.com/el-bulo-sobre-dinosaurios-que-triunfa-desde-hace-decadas-244570).

Maldita.es, *Las narrativas desinformadoras de la película «Climate The Movie»,* 2024 (https://maldita.es/clima/20240524/climatethemovie-narrativas-desinformadoras-cambio-climatico/).

Manabe, S., y Strickler, R. F., «Thermal equilibrium of the atmosphere with a convective adjustment», *Journal of Atmospheric Sciences,* 21: 361-385, 1964 (doi.org/10.1175/1520-0469(1964)021%3C0361:TEOTAW%3E2.0.CO;2).

Manabe, S.; Smagorinsky, J., y Strickler, R. F., «Simulated climatology of a general circulation model with a hydrologic cycle», *Monthly Weather Review,* 93(12): 769-798, 1965 (doi:10.1175/1520-0493(1965)093<0769:scoagc>2.3.co;2).

Mears, C., y Wentz, F., «Construction of the Remote Sensing Systems V3.2 atmospheric temperature records from the MSU and AMSU microwave sounders», *Journal of Atmospheric and Oceanic Technology,* 26: 1040-1056, 2009 (https://doi.org/10.1175/2008JTECHA1176.1).

Myers, K. F. *et al.,* «Consensus revisited: quantifying scientific agreement on climate change and climate expertise among Earth scientists 10 years later», *Environmental Research Letters,* 16(104030), 2021 (DOI 10.1088/1748-9326/ac2774).

NASA, 2025a (https://science.nasa.gov/climate-change/scientific-consensus/).

— 2025b (https://svs.gsfc.nasa.gov/5170/).

NOAA, 2024a (https://www-climate-gov.translate.goog/news-features/climate-qa/how-do-we-know-build-carbon-dioxide-atmosphere-caused-humans?_x_tr_sl=en&_x_tr_tl=es&_x_tr_hl=es&_x_tr_pto=rq).

— 2024b (https://www.climate.gov/news-features/featured-images/arctic-sea-ice-minimum-2024-seventh-lowest-record).

— *Climate Change: Incoming Sunlight,* 2024c (https://www.climate.gov/news-features/understanding-climate/climate-change-incoming-sunlight).

NSIDC (National Snow and Ice Data Center), 2025 (https://nsidc.org/sea-ice-today/sea-ice-tools/charctic-interactive-sea-ice-graph).

O'Connor, F. M., *et al.,* «Assessment of pre-industrial to present-day anthropogenic climate forcing in UKESM1», *Atmospheric Chemistry and Physics,* 21: 1211-1243, 2021 (https://doi.org/10.5194/acp-21-1211-2021).

Oreskes, N., y Conway, E., *Mercaderes de la duda. Cómo un puñado de científicos ocultaron la verdad sobre el calentamiento global,* Madrid, Capitán Swing, 2018, pág. 472 (https://capitanswing.com/libros/mercaderes-de-la-duda/).

Plass, G. N., «The Carbon Dioxide Theory of Climatic Change», *Tellus,* 8(2): 140-154, 1956 (doi.org/10.1111/j.2153-3490.1956.tb01206.x).

PSC (Polar Science Center), 2024 (http://psc.apl.uw.edu/research/projects/arctic-sea-ice-volume-anomaly/).

Rantanen, M. *et al.,* «The Arctic has warmed nearly four times faster than the globe since 1979», *Communications Earth & Environment,* 3: 168, 2022 (https://doi.org/10.1038/s43247-022-00498-3).

Resco de Dios, V., *Ecomitos: Los bulos ecológicos que agravan la crisis ambiental,* Plataforma Actual, 2023, pág. 312 (https://www.plataformaeditorial.com/libro/9910-ecomitos).

Selivanova, J.; Iovino, D., y Cocetta, F., «Past and future of the Arctic sea ice in High-Resolution Model Intercomparison Project (HighResMIP) climate models», *The Cryoshepere,* 18: 2739-2763, 2024 (https://doi.org/10.5194/tc-18-2739-2024).

Skeptical Science, *Climate — the Movie: a hot mess of (c)old myths!,* 2024 (https://skepticalscience.com/climate-the-movie-a-hot-mess-of-cold-myths.html).

Stephens, G. L., *et al.,* «The Global Character of the Flux of Downward Longwave Radiation», *Journal of Climate,* vol. 25, 2329-2340, 2012 (https://doi.org/10.1175/JCLI-D-11-00262.1).

Swain, D. L., *et al.,* «Hydroclimate volatility on a warming Earth», *Nature Reviews Earth and Environment,* 6: 35-50, 2025 (https://doi.org/10.1038/s43017-024-00624-z).

Swart, N., *et al.,* «Influence of internal variability on Arctic sea-ice trends», *Nature Climate Change,* 5: 86-89, 2015 (https://doi.org/10.1038/nclimate2483).

Swart, P. K., *et al.,* «The ^{13}C Suess effect in scleractinian corals mirror changes in the anthropogenic CO2 inventory of the surface oceans», *Geophysical Research Letters,* vol. 37, L05604, 2010 (doi:10.1029/2009GL041397).

Von Schuckmann, K., *et al.,* «Heat stored in the Earth system 1960-2020: where does the energy go?», *Earth System Science Data,* 15: 1675-1709, 2023 (https://doi.org/10.5194/essd-15-1675-2023).

Wang, K., y Liang, S., «Global atmospheric downward longwave radiation over land surface under all-sky conditions from 1973 to 2008», *Journal of Geophysical Research,* 114(D19), 2009 (https://agupubs.onlinelibrary.wiley.com/doi/full/10.1029/2009JD011800).

WMO, *WMO GHG 2023,* Bulletin núm. 20, 2024a (https://wmo.int/publication-series/wmo-greenhouse-gas-bulletin-no-20).

— 2024b (https://wmo.int/media/news/climate-change-impacts-grip-globe-2024).

Capítulo 7

BOE, *Tratado sobre la Carta de la Energía, hecho en Lisboa el 17 de diciembre de 1994. Aplicación provisional,* BOE, núm. 117, 17 de mayo de 1995, págs. 14122-14153 (https://www.boe.es/eli/es/ai/1994/12/17/(2)).

— *Denuncia por España del Tratado de la Carta de la Energía y del Protocolo de la Carta de la Energía sobre la eficacia energética y los aspectos medioambien-*

tales relacionados, hechos en Lisboa el 17 de diciembre de 1994, 2024 (https://www.boe.es/boe/dias/2024/05/14/pdfs/BOE-A-2024-9618.pdf).
CarbonMajors, 2024 (https://carbonmajors.org/).
CASE, *A 2024 Report on SLAPPs in Europe: Mapping Trends and Cases,* 2024 (https://www.freepressunlimited.org/sites/default/files/documents/CASE%202024%20report.pdf).
— 2025 (https://www.the-case.eu/gallery-of-shame/).
Cinco Días, «La justicia de Estados Unidos deniega a España inmunidad frente a la ejecución de los arbitrajes de las renovables», 2024 (https://cincodias.elpais.com/companias/2024-08-18/la-justicia-de-ee-uu-deniega-a-espana-inmunidad-frente-a-la-ejecucion-de-los-arbitrajes-de-las-reno vables.html?event_log=oklogin).
ECT, 2019 (https://energy-charter-dirty-secrets.org/es/carta-abierta/).
— 2025 (https://www.energycharter.org/fileadmin/DocumentsMedia/Legal/ECT-es.pdf).
EJAtlas, 2025 (https://ejatlas.org/).
ERI, *The Fossil Fuel Industry's Use of SLAPPs and Judicial Harassment in the United States,* EarthRights International, 2022, pág. 51 (https://earthrights.org/wp-content/uploads/SLAPP-Policy-Brief-2022.pdf).
Franta, B., «Early oil industry knowledge of CO_2 and global warming», *Nature Climate Change,* 8: 1024-1025, 2018 (https://doi.org/10.1038/s41558-018-0349-9).
GA_P, *¿Qué son las demandas estratégicas contra la participación pública (SLAPPs)?,* 2023 (https://ga-p.com/publicaciones/que-son-las-demandas-estrategicas-contra-la-participacion-publica-slapps/).
IISD (International Institute for Sustainable Development), *Investor-state disputes fossil fuel industry,* 2021a, pág. 56 (https://www.iisd.org/system/files/2022-01/investor%E2%80%93state-disputes-fossil-fuel-industry.pdf).
— *Actualización sobre Controversias de Energía Europeas,* 2021b (https://www.iisd.org/itn/es/2021/06/24/actualizacion-sobre-controversias-de-energia-europeas/).
— *The uncertain future of the Energy Charter Treaty: Belgium asks the European Court of Justice to rule on the compatibility of the modernized ECT with EU law,* 2021c (https://www.iisd.org/itn/2021/03/23/the-uncertain-future-of-the-energy-charter-treaty-belgium-asks-the-european-court-of-justice-to-rule-on-the-compatibility-of-the-modernized-ect-with-eu-law-stefanie-schacherer/).
InfluenceMap, *How the Oil Industry Has Sustained Market Dominance Through Policy Influence,* 2024 (https://influencemap.org/briefing/

Undermining-Progress-Investigating-the-Fossil-Fuel-Sector-s-Continual-Dominance-26562).

Inside Climate News, 2024 (https://insideclimatenews.org/project/exxon-the-road-not-taken/).

ISDS Platform, 2025 (https://isds.bilaterals.org/?-the-basics-&lang=es).

La Vanguardia, «Cerco a Greenpeace en Estados Unidos: demanda histórica de 300 millones contra la ONG», 2025 (https://www.lavanguardia.com/natural/20250224/10414648/cerco-greenpeace-ee-uu-demanda-historica-300-millones-ong.amp.html).

OWID, 2024 (https://ourworldindata.org/explorers/co2?facet=none&Gas+or+Warming=CO%E2%82%82&Accounting=Territorial&Fuel+or+Land+Use+Change=All+fossil+emissions&Count=Cumulative&country=~OWID_EUR).

PdlE (El Periódico de la Energía), «Italia es condenada a pagar más de 190 millones a Rockhopper Exploration», 2022 (https://elperiodicodelaenergia.com/italia-es-condenada-a-pagar-mas-de-190-millones-a-rockhopper-exploration/).

RCC, 2025 (https://10isdsstories.org/es/intro-isds/).

Rivas, P., «La energética alemana RWE exige a Holanda 1.400 millones de euros por el abandono del carbón», *El Salto,* 2021 (https://www.elsaltodiario.com/cambio-climatico/energetica-alemana-rwe-exige-holanda-1400-millones-abandono-carbon).

Sánchez, D., «Así resolvió Alemania las deudas del Tratado de la Energía que Sánchez no quiere pagar», *Libremercado.com,* 2024 (https://www.libremercado.com/2024-06-10/alemania-pago-caso-vattenfall-arbitraje-laudo-ejemplo-para-espana-poner-fin-impagos-renovables-embargos-7133336/).

The Guardian, «Why fear of billion-dollar lawsuits stops countries phasing out fossil fuels», 2025a (https://www.theguardian.com/environment/2025/mar/06/isds-fear-of-billion-dollar-lawsuits-stops-countries-phasing-out-fossil-fuels-aoe).

— «Revealed: how Wall Street is making millions betting against green laws», 2025b (https://www.theguardian.com/environment/2025/mar/05/revealed-how-wall-street-is-making-millions-betting-against-green-laws-isds-aoe).

Tienhaara, K., *et al.,* «Investor-state dispute settlement: obstructing a just energy transition», *Climate Policy,* 23(9): 1197-1212, 2022 (https://doi.org/10.1080/14693062.2022.2153102).

UN, *Paying polluters* (docs.un.org/en/A/98/168).

Capítulo 8

BP, *What is a Carbon Footprint?,* 2007 (http://www.bp.com/liveassets/bp_internet/globalbp/STAGING/global_assets/downloads/A/ABP_ADV_what_on_earth_is_a_carbon_footprint.pdf).

— *bp Carbon Connect,* 2025a (https://www.bp.com/en_gb/carbon-connect/home.html).

— *Best of Beyond Petroleum/BP* (https://www.youtube.com/playlist?=list=PL45VnWogxWYvFlayEJM3phaxBEbØ9PzOJ).

Cartmell, M., «H&K, Ketchum and Ogilvy Back UN Climate Change Conference», *PR Week,* 4 de noviembre de 2009 (https://web.archive.org/web/20201030064943/https://www.prweek.com/article/964010/h-k-ketchum-ogilvy-back-un-climate-change-conference).

DeSmog, *Ogilvy,* 2023 (https://www.desmog.com/ogilvy/).

Frey, D., «How Green is BP?», *The New York Times,* 8 de diciembre de 2002 (https://www.nytimes.com/2002/12/08/magazine/how-green-is-bp.html).

Kenney, J., «Beyond propaganda», *The New York Times,* 14 de agosto de 2006 (https://www.nytimes.com/2006/08/14/opinion/14kenney.html).

Ogilvy, *2007 Gold Sustained Success,* Effie, 2007 (https://web.archive.org/web/20230406175203/https://www.effie.org/legacycases/case/NA_2007_1528).

— *Cases: Launching «Beyond Petroleum» Worldwide,* 2008 (Ogilvyhttps://web.archive.org/web/20081006130100/http:/www.ogilvypr.com/en/case-study/bp).

PR Newswire, *From Greenwash to Great. A Practical Guide to Great Green Marketing,* Ogilvy & Mather, 22 de abril de 2010 (https://www.prnewswire.com/news-releases/from-greenwash-to-great-91834209.html).

Reed, S., «BP Vows "Fundamental Reset" in Strategy as Profit Plunges», *The New York Times,* 11 de febrero de 2025 (https://www.nytimes.com/2025/02/11/business/bp-earnings-4q-2024.html).

Rees, W. E., «Ecological Footprints and appropriated carrying capacity: what urban economics leaves out», *Environment and Urbanization,* 4(2): 121-130, 1992 (DOI:10.1177/095624789200400212).

Rockefeller Foundation, *UNFCCC Momentum for Change: Women for Results,* 2013 (https://www.rockefellerfoundation.org/perspective/unfccc-momentum-for-change-women-for-results/).

Solman, G., «BP: Coloring Public Opinion?», *Ad Week,* 14 de enero de 2008 (https://web.archive.org/web/20181209143937/https:/www.adweek.com/brand-marketing/bp-coloring-public-opinion-91662/).

UNFCCC, *Momentum for Change Annual Report 2013,* 2014 (https://unfccc.int/files/secretariat/momentum_for_change/application/pdf/unfccc_mfc_annual_report_2013.pdf).

Wackernagel, M., y Rees, W. E., *Our Ecological Footprint: Reducing Human Impact on the Earth,* Gabriola Island, British Columbia, Canadá, New Society Publishers, 1996 (https://escholarship.org/uc/item/7730w81q).

Wiedmann, T., y Minx, J., «A Definition of "Carbon Footprint"», en C. C. Pertsova, *Ecological Economics Research Trends,* Hauppauge (NY), Nova Science Publishers, 2008, págs. 1-11 (https://www.novapublishers.com/catalog/product_info.php?products_id=5999).

Capítulo 9

ActionAid, *Corporate capture of public finance fuelling the climate crisis in the global south,* 2024 (https://actionaid.org/publications/2024/industries-fuelling-climate-crisis-are-draining-public-funds-global-south-new).

CGE, *Fiscalidad Ambiental en España. Economistas Consejo General,* 2023 (https://www.economistas.es/Contenido/Consejo/Estudios%20y%20trabajos/2024/Estudio%20CGE_Fiscalidad%20ambiental%20en%20Espa%C3%B1a.pdf).

Climática, 2025 (https://climatica.coop/exencion-impuestos-aviacion-espana/).

EIA (U.S. Energy Information Administration), 2023 (https://www.iea.org/data-and-statistics/charts/fossil-fuel-consumption-subsidies-by-fuel-2010-2022).

— *United States produces more crude oil than any country, ever - U.S. Energy Information Administration (EIA),* 2024 (www.eia.gov/todayinenergy/detail.php?id=61545).

Erickson, P., *et al.,* «Effect of subsidies to fossil fuel companies on United States crude oil production», *Nature Energy,* 2: 891-898, 2017 (https://doi.org/10.1038/s41560-017-0009-8).

Friedlingstein, P., *et al.,* «Global 1 Carbon Budget 2024», *Earth System Science Data,* 2024 (https://doi.org/10.5194/essd-2024-519).

IEA, 2023 (https://www.iea.org/data-and-statistics/charts/fossil-fuel-consumption-subsidies-by-fuel-2010-2022).

— 2024 (https://www.iea.org/topics/fossil-fuel-subsidies).
IFM, *IMF Fossil Fuel Subsidies Data: 2023 Update,* 2023 (https://www.imf.org/en/Publications/WP/Issues/2023/08/22/IMF-Fossil-Fuel-Subsidies-Data-2023-Update-537281).
— 2024 (https://www.imf.org/es/Blogs/Articles/2023/08/24/fossil-fuel-subsidies-surged-to-record-7-trillion).
IISD, «Zombie Energy: Climate benefits of ending subsidies fossil fuel production», *International Institute for Sustainable Development,* 2017 (https://www.iisd.org/publications/report/zombie-energy-climate-benefits-ending-subsidies-fossil-fuel-production).
IPCC, *AR6 Synthesis Report, Climate Change 2023,* 2023 (https://www.ipcc.ch/report/sixth-assessment-report-cycle/).
IRENA (International Renewable Energy Agency), *Tracking COP28 outcomes: Tripling renewable power capacity by 2030,* 2024 (www.irena.org/publications).
Jewell, J., *et al.,* «Limited emission reductions from fuel subsidy removal except in energy-exporting regions», *Nature,* 554: 229-233, 2018 (https://www.nature.com/articles/nature25467).
La Vanguardia, «Catalunya perdería 14.000 millones en inversiones con un impuesto permanente a las energéticas», 2024 (https://www.lavanguardia.com/economia/20241025/10050943/catalunya-perdera-14-000-millones-inversiones-impuesto-permanente-energeticas.html).
Martos, J., y Joly, J., «Guest post: Plans for new oil and gas power plants have grown by 13% in 2023», *CarbonBrief,* 2023 (www.carbonbrief.org/guest-post-plans-for-new-oil-and-gas-power-plants-havegrown-by-13-in-2023/).
Munich Re, *Data on natural disasters since 1980,* Munich Re's NatCatSERVICE, 2025 (https://www.munichre.com/en/solutions/for-industry-clients/natcatservice.html).
OCDE, *OECD Companion to the Inventory of Support Measures for Fossil Fuels 2018,* París, OECD Publishing, 2018 (https://doi.org/10.1787/9789264286061-en).
— 2025 (https://data-explorer.oecd.org/?tm=Fossil%20Fuel%20Support%20&pg=O&snb=81).
ODI, *Empty promises. G20 subsidies to oil, gas and coal production,* 2015 (https://media.odi.org/documents/Full_report.pdf).
— 2018 (https://odi.org/en/press/g7-governments-provide-100-billion-each-year-to-support-oil-coal-and-gas-despite-pledging-to-end-fossil-fuel-subsidies-new-report/).

Rennert, K., *et al.,* «Comprehensive evidence implies a higher social cost of CO_2», *Nature,* 610: 687-692, 2022 (https://doi.org/10.1038/s41586-022-05224-9).

Ritchie, H., *How much in subsidies do fossil fuels receive?,* publicado *online* por OurWorldinData.org, 2025 (https://ourworldindata.org/how-much-subsidies-fossil-fuels).

Timperley, J., «Explainer: The challenge of defining fossil fuel subsidies», *CarbonBrief,* 2017 (https://www.carbonbrief.org/explainer-the-challenge-of-defining-fossil-fuel-subsidies/).

— «OECD: Fossil fuel subsidies added up to at least $373bn in 2015», *CarbonBrief,* 2018 (https://www.carbonbrief.org/oecd-fossil-fuel-subsidies-373-billion-2015/).

UN, 2024 (https://news.un.org/es/story/2024/06/1530631).

WB, 2025 (https://datos.bancomundial.org/indicador/NY.GDP.MKTP.CD).

Capítulo 10

El País, 2011 (https://elpais.com/diario/2011/11/24/sociedad/1322089205_850215.html?event_log=oklogin).

InterAcademy Council (IAC), *Review of the Processes and Procedures of the IPCC,* 2010 (https://www.interacademies.org/project/review-ipcc).

IPCC, *TAR, Tercer Informe de Evaluación. Informe de síntesis,* 2001 (https://www.ipcc.ch/site/assets/uploads/2018/08/TAR_syrfull_es.pdf).

Lord Oxburgh, *The Disclosure of Climate Data from the CRU at the UEA,* Cámara de los Comunes, Comité de Ciencia y Tecnología, 2010 (https://publications.parliament.uk/pa/cm200910/cmselect/cmsctech/387/387i.pdf).

Mann, M. E., *The Hockey Stick and the Climate Wars: Dispatches from the Front Lines,* Nueva York, Columbia University Press, 2013, pág. 448.

Mann, M. E.; Bradley, R. S., y Hughues, M. K., «Hockey Stick Global-scale Temperature Patterns and Climate Forcing Over the Past Six Centuries», *Nature,* 392: 779-787, 1998 (https://doi.org/10.1038/33859).

— «Northern Hemisphere Temperatures During the Past Millennium' Inferences, Uncertainties, and Limitations», *Geophysical Research Letters,* 26(6): 759-762, 1999 (https://doi.org/10.1029/1999GL900070).

Mann, M. E.; Zhang, Z.; Hughes, M. K.; Bradley, R. S.; Miller, S. K.; Rutherford, S., y Ni, F., «Proxy-based reconstructions of hemispheric and global surface temperature variations over the past two millennia»,

PNAS, 105(36): 13252-13257, 2008 (https://www.pnas.org/doi/10.1073/pnas.0805721105).
NCR (National Research Council), *Surface Temperature Reconstructions for the Last 2,000 Years,* Washington, D.C., The National Academies Press, 2006 (https://doi.org/10.17226/11676).
Pennsylvania State University, *RA-10 Final Investigation Report Involving Dr. Michael E. Mann,* 2010 (https://grist.org/wp-content/uploads/2010/02/findings_mann_inquiry.pdf).
Russell, M., *The Independent Climate Change Email Review,* 2010, pág. 160 (https://www.uea.ac.uk/library/the-independent-climate-change-email-review).
UNEP (United Nations Environment Programme), *Emissions Gap Report 2024,* Nairobi, 2024 (https://doi.org/10.59117/20.500. 11822/46404).
WMO, 2025 (https://wmo.int/es/news/media-centre/la-organizacion-meteorologica-mundial-confirma-que-2024-fue-el-ano-mas-calido-jamas-registrado-al).

Capítulo 11

CAT, *As the climate crisis worsens, the warming outlook stagnates,* 2024 (https://climateactiontracker.org/publications/the-climate-crisis-worsens-the-warming-outlook-stagnates/).
CMNUCC (Convención Marco de las Naciones Unidas sobre el Cambio Climático), 1992 (https://unfccc.int/resource/docs/convkp/convsp.pdf).
Copernicus, *Copernicus: 2024 virtually certain to be the warmest year and first year above 1.5 °C,* 2024 (https://climate.copernicus.eu/copernicus-2024-virtually-certain-be-warmest-year-and-first-year-above-15degc).
Depledge, J., «Striving for No: Saudi Arabia in the Climate Change Regime», *Global Environmental Politics,* 8 (4): 9-35, 2008 (https://doi.org/10.1162/glep.2008.8.4.9).
Depledge, J.; De Pryck, K., y Roberts, J. T., «Decades of Systematic Obstructionism: Saudi Arabia's Role in Blocking Progress in the UN Climate Negotiations», *Climate Social Science Network Issue Paper,* 1, 2023 (https://cssn.org/wp-content/uploads/2023/11/Decades-of-Systematic-Obstructionism-CSSN-Issue-Paper3.pdf).
IPCC, *Calentamiento global de 1,5 °C,* 2018 (https://www.ipcc.ch/site/assets/uploads/sites/2/2019/09/IPCC-Special-Report-1.5-SPM_es.pdf).

NOAA, *Trends in Atmospheric Carbon Dioxide (CO_2),* 2025 (https://gml.noaa.gov/ccgg/trends/).
UNEP, *Emissions Gap Report 2024,* 2024 (https://www.unep.org/resources/emissions-gap-report-2024).
Xie, J. J., *et al.,* «Tracing inclusivity at UNFCCC conferences through side events and interest group dynamics», *Nature Climate Change,* 15: 270-278, 2025 (https://doi.org/10.1038/s41558-025-02254-9).

Reflexiones finales

Abellán-López, M. A., «El cambio climático: negacionismo, escepticismo y desinformación», *Tabula Rasa,* 37: 283-301, 2021 (https://doi.org/10.25058/20112742.n37.13).
Almiron, N., y Xifra, J., *Repensar los think tanks. Expertos vs. Impostores,* Zaragoza, Prensas de la Universidad de Zaragoza, 2021 (https://puz.unizar.es/2621-repensar-los-think-tanks-expertos-vs-impostores-rethinking-think-tanks-experts-vs-impostors.html).
Arrhenius, S. A., «On the Influence of Carbonic Acid in the Air upon the Temperature of the Ground», *Philosophical Magazine,* 5: 41-276, 1896 (https://www.rsc.org/images/Arrhenius1896_tcm18-173546.pdf).
Ayala, L., *Los ocho «think tanks» negacionistas del clima más importantes de Europa,* 2020 (https://www.cambioclimatico.org/contenido/los-ocho-think-tanks-negacionistas-del-clima-mas-importantes-de-europa).
Callendar, G. S., «The artificial production of carbon dioxide and its influence on temperature», *Quarterly Journal of the Royal Meteorological Society,* 64(275): 223-240, 1938 (https://www.rmets.org/sites/default/files/qjcallender38.pdf).
CE, *Carta Encíclica* Laudato si, *del Santo Padre Francisco sobre el cuidado de la Casa Común,* 2015 (https://www.vatican.va/content/francesco/es/encyclicals/documents/papa-francesco_20150524_enciclica-laudato-si.html).
CMC, *Climate Change Policy,* George C. Marshall Institute, 2012 (https://archive.ph/QFxN6).
CMNUCC, *Convención Marco de las Naciones Unidas sobre el Cambio Climático,* 1992 (https://unfccc.int/es/process-and-meetings/que-es-la-convencion-marco-de-las-naciones-unidas-sobre-el-cambio-climatico).
Copernicus, *Surface air temperature for March 2025,* 2025 (https://climate.copernicus.eu/surface-air-temperature-march-2025).

Corporate Europe Observatory (CEO), *Funding for climate change denial,* Corporate Europe Observatory, 2010 (https://corporateeurope.org/en/2010/12/funding-climate-change-denial).

Depledge, J., «Striving for No: Saudi Arabia in the Climate Change Regime», *Global Environmental Politics,* 8 (4): 9-35, 2008 (https://doi.org/10.1162/glep.2008.8.4.9).

Dunlap, R. E., y Jacques, P. J., «Climate change denial books and conservative think tanks», *American Behavioral Scientist,* 57(6): 699-731, 2013 (https://pmc.ncbi.nlm.nih.gov/articles/PMC3787818/).

EA, *Exhortación apostólica* Laudate Deum, *del Santo Padre Francisco a todas las personas de buena voluntad sobre la crisis climática,* 2023 (https://www.vatican.va/content/francesco/es/apost_exhortations/documents/20231004-laudate-deum.html).

El País, 2025a (https://elpais.com/clima-y-medio-ambiente/2025-03-20/un-jurado-condena-a-greenpeace-a-indemnizar-con-mas-de-660-millones-de-dolares-a-una-empresa-de-oleoductos-en-dakota-del-norte.html).

— 2025b (https://elpais.com/clima-y-medio-ambiente/2025-04-29/tony-blair-pide-que-se-replantee-la-lucha-contra-el-cambio-climatico.html?event_log=oklogin).

Fassler, J., *6 Billionaire Fortunes Bankrolling Project 2025,* 2024 (https://www.desmog.com/2024/08/14/project-2025-billionaire-donor-heritage-foundation-donald-trump-jd-vance-charles-koch-peter-coors/).

fpcs, *El blog de Fernando del Pino Calvo-Sotelo,* 2025 (https://www.fpcs.es/categoria/cambio-climatico/).

Friedlingstein, P., *et al.,* «Global Carbon Budget 2024», *Earth System Science Data Discuss,* 17: 965-1039, 2024 (https://doi.org/10.5194/essd-17-965-2025).

GCC, *Global Climate Coalition Membership,* 2025 (https://embed.documentcloud.org/documents/5674022-1989-GcC-Membership/?embed=1).

Germanwatch, *Climate Risk Index 2025, ¿Quién sufre más los fenómenos meteorológicos extremos?,* 2025 (https://www.germanwatch.org/en/93013).

Heartland Institute (HI), *Aznar to Speak at Global Warming Conference, January 12, 2009,* 2025 (https://heartland.org/opinion/aznar-to-speak-at-global-warming-conference/).

InfluenceMap, 2024 (https://influencemap.org/index.html).

Instituto Juan de Mariana, 2025 (https://juandemariana.org/acerca/).

IPCC, *Sar The Science of Climate Change,* 1995 (https:www.ipcc.ch/report/ar2/Wg1).

— *Calentamiento global de 1,5 °C,* 2018 (https://www.ipcc.ch/site/assets/uploads/sites/2/2019/09/IPCC-Special-Report-1.5-SPM_es.pdf).

— *AR6 Synthesis Report Climate Change 2023,* 2023 (https://www.ipcc.ch/report/ar6/syr/).

Jiménez-Gómez, I., y Martín-Sosa, S., «Análisis discursivo del escepticismo climático en los medios impresos y digitales españoles entre 2015 y 2021», *Estudios sobre el Mensaje Periodístico,* 28(3): 525-536, 2022 (https://dx.doi.org/10.5209/esmp.80779).

La Sexta, *Del «ecocomunismo» de Rafa Hernando al primo de Rajoy: así se burlaba el PP del cambio climático,* 2021 (https://www.lasexta.com/programas/mas-vale-tarde/noticias/ecocomunismo-primo-rajoy-asi-burlaba-cambio climatico_202108106112c7925e57db0001e562d1.html).

La Vanguardia, «El discreto desencanto de la inversión sostenible», 2025 (https://www.lavanguardia.com/dinero/20250216/10387797/discreto-desencanto-inversionsostenible.html).

Lawler, A., «Battle Over IPCC Chair Renews Debate on U.S. Climate Policy», *Science,* 296 (5566): 232-233, 2002a (doi: 10.1126/science.296.5566.232ª).

Lopera, E., y Moreno, C., «The uncertainties of climate change in Spanish daily newspapers: content analysis of press coverage from 2000 to 2010», *Journal of Science Communication,* 13(01): A02, 2014 (https://doi.org/10.22323/2.13010202).

Mancinas, R., *El silencio mediático. Reflexión en torno a las razones de los medios de comunicación para no hablar del cambio climático,* Medios de comunicación y cambio climático, Actas de las Jornadas Internacionales, 2013 (https://idus.us.es/items/b14def8d-76ff-4ae8-9ebf-d4cad1d709cd).

Myers, K. F., *et al.,* «Consensus revisited: quantifying scientific agreement on climate change and climate expertise among Earth scientists 10 years later», *Environmental Research Letters,* 16: 104030, 2021 (DOI 10.1088/1748-9326/ac2774).

NOAA, *Climate Change: Global Sea Level,* 2025 (https://www.climate.gov/news-features/understanding-climate/climate-change-global-sea-level).

Ogilvy, *Cases: Launching «Beyond Petroleum» Worldwide,* Ogilvy, 2008 (Ogilvyhttps://web.archive.org/web/20081006130100/http:/www.ogilvypr.com/en/case-study/bp).

Oreskes, N., y Conway, E. M., *Mercaderes de la duda. Cómo un puñado de científicos ocultaron la verdad sobre el calentamiento global,* Madrid, Capitán Swing, 2018, pág. 472 (https://capitanswing.com/libros/mer caderes-de-la-duda/).

PK, *Protocolo de Kioto,* 1997 (https://unfccc.int/es/kyoto_protocol).

PP, *Programa electoral: Un proyecto al servicio de un gran país. 365 Medidas,* 2023 (https://www.pp.es/sites/default/files/documentos/programa_electoral_pp_23j_feijoo_2023.pdf).

The GlaMBIE Team, «Community estimate of global glacier mass changes from 2000 to 2023», *Nature,* 639: 382-388, 2025 (https://doi.org/10.1038/s41586-024-08545-z).

THINKClima, 2025 (https://www.upf.edu/web/thinkclima/thinkclima-project).

Vox, *Un programa para lo que importa,* 2023 (https://www.voxespana.es/programa/programa-electoral-vox).

WMO, *State of the Global Climate 2024,* 2025 (https://wmo.int/publication-series/state-of-global-climate-2024).

Xie, J. J. *et al.,* «Tracing inclusivity at UNFCCC conferences through side events and interest group dynamics», *Nature. Climate Change,* 15: 270-278, 2025 (https://doi.org/10.1038/s41558-025-02254-9).

Índice